中等职业教育课程改革创新教材
物流服务与管理专业系列教材

物流仓储实务

主　编　王爱霞
副主编　杨　帆　宁铁娜
参　编　陈建英　隋珅瑞　金　磊　李明玉

机 械 工 业 出 版 社

本书以物流仓储作业的基本理论与技术为基础内容，详细介绍了仓储活动的组织流程、作业环节和业务操作方法，分为认识仓储、入库作业实务、在库作业实务、出库作业实务和仓储技术应用5个项目，共包含20个学习任务。本书采用任务目标、任务发布、任务资讯、任务操作和任务评价等任务驱动的体例结构，通过实训促进理论学习。

本书适用于中等职业学校的物流服务与管理专业及相关专业的教学，也可作为物流行业及其他相关行业从业人员的参考用书或专题培训教材。

图书在版编目（CIP）数据

物流仓储实务/王爱霞主编．—北京：机械工业出版社，2019.10（2025.8重印）

中等职业教育课程改革创新教材　物流服务与管理专业系列教材

ISBN 978-7-111-63784-4

Ⅰ．①物…　Ⅱ．①王…　Ⅲ．①物流管理－仓库管理－中等专业学校－教材　Ⅳ．①F253

中国版本图书馆CIP数据核字（2019）第218911号

机械工业出版社（北京市百万庄大街22号　邮政编码100037）

策划编辑：宋　华　　责任编辑：宋　华　刘益汛

责任校对：宋道兰　陈　越　　封面设计：陈　沛

责任印制：常天培

河北虎彩印刷有限公司印刷

2025年8月第1版第5次印刷

184mm×260mm・11.75印张・271千字

标准书号：ISBN 978-7-111-63784-4

定价：39.80元

电话服务

客服电话：010-88361066

010-88379833

010-68326294

网络服务

机　工　官　网：www.cmpbook.com

机　工　官　博：weibo.com/cmp1952

金　书　网：www.golden-book.com

机工教育服务网：www.cmpedu.com

教材编审委员会

前言

物流仓储活动是通过仓库对商品进行储存和保管，从仓库接收商品入库开始，直到根据实际需要将商品全部完好地发送出去为止的全部过程。商品的仓储活动是由商品生产和商品消费之间的客观矛盾所决定的。商品在从生产领域向消费领域转移的过程中，一般都要经过商品的仓储阶段，这主要是由于商品生产和商品消费在时间、空间以及品种和数量等方面的不同步所引起的。正是由于这些不同步使仓储活动在整个物流系统中具有十分重要的意义。

本书适应职业院校“理实一体化”的教学模式，针对国内外仓储研究理论与实际仓储活动过程，结合我国物流行业发展与职业教育现状，以仓储作业流程为核心，系统介绍了物流管理中仓储作业的全过程。

本书根据《中等职业学校专业教学标准（试行）》（2014）对物流人才培养的要求编制而成。

本书在编写思路上重点考虑引导学生主动学习，将理论应用于实际；在内容设置上，注重配合角色演练、分组讨论、教师提问等教学方法，加入数字化教学资源，方便学生自主学习。本书以任务引领、项目驱动为课程开发向导，内容通俗易懂，图文并茂，形式新颖活泼，以教学资源包的形式插入了大量案例、图片及视频等。

本书由王爱霞主编，杨帆、宁铁娜担任副主编，陈建英、隋珅瑞、金磊、李明玉参与编写，北京络捷斯特科技发展股份有限公司的张晶晶、程鑫参与了数字化资源的制作工作，在此对支持和关心本书编写工作的同志致以衷心的感谢。

由于编者水平有限，书中难免有疏漏之处，望广大读者批评指正。

编　者

目录

项目内容

项目一　认识仓储

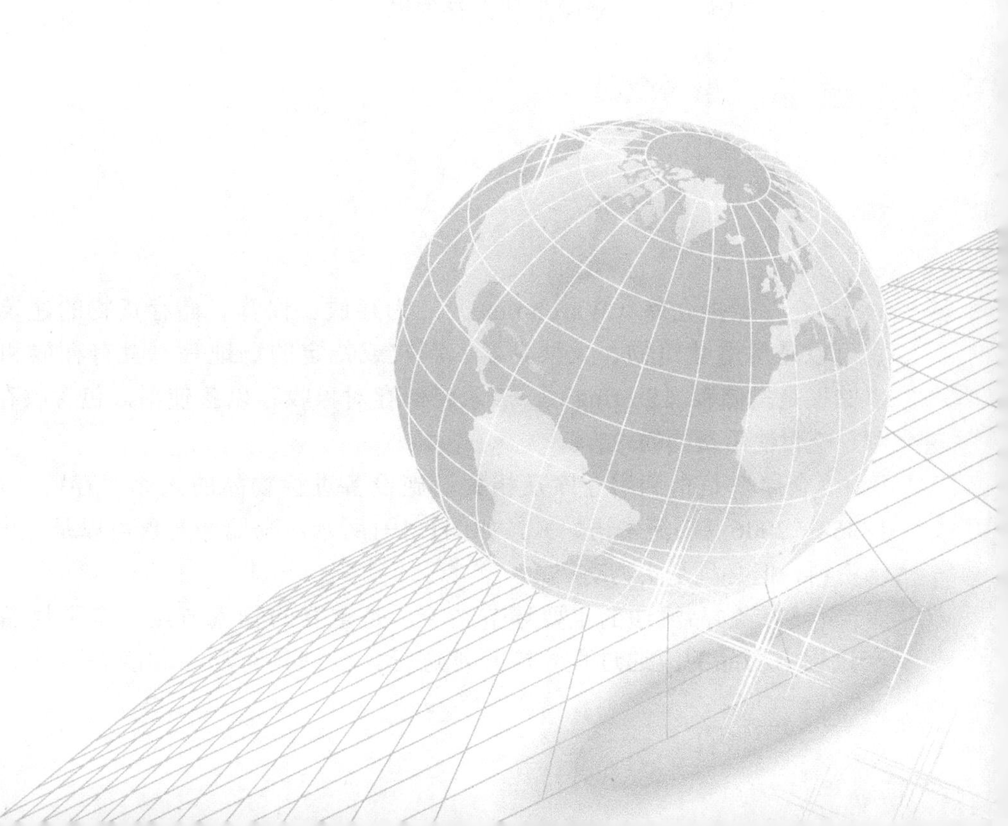

任务一　仓储基本认知

任务目标

1）掌握仓储的概念、性质和分类。
2）掌握仓储管理的内容和任务。
3）能够判断物流企业是否属于仓储型物流企业。
4）能够绘制仓储的功能区域结构图。
5）能够明确仓储作业。

任务发布

天津长风仓储物流中心是一家专门从事货物储存、保管、中转等仓储服务的物流公司。该物流中心坐落于天津市滨海新区，占地50亩（1亩=666.6m^2）。其先进的仓储设施和信息技术能为客户提供优质、高效的物流服务，且该物流中心与厂商、批发商、零售商、分销商、集成商、贸易代理商等共同追求综合成本效益，实现物流一体化管理，创造物流附加值，实现全过程的流通管理，追求双赢依存、共同发展。

李静是某报社的记者，最近准备写一篇关于物流企业认知的文章，最终她选择了天津长风仓储物流中心进行实地调研。与长风仓储物流中心的负责人刘敏联系好后，李静和摄影师一起来到天津长风仓储物流中心（简称长风仓储）进行调研。

天津长风仓储物流中心是什么样的呢？

任务资讯

一、仓储概述

1. 仓储的概念

“仓”是指仓库（Warehouse），为存放、保管、储存货物的建筑物或场所的总称，它可以是房屋建筑物、大型容器、洞穴或特定的场地等，具有存放和保护货物的功能。“储”是指储存（Storing），表示将储存对象收存以备使用，包含收存、保护、管理、贮藏、交付使用货物的内容。

“仓储”是指利用仓库及相关设施设备进行物品的入库、存贮、出库的活动（GB/T 18354—2006《物流术语》），如图1-1-1所示。仓储的对象可以是生产资料，也可以是生活资料，但必须是实物动产。

仓储是物品流通的重要环节之一，是重要的物流节点。有了物品的储存，社会再生产过程中物品的流通过程才能正常进行。仓储具有动态和静态两种。当物品不能被及时消耗或需要保值、增值时，就产生了静态仓储。当把物品存入仓库以及对存放在仓库里的物品进行保管、流通、交换、控制、提供使用等管理活动时，就形成了动态仓储，如图1-1-2所示。

图1-1-1 仓储

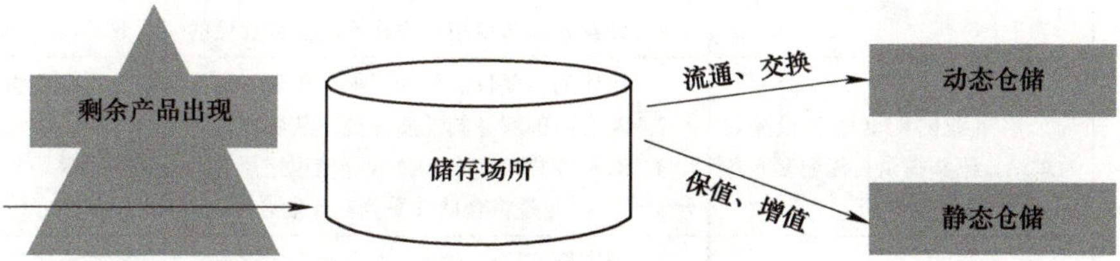

图1-1-2 仓储的产生

2. 仓储活动的性质

仓储活动既具有生产性，也具有非生产性。

（1）仓储活动的生产性

1）仓储活动是社会再生产中不可缺少的中间环节，是产品的生产过程在流通领域的延续。产品从脱离生产到进入消费，一般都需要仓储来调节供需在时间上的差异。

2）仓储活动具有生产三要素。仓储活动与一般生产活动一样，需要耗费一定的人力对储存的物品进行养护，即具有一定技能的仓库作业人员（劳动者）借助各种仓库设施设备（劳动资料），储存保管物品（劳动对象）。

3）仓储活动中的某些环节，已成为生产过程的一个组成部分。在储存过程中的流通加工，如钢材切割、零件配套、设备组装等都具有明显的生产性。

（2）仓储活动的非生产性

仓储活动的非生产性，主要体现在：

1）仓储活动不改变物品的性能、性质和使用价值，只是保持和延续仓储物的使用价值。在仓储过程中，消耗的一切活劳动和物化劳动将导致商品价值的增加。

2）仓储活动的生产和消费同时进行，仓储物既不能储存也不能积累，因此仓储活动具有服务性。

3）仓储活动服务于生产和销售，是根据用户需要进行的。用户需求的变动导致仓储活动不均衡和不连续，因此仓储活动具有不均衡性和不连续性。

3. 仓储的分类

（1）按仓储经营主体划分

按仓储经营主体划分，可以分为自营仓储、经营仓储、公共仓储和战略储备仓储，如表1-1-1所示。

表1-1-1　按仓储经营主体划分

类　型	含　义	特　点
自营仓储	企业自己修建仓库进行仓储保管（不具有经营独立性）	1. 为企业产品提供服务，专业性强； 2. 规模小、数量多，仓储成本低； 3. 会长期占用企业一部分资金； 4. 设施简单，专业化程度低
经营仓储	仓储经营人通过拥有的仓储设施，向社会提供仓储服务	1. 面向社会，以经营为手段，实现经营利润最大化； 2. 仓储经营人与存货人通过订立仓储合同的方式建立仓储关系，并且依据合同约定提供仓储服务并收取仓储费； 3. 经营仓库以自身的规模经济可以降低货主的仓储成本； 4. 经营仓储与自用仓库相比，经营仓储的使用效率较高
公共仓储	公用事业的配套服务设施，为车站、码头提供仓储配套服务	1. 运作的主要目的是为了保证车站、码头等的货物作业和运输； 2. 具有内部服务的性质，处于从属地位； 3. 对于存货人而言，公共仓储也适用营业仓储的关系，只是不独立订立仓储合同，而是将仓储关系列在作业合同、运输合同之中
战略储备仓储	对战略物资进行储备	1. 国家根据国防安全、社会稳定的需要，对战略物资进行储备； 2. 战略储备仓库特别重视储备品的安全性； 3. 储备时间较长； 4. 储备的物资主要有粮食、油料、有色金属等

（2）按仓储的功能划分

按仓储的功能划分，可以分为储存仓储、物流中心仓储、配送仓储、运输转换仓储、保税仓储、守备仓储，如表1-1-2所示。

表1-1-2　按仓储的功能划分

类　型	特　点
储存仓储	指对商品进行较长期的仓储。仓储地点一般较偏远；储存商品品种较少但存量大
物流中心仓储	以物流管理为目的的仓储活动。一般位于经济地区的中心或交通较便利、储存成本较低的地区；仓储对象品种较少，批量较大，整批进分批出；吞吐能力强，设备较先进
配送仓储	商品在配送交付消费者之前进行的短期仓储。一般在商品的消费经济区间内进行，仓储对象品种繁多，批量少；批量进少量出，注重存量控制；有拆包、组配等增值作业
运输转换仓储	为保证不同运输方式的高效衔接，减少运输工作的装卸和停留时间，在不同运输方式衔接处进行的仓储。大量进大量出；存期短；注重周转率
保税仓储	使用海关核准的保税仓库存放保税货物；可使进口商品延期交税，进口商品再出口免交关税
守备仓储	提供质押监管服务，存货人用物权凭证作为贷款的担保，有利于中小公司利用存货从银行融资

（3）按仓储的处理方式划分

按仓储的处理方式划分，可分为保管式仓储（纯仓储）、加工式仓储、消费式仓储，如表1-1-3所示。

表1-1-3　按仓储的处理方式划分仓储

类　型	特　点
保管式仓储（纯仓储）	以保持保管物原样不变的方式所进行的仓储。除保管物自然损耗和自然减量外，其数量、质量不发生变化
加工式仓储	保管人在仓储期间根据存货人的要求对保管物进行一定加工的仓储方式。一般包括对保管物外观、形状、成分构成及尺寸等方面的加工
消费式仓储	保管人在接受仓储物的同时也接受了其所有权，保管人在仓储期间有权对保管物行使所有权，在仓储期满时保管人将相同种类、品种和数量的替代物交还委托人的仓储方式。消费式仓储具有一定的保值和增值功能，适于保管期短、市场供应变化大的商品

4. 仓储的功能

仓储的功能分为基本功能和增值功能两部分。仓储的基本功能是传统仓储企业直接经济利益的来源。

（1）基本功能

1）存储保管：仓储的最基本功能，也是仓储产生的根本原因。存储保管是将物品收存并进行妥善保管，确保物品的价值不受损害。有些产品全年生产、季节性需求（如空调），有些产品季节性生产、全年需求（如农产品），储存不仅提供了存货缓冲，还使生产活动在受到材料来源和顾客需求的限制条件下提高了效率。

2）存期控制：安排商品存储的时间和地点，形成对商品流通的控制，起到“蓄水池”和“调节阀”的功能。

3）数量管理：存货人能提取的货物数量和交付的数量一致；保管人可根据存货人和提货人的要求分批收货和发货；保管人可以向客户提供存货数量的信息，以便客户控制存货。

4）商品养护：仓储的基本功能之一就是对保管过程中的物品进行养护，控制内外因素对商品质量的影响，防止或减弱商品质量的变化，降低损耗，根据收货时的质量交还货物。

（2）增值功能

1）交易中介。仓储经营人利用其与商品使用部门广泛的业务联系，为存货人提供交易中介服务，不仅能加速商品周转、增加利润，还能吸引更多的仓储业务。

2）流通加工。为了方便生产和促进销售，企业通常将包装、分割、计量、分拣、刷标志、组装等简单作业延迟或提前到仓储环节进行，这使得仓储成为流通加工的重要环节。

3）配载。仓库将来自不同企业的产品或材料按同一运输方向整合成一个单元，进行统一装运。配载可以使仓库具有整合的经济功能，能起到提高车辆利用率，降低运输费率，并减少因多个供应商同时向同一客户送货带来的收货站台拥塞的作用。

4）配送。供应商将大批量货物运输到仓库，仓库再根据供应商生产和销售的需要，将小批量的货物送到不同客户的手中。配送业务的发展有利于企业降低库存和运输成本。

二、仓储管理

1. 仓储管理的定义与发展阶段

仓储管理是对仓库和仓库中储存的物品进行管理，是仓储机构为充分利用仓储资源，提供高效的仓储服务所进行的计划、组织、控制和协调的过程。具体包括仓储资源的获得、仓库管理、经营决策、商务管理、作业管理、仓储保管、安全管理、人力资源管理、财务管理等一系列工作。

仓储管理是随着储存物品种多样化和仓库结构、技术设备的科学化而不断发展变化的，主要经历了三个发展阶段，如图1-1-3所示。

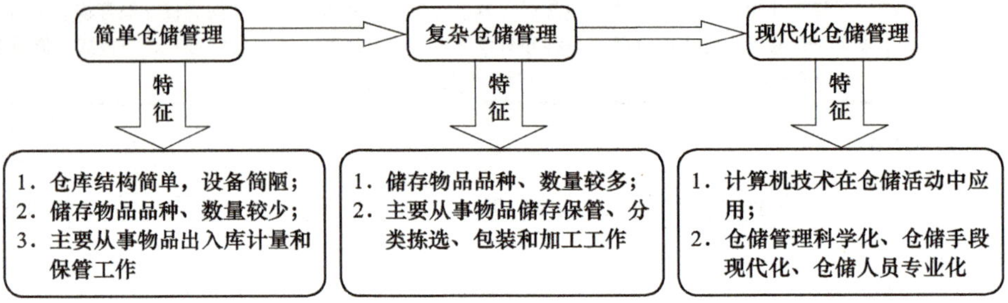

图1-1-3 仓储管理的发展阶段

2. 仓储管理的内容

仓储管理的内容随着其在社会经济领域中作用的不断扩大而变化。仓储管理应包括的内容如表1-1-4所示。

表1-1-4 仓储管理的内容

类 型	具 体 内 容
仓库选址与建筑	仓库选址与建筑属仓库管理战略问题，影响仓库长期经营过程中的服务水平和成本。具体内容包括仓库的选址原则、仓库建筑面积的确定、库内运输道路与作业的布置等
仓库机械设备选择与配置	恰当选择配置仓库机械设备有利于降低仓储作业人工劳动量，提高流通顺畅性和保障商品质量。具体内容包括根据仓库作业特点和储存货物种类及其理化特性，选择机械设备和应配备的数量，以及对这些机械设备进行管理等
仓库业务管理	仓库业务管理属仓储日常管理的最基本内容。具体内容包括组织货物入库前的验收，存放入库货物，对在库货物进行保管养护、发放出库等
仓库库存管理	合理库存有利于企业降低成本，提高效率。具体内容包括根据企业生产的需求状况和销售状况，储存合理数量的货物，既不因为储存过少引起生产或销售中断，也不因储存过多占用流动资金等
仓库组织管理	合理的仓库组织管理是仓储管理目标得以实现的基本保证。具体内容包括仓储成本核算、仓储经济效益分析、申请保税仓库的一般程序等
仓库信息技术	仓库信息技术是现代化物流管理的重要内容。具体内容包括仓库管理中信息化的应用以及仓储管理信息系统的建立和维护等

此外，仓储业务考核、新技术与新方法在仓库管理中的运用、仓库安全与消防等，都是仓储管理涉及的内容。

想一想

阅读文档“国际物流园智能仓储管理系统成效显著”（见教学资源），了解一下国际物流园智能仓储管理系统的主要内容，并回答下列问题：

1）结合案例，分析国际物流园智能仓储管理系统的特点。

2）结合案例，简述此系统是如何使业务发展的。

3. 仓储管理的特点

仓储管理的特点是由仓储管理的内容决定的。

（1）经济性

因为仓储活动具有生产性，是社会化大生产的重要组成部分，可以使商品价值得到增值，所以仓储管理具有经济性。并且随着仓储活动内容的增加，实现商品价值的范围也将逐渐扩大。

（2）技术性

随着科学技术的进步，仓储管理的科技含量有了进一步的提高。例如，RFID技术、条码技术、EDI技术等电子信息技术，自动拣货系统等现代机械设备在仓储管理和作业中的广泛使用。

（3）综合性

在仓储管理过程中，必须考虑各行各业的具体需求，利用经济管理理论、新技术、新设备对物品进行综合管理。

4. 仓储管理的目标与任务

（1）仓储管理的目标

仓储管理的目标是快进、快出、多储存、保管好和费用省，通过仓储管理使仓储功能以最经济的方式实现，即实现仓储合理化。仓储合理化的具体标志见表1-1-5。

表1-1-5　仓储合理化的具体标志

标志类型	仓储合理化内容
质量标志	科学地保管、保养物品，保证物品具有使用价值，是实现仓储合理化的基本要求。可通过质量控制来保证仓储质量
数量标志	物品数量控制体现了整个仓储管理的科学化和合理化程度。合理的仓储数量应达到满足需求和成本最低的要求
时间标志	仓储物品应处于动态的、不断周转的状态下，时间标志就反映了仓储的动态管理程度。要求在保证仓储功能实现的基础上，寻求一个合理的储存时间
结构标志	物品品种、规格、花色的比例关系应保持在合理范围
费用标志	仓租费、维护费、保管费、损失费和资金占用利息等实际费用的大小和比例应保持在合理范围
分布标志	不同地区仓储数量的比例关系，反映了需求的满足程度和对整个物流的影响，应保持在合理范围

（2）仓储管理的任务

仓储管理的基本任务是提供物流的储存功能、创造时间价值和提高资源效益，是现代物流最为重要的、必不可少的环节之一。仓储管理的任务包括宏观和微观两方面，如图

1-1-4和图1-1-5所示。

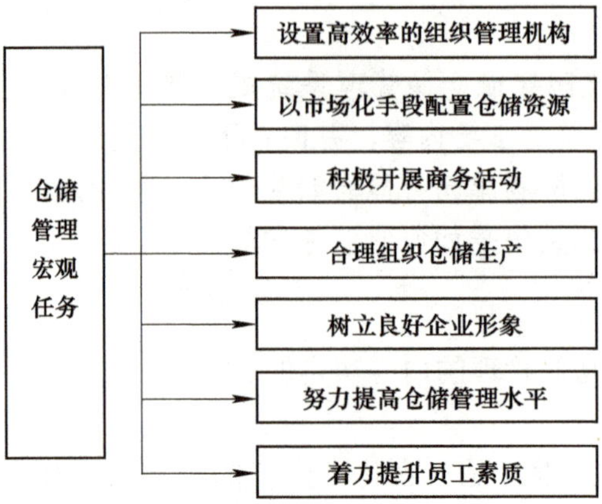

图1-1-4 仓储管理宏观任务

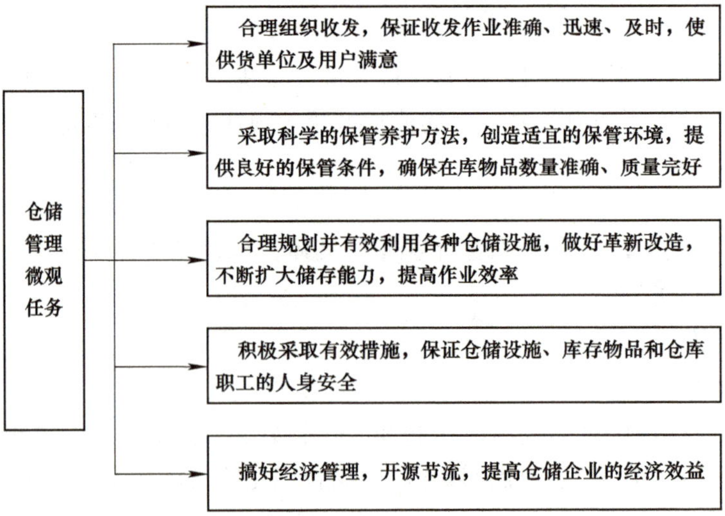

图1-1-5 仓储管理微观任务

三、仓储企业

1. 仓储企业的定义

“仓储”为利用仓库存放、储存未及时使用的物品的行为。传统的仓储企业是从事储藏、保管货物等商业营业活动的企业。

仓储企业是集中反映物流、物资活动状况的综合场所，是连接生产、供应、销售的中转站，对促进物资流通起着重要的辅助作用。仓储企业又称仓储物流企业，就是利用自建或租赁的库房、场地，储存、保管、装卸搬运、配送货物的企业。

2. 仓储企业的种类

（1）自营性仓储企业

自营性仓储企业直接控制和负责产品，直到客户得到产品。

1）优点：能给消费者一种持久和连续的商业运作的感觉，客户把公司作为稳定的、可依赖和持续的产品供应商。

2）缺点：涉及较高的成本，仓库建设周期长，而且由于其定制化的设计，投资风险较大。雇员的雇佣和培训以及物料托运设备的购买使得启运成本高，自营性仓储企业的经营缺乏灵活性。

（2）营业性仓储企业

营业性仓储企业通过出租属于自己的仓库或一定数量的库位进行经营活动。

1）优点：可满足多个客户的需求，收取相应费用；雇员成本降低，设备利用率提高，提供专业化仓储服务；经营也更具有灵活性，可根据客户需求提供定制化仓储服务。

2）缺点：在一定程度上受地域限制；个性化仓储服务有待提高；计算机终端和系统急需改进；企业与客户需要建立信息快速通道。

想一想

观看视频“亚马逊Kiva机器人—— 强大的仓储能力”（见教学资源），并回答下列问题：

结合视频内容，查询资料，简述亚马逊仓储机器人的工作内容。

3. 仓储企业的特点

仓储企业主要有以下特点：

1）国有仓储企业与民营仓储企业共存，竞争激烈。

2）先进的仓储技术、信息技术不断得到应用。

3）仓储企业数目众多，库存拥挤和仓库闲置并存。

4）随着城市化进程的加快，城镇规模逐渐扩大，仓储企业的经营日趋困难。

4. 仓储企业存在的问题

仓储企业主要存在以下问题：

1）仓储服务功能过于单一。

2）自动化仓库使用率偏低。

3）仓储管理水平相对低下。

4）仓储管理人员素质不达标。

任务操作

步骤一：判断物流企业是否属于仓储型物流企业

李静和摄影师一起跟着刘敏来到长风仓储物流中心，刘敏首先介绍了企业概况，李静翻阅资料，发现：

国家质量监督检验检疫总局、国家标准化管理委员会颁布了国家标准（GB/T 19680—2013）《物流企业分类与评估指标》，物流企业分为运输型、仓储型、综合服务型三种类型，仓储型物流企业应同时符合以下要求：

1）以从事仓储业务为主，具备一定规模。

2）可为客户提供分拨、配送、流通加工等服务，以及其他增值服务。

3）自有一定规模的仓储设施、设备，自有或租用必要的货物运输工具。

4）具备信息服务功能，应用信息系统可对货物进行状态查询、监控。

长风仓储物流中心专门从事货物分拨、配送、流通加工等仓储服务，企业规模比较大，可提供仓储相关的一系列服务，信息和设施设备先进，因此符合仓储型企业的条件。

步骤二：认识仓储功能区域

接着，刘敏带着李静来到仓储的主要工作区域，刚进仓库看见工作人员正在进行货物验收，摄影师记录如图1-1-6所示。

图1-1-6　入库货物验收

这个区域是收货理货区，主要用于入库货品的暂存、交接、码盘、验收等作业。

再往前走，来到了现场控制区，李静看到工作人员正在使用电脑处理公司业务订单，如图1-1-7所示。

图1-1-7　业务订单处理

现场控制区主要用于办公控制（要求有电脑、打印机、条码打印机等设备），进行订单处理及货品条码打印等整个仓库的信息系统管理工作。

离开现场控制区，来到了托盘暂存区和设备存放区，李静看到了托盘和搬运车等仓库搬运工具，如图1-1-8所示。

a）

b）

图1-1-8 托盘暂存区和设备存放区

a）托盘暂存区 b）设备存放区

李静观察后发现：托盘暂存区主要用于托盘的放置和保管，设备存放区主要用于存放搬运车、堆高车、手推车、周转箱等设备。

他们转身来到了托盘货架区，看见工作人员正在进行货物上架；托盘货架区旁边是栈板货架区，如图1-1-9所示。

a）

b）

图1-1-9 托盘货架区和栈板货架区

a）托盘货架区 b）栈板货架区

仓库的货物就存放在托盘货架区，托盘货架区主要用于货物的仓储；而旁边的栈板货架区主要用于货品的补货及分拣作业。

再往前走，他们来到了流通加工区，李静看见工作人员正在进行货物的打包，如图1-1-10所示。

流通加工区主要进行货品的打包工作以及相应的流通加工作业。

最后，他们来到了发货理货区，作业人员正在从传送带上将打包完成后的货物往下搬卸，准备进行发货，如图1-1-11所示。

图1-1-10　货物的打包

图1-1-11　发货理货区的货物搬卸

发货理货区是仓储的最后一个功能区域，该区域主要用于出库货品的暂存、复核以及发货交接等业务。

步骤三：绘制仓储的功能区域结构图

参观完仓储的整个功能业务区后，李静结合其他仓库的功能区域结构图，绘制了长风仓储的功能区域结构图，如图1-1-12所示。

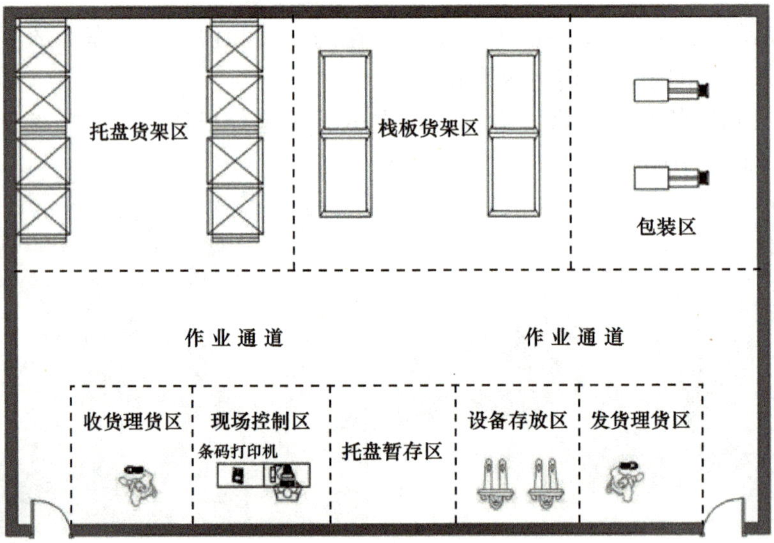

图1-1-12　长风仓储的功能区域结构图

步骤四：明确仓储作业

接下来，刘敏带领李静进一步了解企业的仓储作业，长风仓储主要涉及的仓储作业包括入库作业、盘点作业和出库作业。

1. 入库作业

仓储部门按照存货方的要求合理组织人力、物力等资源，按照入库作业流程，认真履行入库作业各环节的职责，及时完成入库任务的工作过程。入库作业流程如图1-1-13所示。

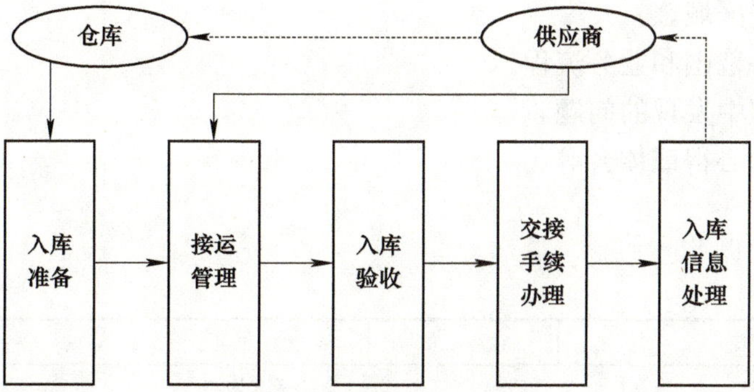

图1-1-13　入库作业流程

2. 盘点作业

盘点作业是仓储部门定期对在库的物品进行账目和数量上的清点作业。盘点作业流程如图1-1-14所示。

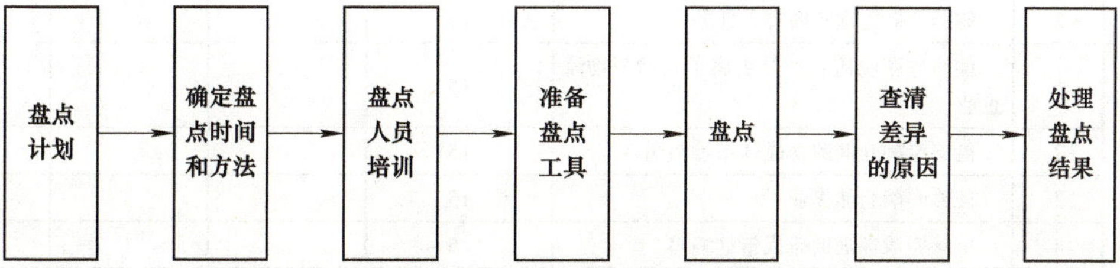

图1-1-14　盘点作业流程

3. 出库作业

仓库根据业务部门或存货单位开出的商品出库凭证（提货单、调拨单等），按其所列商品名称、规格、型号、数量等项目，组织商品出库的一系列工作。出库作业流程如图1-1-15所示。

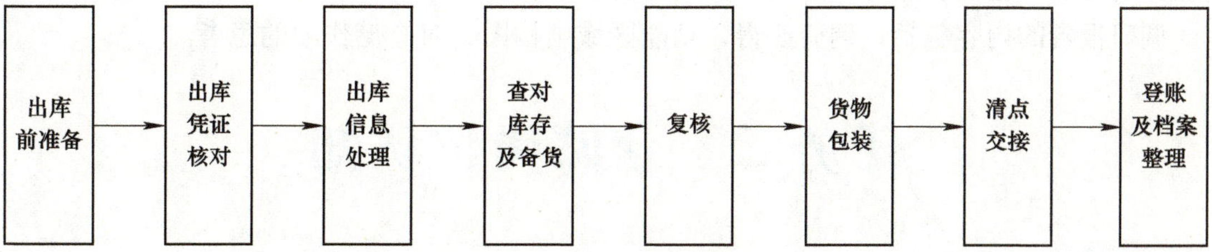

图1-1-15　出库作业流程

步骤五：编写参观调研报告

李静参观调研完长风仓储，需要结合摄影师拍摄的照片或视频，编写一篇关于长风仓储的调研报告。

调研报告的内容应至少包括：

1）企业的介绍。

2）企业的特点。

3）企业的功能区域。

4）企业的业务范围和业务流程。

5）在参观过程中发现的问题。

6）参观调研的心得或体会等。

任务评价

组　别			组　员			
任务名称		仓储基本认知				
考核内容		评价标准	参考分值	考核得分		
				自评得分	互评均分	教师评分
职业素养	1	有较强的沟通能力和团队合作精神	10			
	2	能够按时完成任务	10			
理论素养	1	掌握仓储的概念、性质、分类	10			
	2	掌握仓储管理的内容、任务	10			
职业技能	1	能够判断物流企业是否属于仓储型物流企业	15			
	2	能够绘制仓储的功能区域结构图	15			
	3	能够明确仓储作业	15			
	4	能够完成参观调研报告的编写	15			
小　计			100			
合计=自评得分×20%+互评均分×40%+教师评分×40%					教师签字	

任务拓展

实地调研：选取一家知名的物流公司，例如德邦物流，进行实地走访，调研该公司仓储业务的特点、仓储功能区域结构，并编写调研报告。

调研报告的内容包括：调研心得、功能区域结构图、对仓储作业的思考。

任务二　仓储岗位认知

任务目标

1）掌握仓储配送企业岗位群的划分。

2）掌握仓储岗位群、运输岗位群的岗位名称和岗位职责。

3）了解采购岗位群、物流信息岗位的岗位职责。

4）能够绘制仓储配送企业的工作岗位结构图。

5）能够熟记仓储岗位群主要岗位的职责和工作内容。

任务发布

万通仓储新来的实习生曹璐调研、参观了万通仓储的Ⅰ号仓库后，了解了仓储的功能区域和基本作业活动，从整体上对万通仓储有了初步认知。接下来，为了让曹璐进一步熟悉万通仓储，仓储主管冯丹准备安排她对万通仓储的各个工作岗位进行参观学习。

第二天，曹璐接到新的任务“熟悉万通仓储各个工作岗位的具体职责”，便跟着仓储主管冯丹开始了一天的参观、学习。

万通仓储的工作岗位有哪些呢？

任务资讯

一、仓储配送企业岗位群

仓储配送企业的岗位群主要包括：仓储岗位群、运输岗位群、采购岗位群、物流信息岗位以及其他岗位，如图1-2-1所示。每个岗位群下面都会有若干工作岗位。

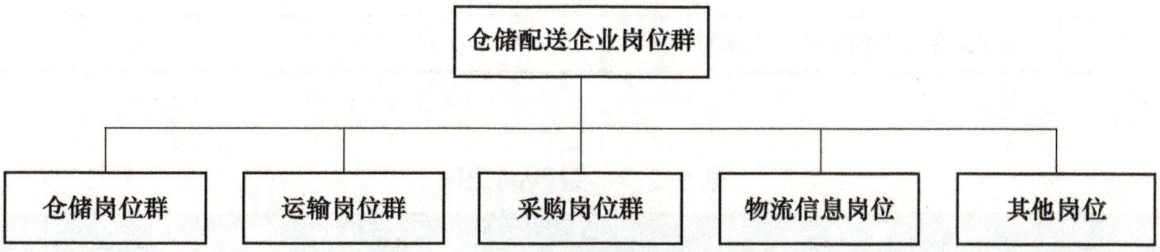

图1-2-1　仓储配送企业岗位群

二、仓储配送企业的工作岗位及岗位职责

不同的仓储配送企业会根据企业自身的具体情况，对工作岗位做出部分调整。常见的仓储配送企业的工作岗位如表1-2-1～表1-2-5所示。

1. 仓储岗位群

表1-2-1　仓储岗位群

岗位名称	岗位职责
仓储经理	负责仓库布局、仓储规划设计；制订仓库盘点、移库等作业计划，合理调配人力、物力资源；根据库存情况制定有效的库存控制策略
仓管员	负责仓库安全管理；仓库货物保管与养护；仓储设备使用情况管理；货物出入库信息记录和反馈；出入库货物交接查验
理货员	负责货物入库条码粘贴；根据货物属性合理堆码苫垫；盘点作业；盘点信息反馈；移库作业
搬运员	负责货物库内搬运；选择合理的搬运设备；对使用的设备进行妥善养护
拣货员	负责出库拣选作业；小件存储与电子拣选区的补货作业
加工员	负责流通加工中的组合、打包作业；包装材料的管理；打包机的养护
配送员	负责货物的装车作业；货物配送；签收作业

想一想

阅读文档“配送中心的岗位考核秘法”（见教学资源），了解一下配送中心岗位绩效考核的主要内容，并回答下列问题：

1）阅读全文，说说主要评价指标有哪些？

2）结合案例分析，绩效考核的目的及意义是什么？

2. 运输岗位群

表1-2-2　运输岗位群

岗位名称	岗位职责
客服员	负责运输业务受理，核算运输费用；货物在途状态查询、跟踪；返单作业；客户投诉处理
运输调度员	负责制订运输作业计划；安排运输车型、车辆；安排运输司机及货运人员；制定合理的运输路线
场站作业员	负责车辆进出场站的监管工作；运输单据填制、交接；清点和查验进出场站的货物；货物称重、分拨；合理装卸货物
货运员	负责市内货物取送；长途干线运输送达；货物监装；取货验收；运输信息反馈
收/发货员	负责运输作业的下达和货物的交接

3. 采购岗位群

表1-2-3　采购岗位群

岗位名称	岗位职责
采购经理	负责制订采购计划；制定采购预算，控制采购成本；制定供应商审核评价标准；审核供应商资质；供应商关系维护
采购助理	负责整理请购需求；寻找备选供应商；初步商谈了解供应商报价；对供应商进行实地考察；采购合同整理归档
销售经理	负责制订销售计划；制定销售宣传预算；维护客户关系
销售助理	负责销售合同整理归档；收集整理市场产品、报价信息

4. 物流信息岗位

表1-2-4　物流信息岗位

岗位名称	岗位职责
信息技术员	负责信息技术维护工作，包括订单信息化处理；MRP的制订；ERP系统操作和使用；条码技术应用；RFID技术应用；GPS/GIS在运输作业中的应用

5. 其他岗位

表1-2-5　其他岗位

岗位名称	岗位职责
叉车驾驶员	负责驾驶叉车完成货物堆码、上架、下架、带货驾驶、倒车进库等作业
卡车驾驶员	负责完成货物堆码、装车、搬运作业

任务操作

步骤一：认识万通仓储的部门

仓储主管冯丹带领曹璐分别到市场部、采购部、运输配送部、仓储部和行政部进行参观学习，各个部门的负责人给曹璐讲解了部门主要职责以及岗位设置，具体如下：

1）市场部。该部门负责公司仓储业务、配送业务的销售以及客户关系的挖掘和维护，下设市场部经理和市场助理。

2）采购部。该部门负责整个公司设施、设备以及办公用品等所有物料的采购以及预算，控制采购成本，下设采购部经理和采购助理。

3）运输配送部。该部门负责公司承接客户的运输、配送业务；保障货物的安全、及时送达客户手中；进行运输费用的核算以及高效低成本运输方案的制定与实施，下设运输配送部经理、客服员、运输调度员、场站作业员、收/发货员和配送员。

4）仓储部。负责公司仓储业务规划、设计与实施，对于客户存储的货物进行保管，进行仓储成本控制，制定有效的库存控制策略，合理安排货物出入库业务，下设仓储部经理、仓库管理员、仓库理货员、单证信息员和叉车驾驶员。

5）行政部。该部门负责公司人员招聘、行政事务管理、员工薪水处理以及后勤事务的管理，下设人事行政部经理、会计出纳、人事管理员和后勤人员。

步骤二：绘制万通仓储岗位结构图

曹璐根据对万通仓储各部门的参观学习，绘制了万通仓储的岗位结构图，如图1-2-2所示。

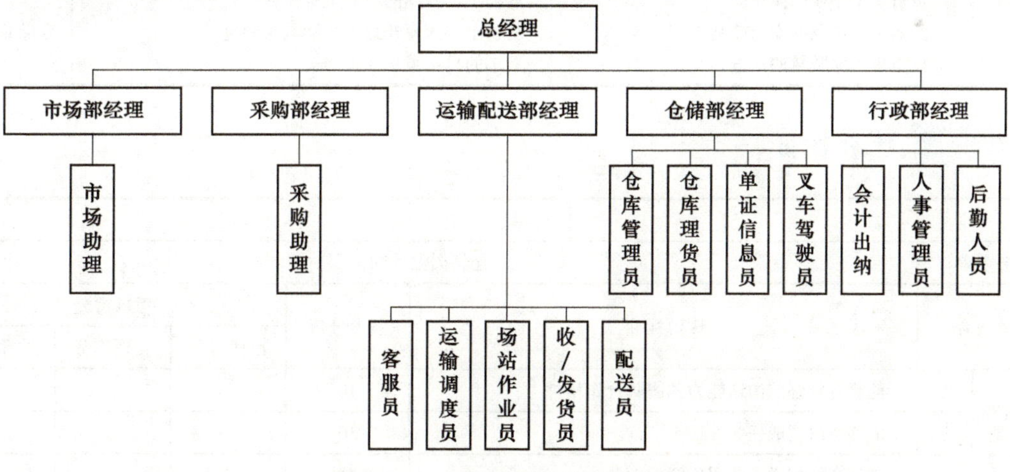

图1-2-2　万通仓储的岗位结构图

步骤三：认识仓储部岗位的岗位职责和工作内容

仓储主管冯丹查看了曹璐绘制的万通仓储的岗位结构图，发现她已经掌握了公司各个部门的岗位设置。

考虑到她将来要在仓储部工作，冯丹准备向她介绍仓储部的岗位、岗位职责、工作内容以及汇报对象。冯丹做了详细的归纳总结，具体如表1-2-6：

表1-2-6 仓储部岗位的岗位职责和工作内容

岗　位	岗位职责	工作内容	汇报对象
仓储部经理	负责新仓库的选址及仓库货物的布局设计； 负责所属库区的全面管理工作； 负责仓储管理方案的优化和监督执行； 负责库区仓库所属人员、装备的管理； 负责仓库管理绩效考核	项目投标及仓库管理方案的设计； 仓储工作计划的制订和预算编制； 仓储管理制度的制定和修订； 仓库作业异常事件的处理； 仓库日常作业的巡视和指导	公司经理
仓库管理员	负责货物进出仓库管理与协调； 负责货物的作业品质管理； 负责货物库存的准确性； 负责货物库存实物信息台账； 负责仓库及货物的安全性； 负责仓库装备的使用维护； 负责所属仓库的环境卫生	货物日常进出仓库计划的安排； 货物出、入库及库存台账的制作； 货物定期盘库的组织实施； 定期与信息员核对账实信息； 装卸工的作业管理； 仓库日常作业成本的填报、统计和控制； 仓库每日安全隐患检查	仓储部经理
仓库理货员	服从仓库管理员的工作安排； 负责仓库日常出、入库作业操作； 负责当班出、入库记录信息的填报； 负责当班出、入库货物品质的把控； 负责当班出、入库数量的核对	货物日常入库的接收、码放和出库的备货； 货物出、入库的清点和单据办理； 货物出、入库垛卡信息的填写； 仓库定期的货物盘库清点、登记； 仓库卫生的清扫整理	仓库管理员
单证信息员	服从仓储经理的工作安排； 负责货物出、入库电子信息的录入和统计； 负责库存电子信息的准确性； 负责信息报送的准确性和及时性	接收客户货物出、入库计划； 货物出、入库单证的打印； 货物出、入库及库存信息报表的制作和准确性检查； 定期与仓库管理员核对账实； 每日库存报表的上报	仓储部经理
叉车驾驶员	负责叉车作业的操作； 负责叉车作业的安全控制； 负责出入库数量的核查	货物出、入库的日常叉车作业； 货物出、入库托盘上货物数量的复核； 叉车的日常维护和检修	仓储管理员

任务评价

<table>
<tr><td colspan="2">组　别</td><td></td><td>组　员</td><td colspan="3"></td></tr>
<tr><td colspan="2">任务名称</td><td colspan="5">仓储岗位认知</td></tr>
<tr><td colspan="2" rowspan="2">考核内容</td><td rowspan="2">评价标准</td><td rowspan="2">参考分值</td><td colspan="3">考核得分</td></tr>
<tr><td>自评得分</td><td>互评均分</td><td>教师评分</td></tr>
<tr><td rowspan="2">职业素养</td><td>1</td><td>能够有较强的沟通能力和团队合作精神</td><td>10</td><td></td><td></td><td></td></tr>
<tr><td>2</td><td>能够按时完成任务</td><td>10</td><td></td><td></td><td></td></tr>
<tr><td rowspan="3">理论素养</td><td>1</td><td>掌握仓储配送企业岗位群的划分</td><td>15</td><td></td><td></td><td></td></tr>
<tr><td>2</td><td>掌握仓储岗位群、运输岗位群的岗位名称和岗位职责</td><td>15</td><td></td><td></td><td></td></tr>
<tr><td>3</td><td>了解采购岗位群、物流信息岗位的岗位职责</td><td>15</td><td></td><td></td><td></td></tr>
<tr><td rowspan="2">职业技能</td><td>1</td><td>能够绘制仓储配送企业的工作岗位结构图</td><td>15</td><td></td><td></td><td></td></tr>
<tr><td>2</td><td>能够熟记仓储部岗位的岗位职责和工作内容</td><td>20</td><td></td><td></td><td></td></tr>
<tr><td colspan="3">小　计</td><td>100</td><td></td><td></td><td></td></tr>
<tr><td colspan="4">合计=自评得分×20%+互评均分×40%+教师评分×40%</td><td></td><td>教师签字</td><td></td></tr>
</table>

任务拓展

判断正误：下面是物流公司给仓储人员培训的理念，请判断正误，并说明理由：

1）规划仓库区域，合理摆放物料，做好标示管理及“5S”管理。

2）组织盘点工作，如不定时盘点、月盘点、年终盘点及抽盘，分析问题做出书面对策报告。

3）以客户为中心。

4）不管哪个部门出了差错都不要紧，可以随便推脱给其他部门。

5）监督、处理好仓储部的日常工作和欠料、特急件的跟踪。

6）不管给客户还是谁造成损失都不要紧，只要公司没损失就可以。

7）坚持仓库的凭单收发料，按先进先出的原则，保证仓储部账卡物相符。

8）每月统计生产不良品报表交采购部协商退货事宜。

9）做好仓库的防水、防火、防盗工作，加强门禁管制，以预防为主。

任务三　仓库的平面规划布局

任务目标

1）掌握仓库的平面布局结构类型。

2）掌握仓库平面布局的基本原则及要求。

3）能够叙述仓库的平面规划布局。

4）能够根据公司的业务选择合适的仓库类型。

5）能够设计仓库的平面规划布局。

任务发布

物美超市要求远通仓储对其所要建立的仓库进行平面规划和布局。对仓库的平面进行规划布局时，物美超市提出几点设计要求：

1）以远通仓储配送中心的仓库为基础进行设计；

2）具备仓储配送的一般作业流程；

3）仓库分为存储区、理货区、拣货区、设备存放区、办公区、进货月台、出货月台、进货暂存区、出货暂存区、流通加工区、返品处理区等；

4）仓库规格为50m×40m，其中存储区最低面积要求为1 600m^2。

李文作为远通仓储的物流规划师负责此项目的仓库平面规划布局，根据以上设计要求，她该如何对物美超市的仓库进行平面规划和布局呢？

任务资讯

一、仓库布局规划的概念

仓库布局规划是根据库区场地条件、仓库的业务性质和规模、储存物品的特性，以及仓储技术条件等因素，对仓库的主要建筑物（库房、货棚、货场）、辅助建筑物、构筑物、货场、站台等固定设施和仓库运输路线进行总体安排和配置，以便最大限度地提高仓库储存能力和作业能力，降低各项仓储作业费用，更有效地发挥仓库在物流过程中的作用。

仓库布局规划既要满足企业生产的需要，为货物的储存保管创造良好环境，又要在实现仓储功能的基础上降低投资成本。仓库布局规划要全面考虑企业长远发展，预留一定的备用地，以备日后扩大规模的需要。因此，仓储布局规划要因地制宜，充分考虑仓库储存货物的种类、理化特性、数量和储存条件，做好技术、经济论证，选择最优方案，进行合理布局。

二、仓库的布局设计

仓库的布局设计包括仓库平面布局、仓库竖向布局、仓库给排水布局和仓库运输布局。

1. 仓库平面布局

仓库平面布局是根据仓库总体设计要求，科学地解决仓库区域的布局问题，具体包括安排主要业务场所、辅助业务场所、生活场所及其他附属设施的位置。

主要业务场所的布局，要以保管物品的库房、货棚、货场为重点。库房的布局，要按储存物品的类别和安全性质分组布置。每组之间，还要考虑到业务性质、吞吐量大小以及作业的合理流程。

辅助业务场所的布局是为主要业务场所服务的，应靠近主要业务场所。存放包装物料的场所，应设在包装场所附近，以便于材料的领用；保管苫垫用品的场所，应设在出入方便、距离物品保管场所较近的地方。

生活场所的布局，一般应与库区各业务场所隔开，并设置单独的出入口。

2. 仓库竖向布局

仓库竖向布局是确定仓库的标高。仓库基建时，应因地制宜地将场地上自然起伏的地形加以适当改造，使之满足库区的装卸运输要求。

3. 仓库给排水布局

仓库给水主要是生活用水和消防用水的供给。仓库的排水涉及两个方面的问题：

1）防洪问题，即防止库外洪水冲淹仓库；

2）排水问题，即生活污水和雨水排出库外。

4. 仓库运输布局

仓库运输布局需结合选择的材料搬运系统和设备，在合理布局的情况下，尽量提高仓储的作业效率。

想一想

阅读文档“工厂或配送中心场内的布局，这些干货你不得不知道！”（见教学资源），并回答下列问题：

1）请同学们查阅网上资料，说说国内配送中心布局发展状况。

2）结合案例分析，说说物流配送中心的功能有哪些。

三、仓库的平面布局结构类型

在进行仓库布局之前，首先要进行仓储作业分析：仓储作业一般包括入库、在库保管、出库等作业，因此仓库需要具备三方面储区：出入库储区、存储区和动管储区。出入库储区是物品进出仓库的一个暂存区；存储区是仓库中最主要的保管区域，物品在此区域保管时间也最长，因此存储区是整个仓库的管理重点；动管储区是在拣货作业时所使用的区域，物品在此区域被保管的时间通常不会太长，在短时间内一般会被拣取出货，物品在储位上流动频率很高。

根据仓储具体作业流程，仓库需要具备的主要功能区域包括进货月台、进货暂存区、进货验收区、存储区、办公室、拣货分货区、流通加工区、出货暂存区、出货合流区、出货月台、返品处理区、设备存放区等。在实际规划中，可能会对某些区域进行精简与合并。

在确定了仓库的功能区域后，下一步工作是确定这些区域分布的相对位置。根据仓库的动线类型，一般仓库的平面布局结构类型有三种：U型、I型和L型，如表1-3-1所示。

表1-3-1　仓库的平面布局结构类型

动线类型	仓库的平面布局示意图	特　点
U型	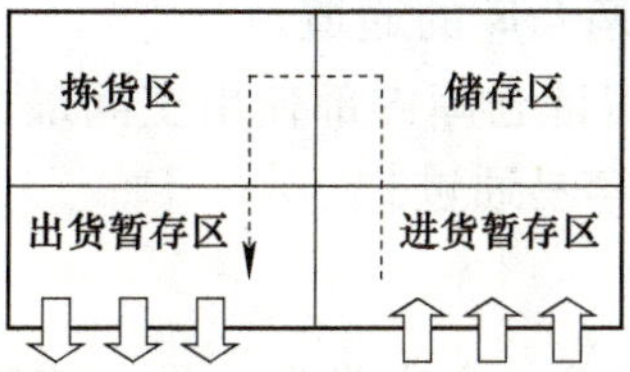	U型动线描述： 在仓库的一侧布置出货暂存区和进货暂存区。 U型动线特点： 1. 适合越库作业的进行； 2. 使用同一通道供车辆出入； 3. 易于控制和安全防范； 4. 可以在建筑物三个方向进行空间扩张
I型	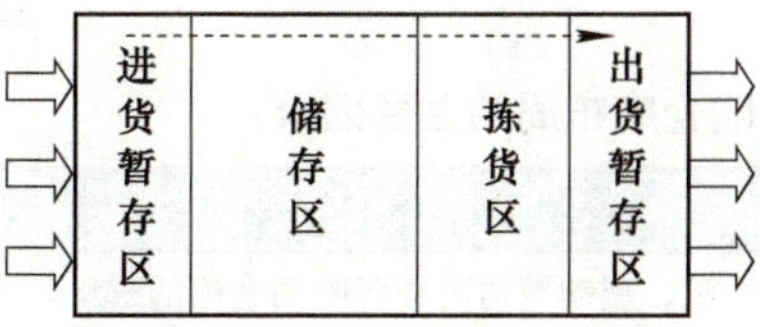	I型动线描述： 出货暂存区和进货暂存区在仓库的不同方向。 I型动线特点： 1. 可以应对进出货高峰同时发生的情况； 2. 常用于接收相邻加工厂的物品，或用不同类型的车辆来出货和进货
L型	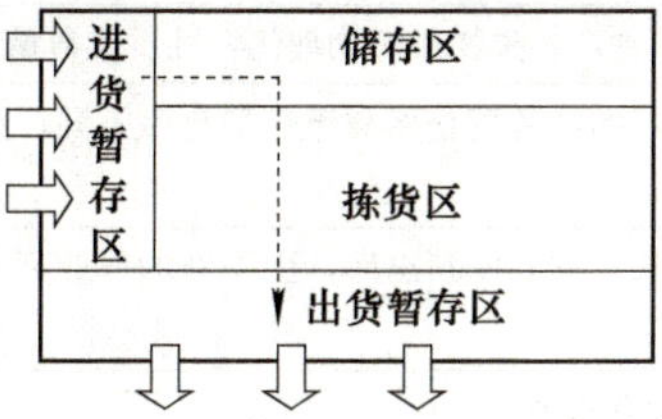	L型动线描述： 需要快速处理物品的仓库通常采用L型动线，L型动线把物品出入仓库的途径缩至最短。 L型动线特点： 1. 可以应对进出货高峰同时发生的情况； 2. 适合越库作业的进行； 3. 可同时处理“快流”和“慢流”的物品

四、仓库平面布局的基本原则、要求以及影响因素

1. 仓库平面布局遵循的基本原则

仓库平面布局遵循的基本原则有：

1）运输距离最短化；

2）管理方便化；

3）搬运效率化；

4）工作区关联化；

5）作业流程顺畅化；

6）空间利用最佳化。

2. 仓库平面布局的要求

仓库平面布局的要求有：

1）进行合理的仓库平面布局。根据货物仓储量、平均库存量、仓库吞吐量、货物品种数等，合理进行物流企业仓库的平面布局。

2）适应仓储生产的作业流程。根据物品自有特性，规范各个区域面积和位置，保证仓库物品流动方向合理，由专门的通道进入，然后由专门的通道出库，保持仓库通道顺畅，提高生产流通效率。

3）要有利于提高仓库经济效率。仓库平面布局的时候，考虑仓库面积等条件，因地制宜，合理利用仓库的有限空间，以防浪费空间资源。

4）符合安全、卫生要求。仓库内各区域之间有一定的防火间距，同时，要设有各种防火、防盗等安全保护措施。此外，仓库内布局要符合卫生要求，充分考虑通风、照明等情况。

5）保持通道畅通无阻。在规划仓库功能区域的时候，需要把仓库内的立柱考虑进去，用墙面或货架把立柱包裹进去，避免立柱堵塞仓库的通道。

6）仓库门向外开。仓库门向外开可以保证仓库内部使用空间最大化；另外在发生火灾的时候，向外开门的通道比向内开门的通道容易通过。

3. 仓库平面布局的影响因素

仓库平面布局会受到周围环境、物品构成、仓库类型、作业流程、作业方式等主要因素的影响，具体情况如表1-3-2所示。

表1-3-2　影响仓库布局的主要因素

影响因素	说　明
周围环境	周围环境产生的有害气体、固体微粒、火星、震动等情况会影响到仓库的选址。此外周围环境的交通运输条件、协作单位等也会影响仓库的平面布局
物品构成	物品构成指仓库建成后储存物品的类别及品种，各类物品的物理化学性质及数量，各类物品所要求的保管条件
仓库类型	不同类型的仓库对平面布局有不同的要求，如储备型仓库与流转型仓库不同，综合仓库与专业仓库不同，危险品仓库与普通物品仓库不同
作业流程	一般仓库的作业主要是“收、发、管”，从货物入库到出库，由不同的作业环节构成一个完整的技术作业流程。这个过程要求相应的库区布局与之相适应
作业方式	作业方式包括人工作业、机械作业、自动化作业等

任务操作

步骤一：确定仓库类型

远通仓储准备为物美超市新建一个专属仓库，面积为2 000m²。物美超市存放到远通仓储的货物为百货产品。百货产品保管时首要解决的问题就是防潮。考虑到百货产品的特性以及提高仓库的空间利用率，在远通仓储现有的仓库类型（平堆库和货架仓库）中，李文选择了货架仓库。

步骤二：确定仓库整体平面作业布局

一般的平面作业布局分为“I型”“U型”和“L型”。为了可以应对进出货高峰同时发生的情况，李文准备选用“I型”仓库平面布局进行进一步规划。

步骤三：绘制仓库布局图

结合所选的仓库类型，对仓库的各个分区的位置进行布局，并绘制了仓库平面布局图，包括托盘货架区、理货区、分拣区、设备存放区、办公区、进货月台、出货月台、进货暂存区、出货暂存区、流通加工区和返品处理区。各功能区的位置如图1-3-1所示。

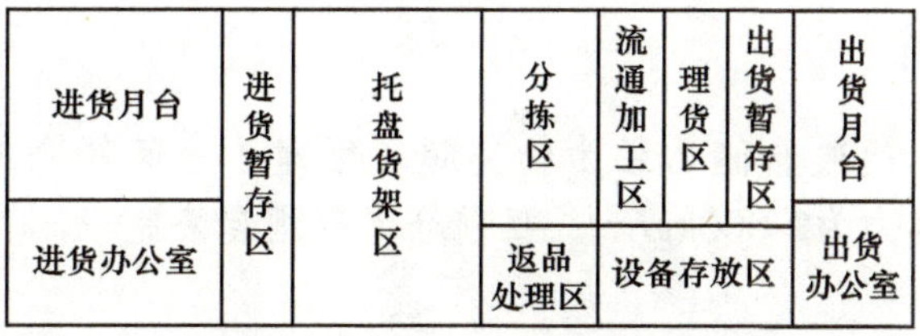

图1-3-1　I型仓库平面布局图

步骤四：成果展示

李文将设计好的仓库平面布局图以PPT的形式进行了展示，讲解了仓库平面布局的设计思路，并记录了其他同事的建议，以便进行进一步改进。

任务评价

组　别			组　员				
任务名称		仓库的平面布局规划					
考核内容		评价标准		参考分值	考核得分		
					自评得分	互评均分	教师评分
职业素养	1	有较强的沟通能力和团队合作精神		10			
	2	能够按时完成任务		10			
理论素养	1	掌握仓库的平面布局结构类型		15			
	2	掌握仓库平面布局的基本原则及要求		15			
职业技能	1	能够根据公司的业务选择合适的仓库类型		15			
	2	设计的仓库平面布局图符合作业流程		15			
	3	设计的仓库平面布局图完整、美观，解说流畅		20			
小　计				100			
合计=自评得分×20%+互评均分×40%+教师评分×40%						教师签字	

任务拓展

实地调研：选择当地一家物流公司或企业的配送中心或仓库，进行现场调研，了解仓库的平面布局规划。调研结束后，编写调研报告。各小组委派一名同学在课堂上陈述调研结果。

任务四　常见的仓库设备认知

任务目标

1）了解各种仓储设备的名称、分类及特点。
2）了解装卸搬运设备、流通加工设备、信息采集设备的功能及作用。
3）能够选择合适的仓储设备。
4）能够合理选择装卸搬运设备。
5）能够选择常见的仓库必备设备。

任务发布

2019年4月10日，远通仓储已经为物美超市修建了一间新仓库，该仓库长50m，宽40m，高9m。地坪承载力为2 000kg/m^2。目前仓库刚刚装修完毕，其建筑面积为2 000m^2，如图1-4-1所示。

a）

b）

图1-4-1　物美超市仓库结构图

现需要对新仓库选择和准备配套的基础设施和设备。杨丹作为远通仓储的仓储部经理，应该为新仓库选择和准备哪些基础的设施和设备，才能开展正常的仓储业务呢？

任务资讯

一、仓储设备

仓储设备主要包括货架、托盘、输送设备、分拣设备、集装箱等，这些设备可以组成自动化、半自动化、机械化的商业仓库，来堆放、存取和分拣承运物品。

1. 货架

货架是专门用于存放成件物品的保管设备，由立柱、横梁及卡槽等构件组成，是在仓库中被广泛应用的一种储存设备。

货架的种类主要有层架式货架、托盘货架、阁楼式货架、贯通式货架、移动式货架、旋转式货架、重力式货架、悬臂式货架等，如表1-4-1所示。

表1-4-1　常见的货架类型

类　型		图　片	特点及适用条件
层架式货架	层格式货架		层格式货架结构简单，适用性强，有利于提高空间利用率，方便作业的存取，是人工作业仓库主要的存储设备。主要用于存放规格复杂多样、必须互相隔开的物品
	抽屉式货架		抽屉式货架主要用于存放比较贵重或怕尘土、怕潮湿的小件物品
托盘货架			托盘货架是专门用于存放堆码在托盘上物品的货架，其承载能力和每层空间适合于存放整托盘物品。托盘货架存储方便，节省时间，可以适应各种类型物品的存储
阁楼式货架			阁楼式货架以货架做支撑，设计成多层结构，具有楼梯和物品升降的电梯。充分利用空间，增加存储面积。适用于库房较高、物品较小、人工存取、存取量大的情况
贯通式货架			贯通式货架采用托盘存取模式，适用于品种少、批量大且对物品拣选要求不高的物品存储；物品遵循先进后出的原则，取消了各排货架之间的巷道，充分利用仓库的存储空间

（续）

<table>
<tr><th colspan="2">类　型</th><th>图　片</th><th>特点及适用条件</th></tr>
<tr><td colspan="2">移动式货架</td><td></td><td>移动式货架是一种底部带轮且可整体移动的货架。在货架底部装有滚轮，在仓库的地面上装有导轨，通过开启控制装置，货架可以沿导轨移动。广泛应用于传媒、图书馆、金融、食品等行业仓库</td></tr>
<tr><td rowspan="2">旋转式货架</td><td>垂直旋转式货架</td><td>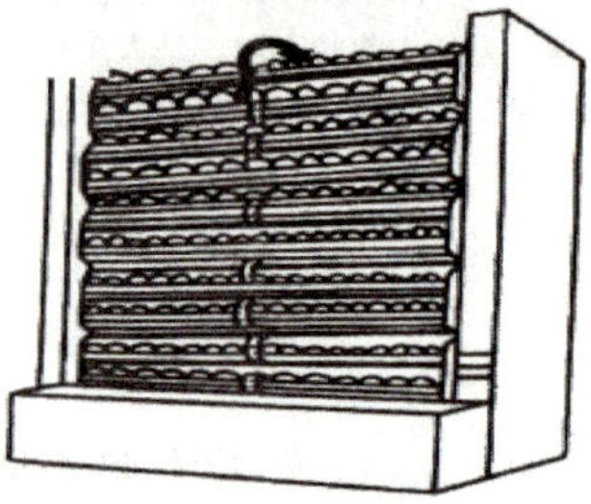</td><td>垂直旋转式货架类似于垂直提升机，在两端悬挂有成排的货格，货架可正转，也可反转。主要适用于多品种、拣选频率高的物品，如果取消货格，用支架代替，也可以用于成卷物品存取</td></tr>
<tr><td>多层水平旋转式货架</td><td>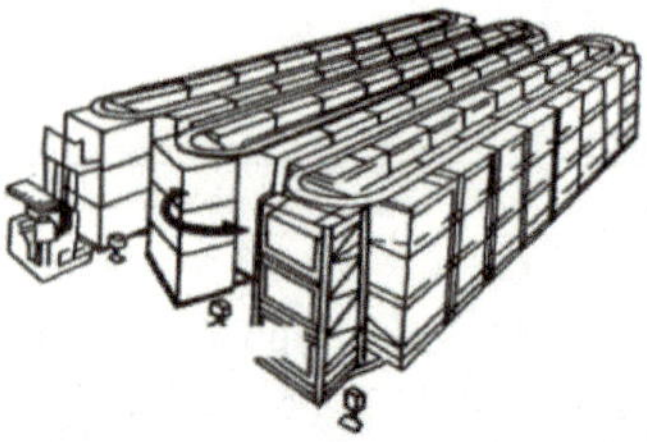</td><td>多层水平旋转式货架是一种拣选型货架，这种货架各层可以独立旋转，每层有各自轨道。主要用于入库频率高、多品种拣选的仓库中</td></tr>
<tr><td colspan="2">重力式货架</td><td></td><td>重力式货架属于先进先出的存储方式。托盘物品用叉车搬运至重力式货架进货口，利用自重，托盘从进口自动滑行至另一端的取货口。主要用于大批量、少品种物品的存放或配送中心的拣选作业</td></tr>
<tr><td colspan="2">悬臂式货架</td><td></td><td>悬臂式货架主要由悬臂和立柱组成，适用于长形物料和不规则物料的存储，适合人力存取操作，不便于机械化作业</td></tr>
</table>

货架的作用及功能主要有：

1）用钢材或钢筋混凝土制成的架子，可利用提升货架高度来扩大仓库的储存能力。

2）货架上的货物相互不接触、不挤压，减少货物损失。

3）货物存取方便，结合计算机管理易实现先进先出。

4）可采用防潮、防尘、防盗等措施来提高货物储存质量。

5）有利于实现仓储系统的自动化管理。

想一想

阅读文档“货架的优点以及发展趋势”（见教学资源），并回答下列问题：

1）阅读全文，你觉得货架的优势有哪些？

2）结合案例及查阅网上资料分析，我国货架行业的现状是怎样的？

2. 托盘

托盘是“在运输、搬运和储存过程中，将物品规整为货物单元时，作为承载面并包括承载面上辅助结构件的装置（GB/T 18354—2006）”。托盘具有和集装箱类似的作用，即能把零散的物资组成一个较大的整体，以利于物资的装卸和运输。

托盘的主要优点有：自重量小；返空容易；装盘容易；装载量适宜，组合量较大；节省包装材料，降低包装成本。

托盘除了具有以上所述优点外，也有以下不足：保护产品性能不如集装箱；露天存放困难，需要有仓库等设施；托盘本身的回运需要一定的运力消耗和成本支出。

（1）托盘的类型、特点及适用条件

托盘的类型、特点及适用条件如表1-4-2所示。

表1-4-2　托盘类型、特点及适用条件

类　型	图　片		特点及适用条件
平板托盘	单面使用 双向进叉		平托盘的使用范围最广，利用数量最大，通用性最好
	单面使用 四向进叉		
	双面使用 四向进叉		
柱式托盘			柱式托盘的四个角有钢制立柱，柱子上端用横梁连接，形成框架形。其主要作用：一是利用立柱支撑重量，往高叠放；二是可防止托盘上放置的物品在运输和装卸过程中发生塌垛现象

（续）

类　型	图　片		特点及适用条件
箱式托盘			箱式托盘是四面有侧板的托盘，有的箱体上有顶板，有的无顶板。箱板有固定式、折叠式、可卸式三种。箱式托盘防护能力强，可防止塌垛和货损；可装载外形不能稳定堆码的物品，应用范围广
轮式托盘			轮式托盘与柱式托盘和箱式托盘相比，多了底部的小型轮子。因而，轮式托盘显示出短距离移动、自行搬运或滚上滚下式的装卸等优势，用途广泛，适用性强
特种专用托盘			特种专用托盘是根据某种物品的特性设计的，专门适用于该类物品运输需要的托盘
滑板托盘	单翼		滑板托盘是在一个或多个边上设有翼板的托盘，用于搬运、存储或运输单元载荷形式的物品或产品
	对边双翼		
	临边双翼		
	三翼	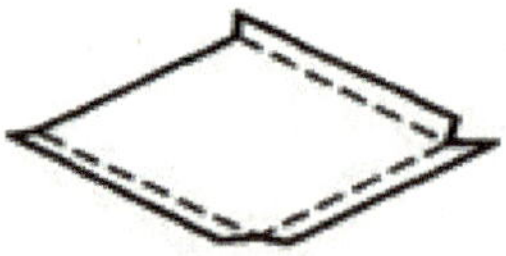	
	四翼		

想一想

观看视频“托盘堆码微课”（见教学资源），并回答下列问题：

1）货物堆码的基本方法有哪些？

2）每种方法的操作要点是什么？

（2）托盘的规格

托盘的规格是指托盘的长与宽，通常用“长×宽”来表示。由于托盘的规格，即长与宽及其乘积面积，会涉及货物在托盘上的码放，也涉及与运输工具内容尺寸和内容面积的配合，因此被物流业界十分重视。

我国国家标准（GB/T 2934—2007）确定了以1 000mm×1 200mm，1 100mm×1 100mm两种规格作为我国托盘的标准规格，向企业优先推荐使用，如图1-4-2所示。

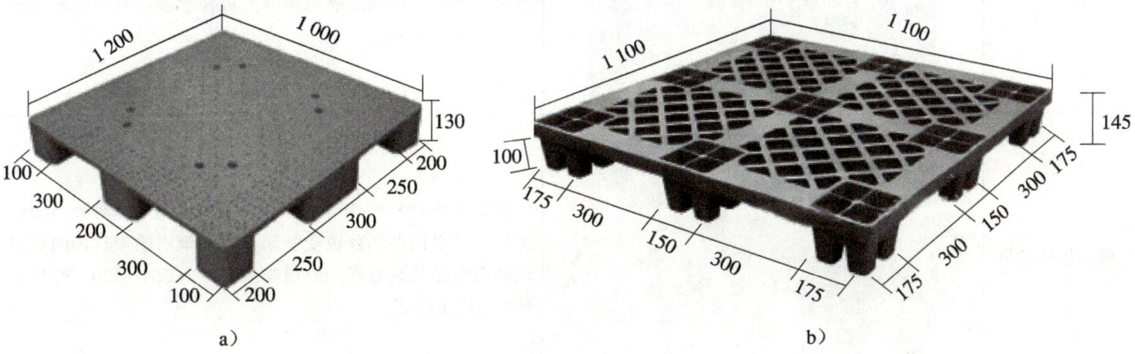

图1-4-2　我国国家标准规定的两种托盘规格

a）1000mm×1200mm规格的托盘　b）1100mm×1100mm规格的托盘

（3）使用托盘的注意事项

托盘在使用过程中要注意以下事项：

1）叉车叉取托盘时，叉齿要保持水平，不应上下倾斜。

2）叉车必须对准叉孔，垂直于托盘侧面，不应斜着进出托盘。

3）严禁甩扔空托盘。

4）不准用叉齿推移、拖拉托盘。

5）空托盘应用叉车整齐叠放，避免碰撞和日晒雨淋。

6）如用绳索捆扎货物，捆扎方向应与托盘边板平行。

3. 输送设备

物流企业的输送设备是一类可以将物资在一定的输送线路上，从装载起点到卸载终点以恒定的或变化的速度进行输送，形成连续或脉动输送的机械。物流企业中常见的输送机类型如表1-4-3所示。

表1-4-3　物流企业中常见的输送机类型

类　型	图　片	特点及适用条件
带式输送机		带式输送机是一种把输送带既作为牵引构件，又作为承载构件的连续运输机。一般进行水平或较小倾角的物资输送。整个输送带都支承在托辊上，并且绕过驱动滚筒和张紧滚筒。在连续装载条件下，可以连续装载散装物资或包装好的成件物品
悬挂式输送机		悬挂式输送机将装载物资的吊具通过滑架，悬挂在架空轨道上，滑架受牵引构件（链条等）牵引，沿着架空轨道悬空输送。可以输送装入容器的成件物品，也用于企业成品和半成品的输送
埋刮板输送机	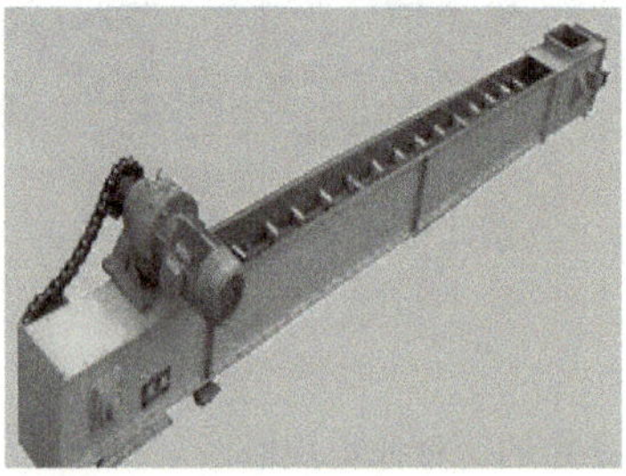	埋刮板输送机在牵引构件（链条或者钢丝绳等）上固定刮板，牵引构件和刮板受驱动构件的牵引沿着封闭的料槽运动而输送散装物资。一般在水平方向或小于30°倾角的倾斜方向上输送
螺旋输送机		螺旋输送机将带有螺旋叶片的转轴装在封闭的料槽内旋转，利用螺旋面的推力使散料物资沿着轴向输送
滚柱输送机	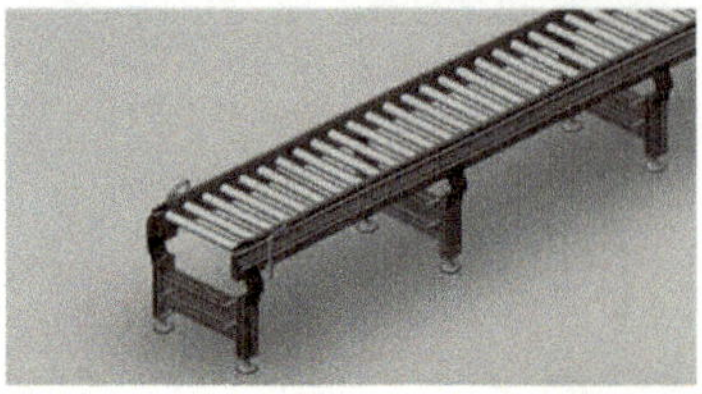	滚柱输送机是一种装由一系列相邻很近、顺序排列的滚柱和支架组成的运输机，主要运送成形成件的物资。滚柱可以在直线线路上布置，也可以在弯曲线路上布置。滚柱有动力驱动和人力驱动两种

4. 分拣设备

分拣设备是完成拣选、分货、分放作业的自动化设备，是大型物流中心、配送中心进行分拣、配送作业的强有力的技术保证。常见的分拣机如表1-4-4所示。

表1-4-4　常见的分拣机

类　型	图　片	特点及适用条件
带式分拣机		此类分拣机是利用输送带载运货物完成分拣工作的机械设备，其结构合理，充分考虑了分拣人员的工作条件及视觉范围，大大减轻了工作人员的劳动强度。带式分拣机可采用局部全塑结构，能与金属探测器等配套使用，适用范围较广
推块式分拣机		此种类型的分拣机由链板式输送机、具有独特形状的滑块和进行货物分拣的推块组成，滑块可在链板间左右滑动。推块式分拣机机身长，分拣操作轻柔、准确性高；可分别向左、右两侧分拣，占地空间较小，可应用于不同大小、重量、形状的多种货物的分拣
轨道台车式分拣机		此类分拣机将被分拣的货物放置在沿轨道运行的小车托盘上，当货物到达分拣口时，台车托盘倾斜30°，货物被分拣到指定的目的地
滚柱式分拣机	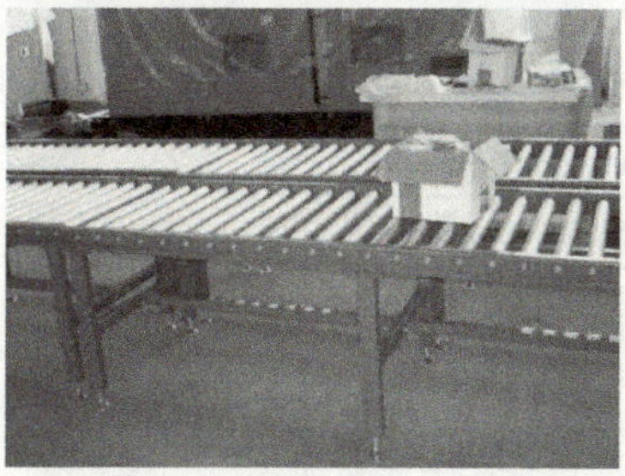	此类分拣机属于非挠性牵引构件分拣机的一种，可以沿水平或倾斜方向分拣成件货物，适用于包装良好、底面平整的箱式货物，分拣能力强，但结构复杂，价格较高

5．集装箱

（1）集装箱的概念

集装箱是指具有一定强度、刚度和规格的专供周转使用的大型装货容器。使用集装箱转运货物，可直接在发货人的仓库装货，运到收货人的仓库卸货，中途更换车、船时，无须将货物从集装箱内取出换装。装着货物的集装箱，可以用专门集装箱吊车把整个集装箱从一辆车上吊到另一辆车，也可以从车上吊到港口中转场，然后吊上船。由于集装箱的规格都是统一的，中转非常便捷。

（2）集装箱的分类

集装箱有冷冻集装箱、挂衣集装箱、开顶集装箱、框架集装箱、罐式集装箱、冷藏集装箱、平台集装箱、通风集装箱和保温集装箱等几类。

开顶集装箱是顶部可开启或无固定顶面的集装箱，用于装载玻璃板、钢制品、机械等重货，可以使用起重机从顶部装卸。框架集装箱是以箱底面和四周金属框架构成的集装箱，适用于长、大、超重、轻泡货物。罐装集装箱是由箱底面和罐体及四周框架构成的集装箱，适用于液体货物。平台集装箱是专供装运超限货物的集装箱，有一个强度很大的底盘，在装运大件货物时，可同时使用几个平台集装箱。

（3）集装箱的尺寸

集装箱外尺寸是包括集装箱永久性附件在内的集装箱外部最大的长、宽、高尺寸。它是确定集装箱能否在船舶、货车、铁路车辆之间进行换装的主要参数。

集装箱内尺寸是集装箱内部的最大长、宽、高尺寸。高度为箱底板面至箱顶板面的距离，宽度为两内侧衬板之间的距离，长度为箱门内侧板至端壁内衬板之间的距离。它决定集装箱内容积和箱内货物的最大尺寸。

集装箱常见规格如表1-4-5所示。

表1-4-5　集装箱常见规格

类　型	规　格	长×宽×高（m）	配货毛重（t）	体积（m^3）
普通用途集装箱	20GP（20尺普柜）	内尺寸：5.898×2.352×2.385	18	33.1（正常装28m^3）
		外尺寸：6.058×2.438×2.591		
	40GP（40尺普柜）	内尺寸：12.032×2.352×2.385	22	67.5（正常装58m^3）
		外尺寸：12.192×2.438×2.591		
	40HC/HQ（40尺高柜）	内尺寸：12.032×2.352×2.690	26	76.2（正常装68m^3）
		外尺寸：12.192×2.438×2.896		
	45HC/HQ（45尺高柜）	内尺寸：13.556×2.352×2.698	29	86.0（正常装78m^3）
		外尺寸：13.716×2.438×2.896		
开顶集装箱	20 OT（20尺开顶柜）	内尺寸：5.898×2.352×2.342	20	32.5
		外尺寸：6.058×2.438×2.591		
	40 OT（40尺开顶柜）	内尺寸：12.034×2.352×2.330	31	65.9
		外尺寸：12.192×2.438×2.591		
框架集装箱	20FR（20尺脚架式折叠平板）	内尺寸：5.650×2.030×2.073	22	23.8
		外尺寸：6.058×2.438×2.591		
	20FR（20尺板框式折叠平板）	内尺寸：5.638×2.228×2.233	22	28.0
		外尺寸：6.058×2.438×2.591		
	40FR（40尺脚架式折叠平板）	内尺寸：11.784×2.030×1.943	39	46.5
		外尺寸：12.192×2.438×2.591		
	40FR（40尺板架式折叠平板）	内尺寸：11.776×2.228×1.955	36	51.3
		外尺寸：12.192×2.438×2.591		

（续）

类　型	规　格	长×宽×高（m）	配货毛重（t）	体积（m^3）
冷冻集装箱	20RF（20尺冷冻柜）	内尺寸：5.480×2.286×2.235	17	28.0
		外尺寸：6.058×2.438×2.591		
	40RF（40尺冷冻柜）	内尺寸：11.585×2.29×2.544	22	67.5
		外尺寸：12.192×2.438×2.896		
罐式集装箱	20 ISO TANK（20尺罐式集装箱）	外尺寸：6.058×2.438×2.591	26	24.0
挂衣集装箱	40HT（40尺挂衣柜）	内尺寸：12.032×2.352×2.690	26	76.2
		外尺寸：12.192×2.438×2.896		

想一想

阅读文档“深圳港集装箱吞吐量突破2 500万标箱，蝉联全球第三”（见教学资源），并谈谈你的感受。

二、装卸搬运设备

装卸搬运设备指用来搬移、升降、装卸和短距离输送物料的设备，是物流机械设备的重要组成部分，主要有搬运车与叉车。

1. 搬运车

搬运车是对货物进行搬运的车辆，分为手动液压搬运车和电动搬运车两种。

（1）手动液压搬运车

手动液压搬运车也称搬运小坦克、重物移运器、地牛。内置有小体积液压装置，操作简单，使用方便，具有升降、搬运、装卸三大功能。主要适用于需要水平搬运而空间有限的场合，可搬运各类机械或者其他重物，配合千斤顶、手摇挎顶等起重工具一起使用，可减小劳动强度，提高效率。承载能力为1.0～5.0t，作业通道宽度一般为2.3～2.8m。手动液压搬运车如图1-4-3所示。

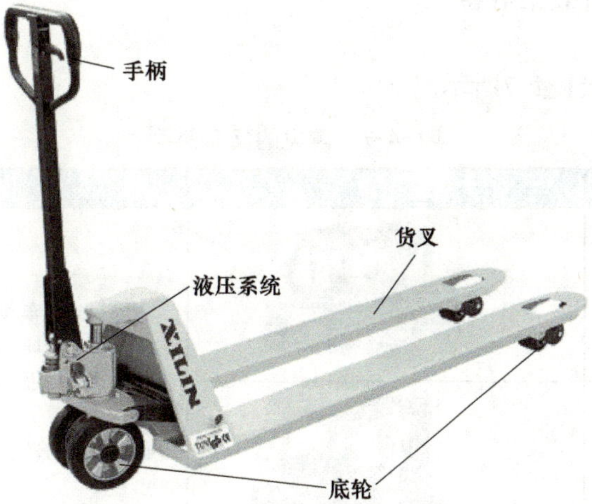

图1-4-3　手动液压搬运车结构图

（2）电动搬运车

电动搬运车的类型及特点如表1-4-6所示。

表1-4-6　常见的电动搬运车类型及特点

类　型	图　片	特点及适用条件
步行式电动搬运车		适用于中、长距离的水平搬运；
踏板驾弛式电动搬运车		具有工作平稳、可靠、节能、降噪、无污染的特点；
侧座式电动搬运车		转弯半径小，轻便灵活

2. 叉车

（1）叉车的基本概念和用途

叉车又称叉车装卸机，以货叉作为主要的取物装置，依靠液压起升机构实现货物的托取、码垛等作业，由轮胎运行机构实现货物的水平运输。叉车是仓库装卸搬运机械中应用最广泛的一种设备。

叉车作为物流企业的常见设备，主要具有机械化程度高；机动灵活性好；可以“一机多用”；能提高仓库容积的利用率；有利于开展托盘成组运输和集装箱运输；成本低，投资少，能取得较好的经济效果等特点。

（2）叉车的类型

常见的叉车类型如表1-4-7所示。

表1-4-7　常见的叉车类型

分类依据	类　型	图　片	特点及适用条件
叉车所需动力	内燃机式叉车		内燃机式叉车和电动式叉车广泛应用于港口、车站、机场、货场、工厂车间、仓库、流通中心和配送中心等。可进入船舱、车厢和集装箱内进行托盘货物的装卸、搬运作业，是托盘运输、集装箱运输中必不可少的设备
	电动式叉车		

（续）

分类依据	类型	图片	特点及适用条件
叉车结构特点	平衡重式叉车		平衡重式叉车是车体前方装有升降货叉，车体尾部装有平衡重块的起升车辆。平衡重式叉车需要较大的作业空间，主要用于露天货场作业
	前移式叉车		前移式叉车以蓄电池为动力，是对成件托盘货物进行装卸、堆垛和短距离运输作业的前移轮式搬运车辆。一般用于室内作业。转弯半径很小，可有效提高仓库的面积利用率
	插腿式叉车		插腿式叉车稳定性良好，尺寸与转弯半径小，适用于工厂车间、仓库内效率要求不高，但需要有一定的堆垛、装卸高度的场合
	侧面式叉车		侧面式叉车的门架、起升机构和货叉位于叉车的中部，可以沿着横向导轨移动。货叉位于叉车的侧面，侧面还有一货物平台。主要用于长条状货物的搬运
	高位拣选式叉车		高位拣选式叉车的驾驶室可以提升，操作员可与装卸装置一起上下运动，在高处进行拣选作业。适用于多品种少量入出库的特选式高层货架仓库。通道宽度1.5～2.0m，提升高度可达14m

3. 堆高车

（1）堆高车的概念

堆高车是指对托盘货物进行装卸、堆高、堆垛和短距离运输作业的各种轮式搬运车辆。堆高车结构简单、操控灵活、微动性好、防爆安全性能高，适用于狭窄通道和有限空间内的作业，是高架仓库、车间装卸托盘的理想设备。堆高车可广泛应用于石油、化工、制药、轻纺、军工、油漆、颜料、煤炭等行业，以及港口、铁路、货场、仓库等含有爆炸性混合物的场所，并可进入船舱、车厢和集装箱内进行托盘货物的装卸、堆码和搬运作业。

（2）堆高车的类型

常见的堆高车类型如表1-4-8所示。

表1-4-8　常见的堆高车类型

类　型	图　片	特点及适用条件
全电动堆高车		1．操作简便、运行平稳； 2．节能、环保、安全可靠、故障率低； 3．提升能力强，工作效率高； 4．全电动堆高车主要是对成件的物品进行装卸、堆高、堆垛和短距离的运输作业
半电动堆高车		1．采用新式后桥结构，结构更加合理； 2．采用气压弹簧式手柄装置，使用更加方便合理； 3．采用脚踏式轻型设计，轻巧灵活，使用方便； 4．具有科学、安全可靠的刹车系统，提高了实际应用中的安全性； 5．采用连杆式专项结构，延长了机械的使用寿命，方便维护； 6．半电动堆高车主要是进行装车卸货、仓库物品的堆货、上架、高空取料等小范围移动的操作。广泛应用于高层货架的托盘物品的上下架操作及物品的堆垛
手动液压堆高车	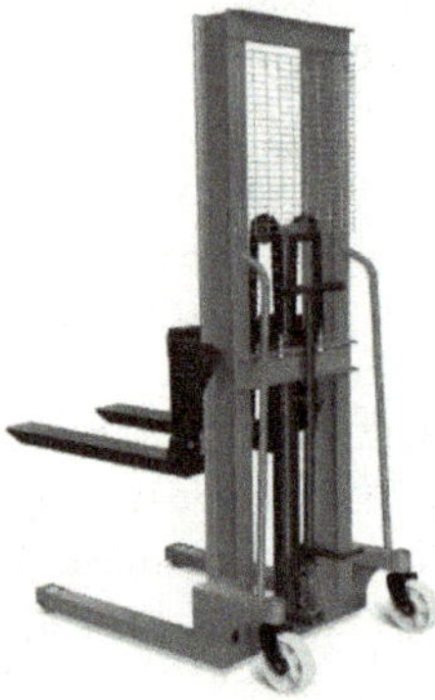	1．自身重量轻，托盘搬运轻便，容易操作； 2．结构紧凑、运输灵活、回转半径小； 3．具有高强度钢铁货叉结构，安全可靠、耐用； 4．手动液压堆高车价格低，经济实用； 5．车轮运转灵活，滚动阻力小； 6．手动液压堆高车主要是完成物品的搬运和上下架，较适合小工作量、小距离的场所。手动液压堆高车由于具有运输灵活、回转半径小、操作简单的特点，所以广泛应用于工厂、车间、仓库、车站、码头等场所内货物的搬运与堆垛，尤其适合于防火、防爆的场所

4．装卸搬运设备的使用管理

对于仓库中的装卸搬运设备，建立设备的管理、使用、维修和保养制度，是仓库管理中很重要的一个环节。

（1）入库

每次设备外放入库后，仓管员应审核名称、型号、规格和数量，检验设备是否完好，并记录设备的名称、型号、数量、入库日期以及需要维修的设备名称、型号、规格和数量。仓管员应妥善保管设备的出、入库记录以及维修记录，以便日后管理。

（2）储存

储存设备的场地应保持通风干燥，防止库存设备受潮损坏。储存设备时，仓管员应合理有效地利用库房空间，划分区域，分类存放，在每批设备明显的位置做出设备标识，防止错用、错发。库存设备标识包括设备名称、型号和数量。库存设备存放时，应做到堆放齐、排列齐，并与屋顶保持一定距离；应按设备名称、型号摆放，高度不得超过三层；损坏的设备应合理有效地安排维修时间，以便于下次的正常使用。放置于货架上的设备，要按上轻下重的原则放置，以保持货架稳固。

（3）安全管理

切实加强仓库的安全管理，督促、检查、落实仓库的防火、防盗等安全措施，保证库存设备的完好无损。仓管员每日上下班前，要检查仓库、库区周围是否存在安全隐患，门、窗、电源是否关闭；如有异常情况，应采取必要措施并及时向有关部门反映，做到早发现早处理。对不安全作业的行为，仓管员有权监督和制止。仓管员应严格执行公司的有关规章制度。仓管员对库存设备负有责任，如设备有损失，应分清责任，视情节轻重，仓管员将承担相应的惩罚。

三、流通加工设备

流通加工设备是指为了方便物资的生产加工、运输和销售等而进行分装、加工等作业的设施或者设备。现代仓库中常见的流通加工设备根据加工形式可分为包装加工设备、剪切加工设备及冷冻设备等。常见的流通加工设备如表1-4-9所示。

表1-4-9 常见的流通加工设备

类型	图片	特点及适用条件
剪切加工设备	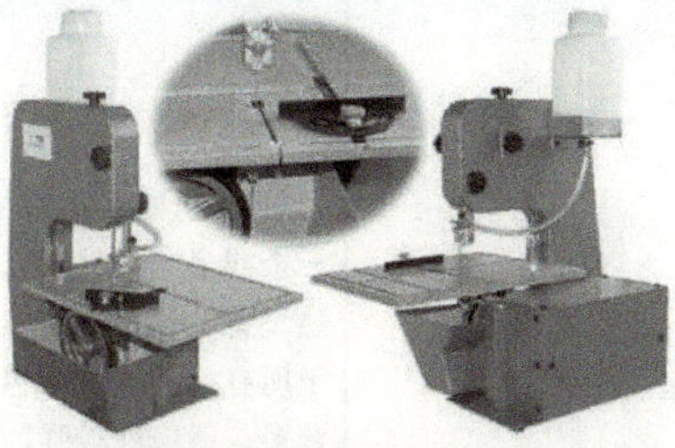	剪切加工设备主要用于下料加工或将大规格的钢板裁小或裁成毛坯，包括剪板机、切割机
冷冻加工设备		冷冻加工设备主要用于解决鲜肉、鲜鱼或药品等在流通过程中保鲜及装卸搬运的问题

（续）

类　型		图　片	特点及适用条件
包装加工设备	打包机		打包机是捆扎机的一种，适用于纸箱打包、纸张打包以及包裹、药箱、五金工具、陶瓷制品、汽车配件、日化用品、文体用品、器材等各种大小货物的自动打包捆扎
	封箱机		封箱机采用即贴胶带密封纸箱，可一次完成上、下封箱动作。适用于纸箱规格变化不太频繁的场合，特别适用于规格一致的纸箱。在家用电器、纺织、食品、百货、医药、化工等行业有广泛应用
	贴标机	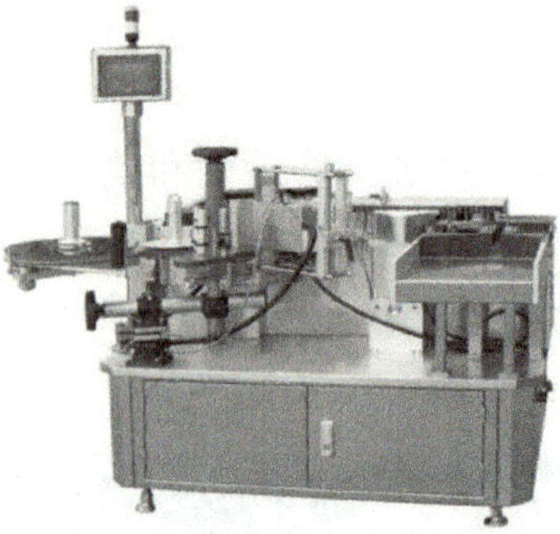	贴标机是用黏合剂把纸或金属箔标签粘贴在规定的包装容器上的设备。贴标机是现代包装不可缺少的组成部分。目前我国贴标机的种类正在逐步增加，技术水平也有了很大的提高，已从手动、半自动贴标逐渐转为自动化高速贴标
	捆扎包装机	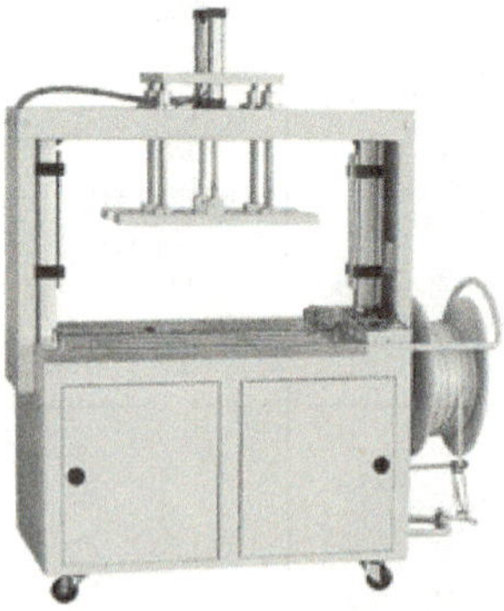	捆扎包装机是利用带状或绳状捆扎材料将一个或多个包件紧扎在一起的机器，属于外包装设备。捆扎包装机应用范围极广，几乎应用于所有行业的产品包装中。捆扎包装机的品种繁多，适应性较强，小的可捆扎市场上零售的袋装物品

四、物流信息采集设备

物流信息采集设备主要包括条码扫描器、手持终端设备、无线射频识别设备、IC卡识读设备、POS终端设备及GPS系统等。物流信息采集设备如表1-4-10所示。

表1-4-10　物流信息采集设备

类　型	图　片	特点及适用条件
条码扫描器	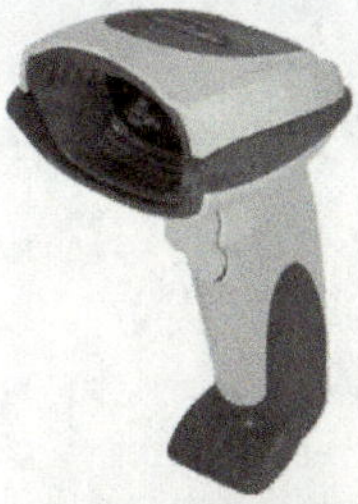	条码扫描器又称条码阅读器、条码扫描枪、激光条码扫描器，具有输入速度快、可靠性高、采集信息量大、使用灵活的特点，广泛应用于超市商品、物流快递、图书馆图书等条码的扫描
手持终端设备		手持终端设备是指具有一定特性的、便于携带的数据处理终端，主要用于物流企业的产品配送、仓库盘点等
POS终端设备		POS终端设备为物流企业的财务结算提供了便利，同时满足了货到付款的需求，提高了服务满意率
GPS终端设备	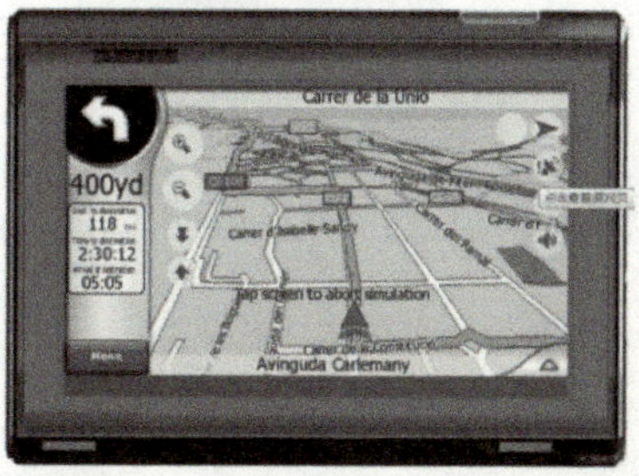	GPS终端设备有利于物流企业进行车队、货物的实时监控与管理，可以查询企业车辆、人员及外运物品的最新位置

任务操作

步骤一：选择仓储设备

1. 货架的选择

根据物美超市货物“品种广、类型多”的特点，杨丹选择托盘货架进行存储，即先将货物堆码在托盘上，然后再将托盘存放到货架上的存储方式。托盘货架如图1-4-4所示。

图1-4-4 托盘货架

托盘货架是专门用于存放堆码在托盘上物品的货架，其承载能力和每层空间适合于存放整托盘物品。托盘货架存储方便，节省时间，可以适应各种类型物品的存储。

2. 托盘的选择

配合托盘货架的使用，再结合物美超市货物的特性，杨丹选择了使用最为常见的1 200mm×1 000mm平板木质托盘，如图1-4-5所示。

图1-4-5 1 200mm×1 000mm平板木质托盘

由于物美超市货物的特性，以及采用托盘货架的存储方式，则仓库对于输送设备、分拣设备不做要求，减少额外的作业损坏。

步骤二：选择装卸搬运设备

1. 手动液压搬运车的选择

考虑到远通仓储的成本问题以及作业流程的操作难易程度，杨丹选择了使用最方便的手动液压式搬运车（俗称地牛），如图1-4-6所示。

使用手动液压式搬运车进行货物在仓库内的平行移动或搬运，方便简单，而且手动液压车适合在空间有限的地方使用。

图1-4-6　手动液压搬运车

2. 叉车的选择

目前远通仓储使用前移式叉车，对成件托盘货物进行装卸、堆垛和短距离运输作业。该叉车转弯半径很小，可有效提高仓库的面积利用率。因此，杨丹也给物美超市的仓库选择了前移式叉车，如图1-4-7所示。

图1-4-7　前移式叉车

步骤三：选择其他必备设备

1. 计量设备

计量设备是在货物盘点、检查时，对货物进行计量、点数的度量衡设备。

考虑到物美超市货物的称重，以及该项目结束后仓库的再使用，杨丹选择使用地重衡作为仓库的计量设备（长度、个数计量设备暂不考虑），如图1-4-8所示。

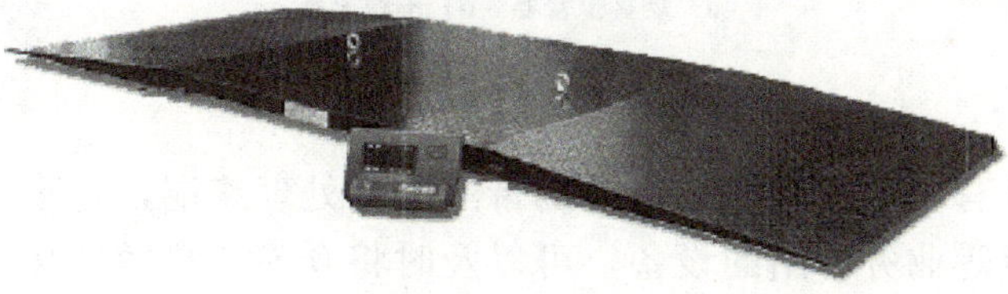

图1-4-8　地重衡

2. 养护检验设备

养护检验设备是指进行货物的养护、测试、化验以及防止货物发生变质、失效的一系列机具、仪器、仪表等技术设备。

考虑到电子设备保养的防潮和通风要求，杨丹选择了空气调节器和通风机，如图1-4-9所示。

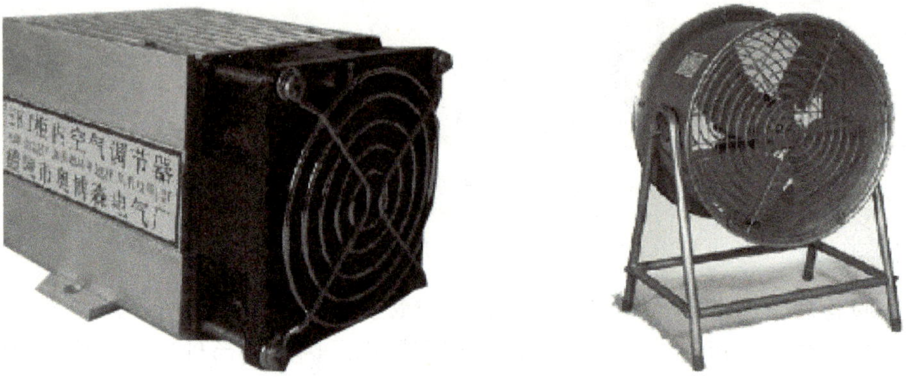

a）　　　　b）

图1-4-9　空气调节器和通风机

a）空气调节器　b）通风机

3. 消防设备

消防设备是仓库内用于保障消防安全的必备设备。由于物美超市的货物中包括电子产品，结合电子产品的特性，杨丹选择了烟雾报警器和干粉灭火器，如图1-4-10所示。

a）　　　　b）

图1-4-10　消防设备

a）烟雾报警器　b）干粉灭火器

4. 手持终端

手持终端是指具有一定特性的、便于携带的数据处理终端，是物流企业进行仓库内的货物上架、仓库盘点等业务常用的设备，可以及时将仓库信息数据传递到计算机上进行数据的同步。杨丹选择的手持终端如图1-4-11所示。

图1-4-11　手持终端

至此，杨丹完成了物美超市项目新仓库设备的选择工作。

任务评价

组　别			组　员			
任务名称		常见的仓库设备认知				
考核内容		评价标准	参考分值	考核得分		
				自评得分	互评均分	教师评分
职业素养	1	有较强的沟通能力和团队合作精神	10			
	2	能够按时完成任务	10			
理论素养	1	了解各种仓储设备的名称、分类及特点	15			
	2	了解装卸搬运设备、流通加工设备、信息采集设备的功能及作用	15			
职业技能	1	能够选择合适的仓储设备	15			
	2	能够合理选择装卸搬运设备	15			
	3	能够选择常见的仓库必备设备	20			
小　计			100			
合计=自评得分×20%+互评均分×40%+教师评分×40%					教师签字	

任务拓展

知识竞赛：教师准备仓库设备图片。同学们分组，进行知识竞赛，描述图片中仓库设备的正确名称和用途。

项目内容

项目二　入库作业实务

任务一　入 库 接 运

任务目标

1）掌握入库接运的含义。
2）了解入库接运的方式。
3）能够完成取货作业的准备工作。
4）能够完成取货作业的货物检查工作。
5）能够将货物安全运到仓库。

任务发布

2019年8月23日，长风物流仓储配送中心取派司机郭晓峰（工号：01047）接到调度员下发的取货任务，具体取货信息如图2-1-1所示：

客户信息

订单/运单号	顺序号	地址	电话	姓名	取派类型	是否返单	是否收款
LS001	1	北京市海淀区紫竹院路29号	010-63976523	王志远	在取	否	否
LS002	2	北京市海淀区大钟寺路132号	010-53345676	赵铭	在取	否	否

货物信息

订单/运单号	货物名称	件数	重量	体积	备注
LS001	文件夹	5	25	0.174	
LS002	康师傅方便面	4	14	0.117	
制单人	×××	制单时间	2019年08月23日	司机签字	

图2-1-1　取货信息

接到取货任务后，取派司机郭晓峰该如何完成取货任务呢？

任务资讯

一、入库接运概述

货物入库业务也称收货业务，它是仓储业务的开始。货物入库管理，是根据商品入库凭证，对入库商品进行的卸货、查点、验收、办理入库手续等各项业务活动的计划和组织。

货物到达仓库的形式不同，除了一小部分由供货单位直接运到仓库交货外，大部分要经过铁路运输、公路运输、海运、空运和短途运输等运输方式转运。凡经过交通运输部门转运的货物，都必须经过仓库接运后才能进行入库验收。因此，货物的入库接运是入库业务流程的第一道作业环节，也是仓库直接与外部发生经济联系的开始。它的主要任务是及时而准确地向交通运输部门提取入库货物，为仓库验收工作创造有利条件。因为入库接运是仓库业务活动的开始，如果接收了损坏的或收错的货物，那将直接导致经济损失。由于入库接运是货物入库和保管的前提，接运工作完成的质量直接影响货物的验收和入库后的保管保养。因此，在接运由交通运输部门（包括铁路部门）转运的货物时，必须认真检查，分清责任，取得必要的证明，避免将一些在运输过程中或运输前就已经损坏的货物带入仓库，造成验收工作中的责任难分和保管工作中的困难或损失。做好入库接运的主要意义在于，防止把在运输过程中或运输之前已经发生的货物损害和各种差错带入仓库，减少或避免经济损失，为货物的验收和保管创造良好的条件。

想一想

观看视频“可视化物流——验收入库”（见教学资源），并回答下列问题：

WMS系统如何工作，完成物资的入库上架？

二、货物接运的主要方式

货物接运的主要方式有：提货和仓库收货两种。

1. 提货

（1）到运输部门或邮局提货

外地托运单位委托铁路、水路、民航等运输部门或邮局代运或邮递货物到达本埠车站、码头、航站楼、邮局后，仓库依据货物通知单派车提运货物。此外，在接受货主的委托，仓库代理完成提货、末端送货的活动的情况下也会发生到运输部门、邮局提货的作业活动。这种到货提运形式大多是零担托运、到货批量较小的货物。提货人员对所提取的货物应了解其品名、型号、特性和一般保管知识以及装卸搬运注意事项等，在提货前应做好接运货物的准备工作，例如准备装卸运输工具，预留存放货物的场地等。提货人员在到货前，应主动了解到货时间和交货情况，根据到货的数量，组织装卸人员、机具和车辆，按时前往提货。提货时应根据运单以及有关资料详细核对货物的品名、规格、数量，并要注意货物外观，查看包装、封印是否完好，有无沾污、受潮、水渍、油渍等异状。若有疑点或不符，应当场要求运输部门或邮局检查。对短缺损坏情况，凡属运输部门或邮局责任的，应做出商务记录；属于其他方面责任的，需要运输部门或邮局证明并做出普通记录，由运输部门或邮局的运输员签字。注意记录内容与实际情况要相符。在短途运输中，要做到不混不乱，避免碰坏损失。危险品应按照危险品搬运规定办理。货物到库后，提货员应与保管员密切配合，尽量做到提货、运输、验收、入库、堆码成流水作业，从而缩短入库验收时间。

（2）到供货单位提取货物

这是仓库受托运方的委托，直接到供货单位提货的一种形式。其作业内容和程序主要是当仓库接到托运通知单后，做好一切提货准备，并将提货与货物的初步验收工作结合在一起进行。最好在供货人员在场的情况下，当场进行验收。因此，提货人员要按照验收注意事项提货，必要时可由验收人员参与提货。

（3）托运单位送货到库接货

这种接货方式通常是托运单位与仓库在同一城市或附近地区，不需要长途运输时被采用。其作业内容和程序：当托运方送货到仓库后，根据托运单（需要现场办理托运手续先办理托运手续）当场办理接货验收手续，检查外包装，清点数量，编制验收记录。如有质量和数量问题，托运方应在验收记录上签字证明。

（4）铁路专用线到货接运

这是指仓库备有铁路专用线，大批整车或零担到货接运的形式。一般铁路专线都与公路干线联合。在这种联合运输形式下，铁路承担主干线长距离的货物运输，汽车承担支线部分的直接面向收货方的短距离货物运输。接到铁路专用线到货通知后，仓库应立即确定卸货货位，力求缩短场内搬运距离；组织好卸车所需要的机械、人员以及有关资料，做好卸车准备。车皮到达后，接运人员引导对位，进行检查：检查车皮封闭情况是否良好（即卡车、车窗、铅封、苫布等有无异状）；根据运单和有关资料核对到货品名、规格、标志和清点件数；检查包装是否有损坏或散包；检查是否有进水、受潮或其他损坏现象。在检查中发现异常情况，接运人员应请铁路部门派员复查，做出普通或商务记录，记录内容应与实际情况相符，以便交涉。卸车时要注意分清车号、品名、规格，不混不乱；保证包装完好，不碰坏，不压伤，更不得自行打开包装；根据商品的性质合理堆放，以免混淆。卸车后在货物上应标明车号和卸车日期。编制的卸车记录，应记明卸车货位规格、数量，连同有关资料，尽快交给保管员，办好内部交接手续。

2. 仓库收货

货物到库后，仓库收货人员首先要检查货物入库凭证，将入库凭证开列的收货单位和货物名称与送交的货物内容和标记进行核对，然后与送货人员办理交接手续。如在以上程序中无异常情况出现，收货人员在送货回单上盖章表示货物收讫。如发现有异常情况，必须在送货单上详细注明并由送货人员签字，或由送货人员出具差错、异常情况记录等书面材料，作为事后处理的依据。

任务操作

步骤一：取货作业准备

1. 准备《取货单》

取货司机将客户的《取货单》准备完毕，如图2-1-2所示。

<table>
<tr><th colspan="6">取货单</th></tr>
<tr><td>单号</td><td colspan="2">TD0011121</td><td>日期</td><td colspan="2">2019年8月23日</td></tr>
<tr><td>取货车辆</td><td colspan="2">京B53927</td><td>车型</td><td colspan="2">东风</td></tr>
<tr><td>司机</td><td colspan="2">郭晓峰</td><td>仓库</td><td colspan="2">长风物流1号仓库</td></tr>
<tr><td colspan="6">客户信息</td></tr>
<tr><td>订单</td><td colspan="2">地址</td><td>电话</td><td>姓名</td><td>是否收款</td></tr>
<tr><td>LS001</td><td colspan="2">北京市海淀区紫竹院路29号</td><td>010-63976523</td><td>王志远</td><td>否</td></tr>
<tr><td>LS002</td><td colspan="2">北京市海淀区大钟寺路132号</td><td>010-53345676</td><td>赵铭</td><td>否</td></tr>
<tr><td colspan="6">货物信息</td></tr>
<tr><td>订单</td><td>货物名称</td><td>件数</td><td>重量</td><td>体积</td><td>备注</td></tr>
<tr><td>LS001</td><td>文件夹</td><td>5</td><td>25</td><td>0.174</td><td></td></tr>
<tr><td>LS002</td><td>康师傅方便面</td><td>4</td><td>14</td><td>0.117</td><td></td></tr>
<tr><td></td><td></td><td></td><td></td><td></td><td></td></tr>
<tr><td colspan="2">客户（签字）：</td><td colspan="2">司机（签字）：</td><td colspan="2">仓管员（签字）：</td></tr>
</table>

图2-1-2　取货单

2. 操作设备准备

（1）检查取派车辆

运输工具关系到取派司机的人身安全，在执行取货作业前应仔细检查运输工具的工作状况。取派司机应当检查取派车辆刹车是否灵敏有效；检查车厢是否干净整洁；检查车厢门是否能够正常关闭。取派车辆如图2-1-3所示。

图2-1-3　取派车辆

（2）检查取货设备

取派司机准备好需要携带的取货设备，包括手持终端、便携式条码打印机、电子秤、皮尺等，保证取货设备齐全、性能良好。其中，手持终端需要采用跨带携带，便携式条码打印机需要采用腰带携带。

（3）整理仪容仪表

取派司机应穿着整洁干净的工装、戴工帽、佩戴工牌。在整理好个人仪容仪表后，去客户处取货，取派司机的仪容仪表要求如图2-1-4所示。

图2-1-4　取派司机的仪容仪表要求

（4）出站操作

取派司机使用手持终端进行取/派出站操作，完成取派车辆的出站操作。

步骤二：接运货物检查

取派司机在规定时间内到达客户处，应当使用标准服务用语，主动表明身份并说明来访目的。例如，“您好，我是长风物流的取派司机郭晓峰，我是过来收取您需要入库的货物的”。

取派司机来到客户处进行具体的取货作业，客户将待取货物交给取派司机后，取派司机需要检查待取货物的基本情况。

1. 核实货物的品名和数量

取派司机根据《取货单》标明的货物信息，与客户核实货物的品名和数量，得知客户本次托运的货物为5箱文件夹，《取货单》与客户描述的信息一致。

2. 检查货物的包装

取派司机检查客户托运货物的包装是否有破损、潮湿等不利于货物运输的情况，经检查确定货物的包装满足货物运输的要求，不需要另行更换包装。

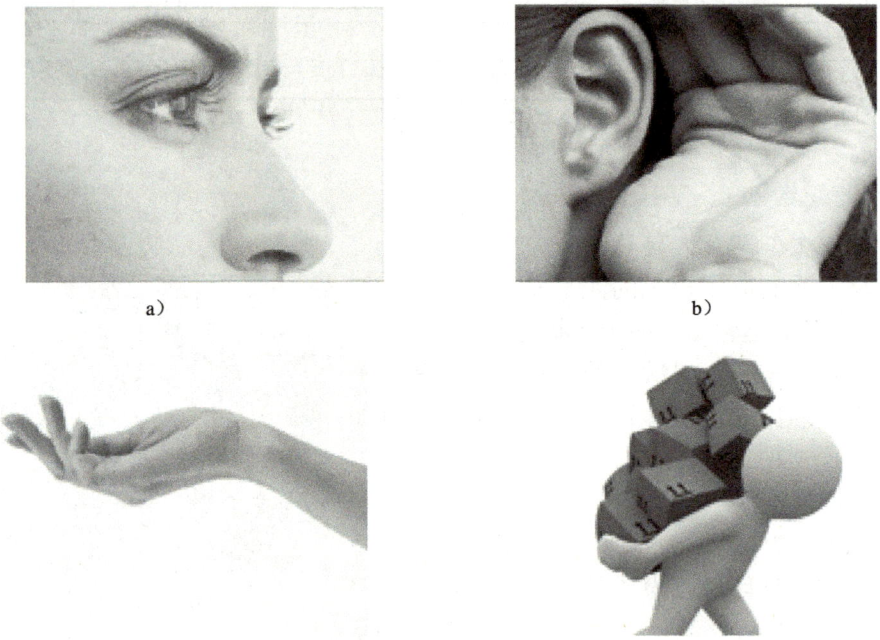

a） b） c） d）

图2-1-5 包装检查方法

a）看 b）听 c）感 d）搬

货物包装的检查方法有：看、听、感和搬，如图2-1-5所示。

1）看。检查货物外包装，查看其是否有明显的破损或撕裂。若有明显破损或撕裂，应上报主管人员共同打开货物包装进行检查。如果只是外包装破损，货物本身没有损坏，必须进行重新包装。

2）听。用手摇晃货物，听是否有异常声音。如果有破损的声音等，则需上报主管人员共同打开货物包装进行检查，不可放任不管而导致尖锐物在包装内窜动划伤货物。

3）感。用手晃动货物，感觉物品与包装物壁之间有没有摩擦和碰撞。如果有，则需上报主管人员共同打开货物包装进行充实缓冲。

4）搬。搬动一下货物，看是否有重心严重偏向一边或一角的现象。如果有，则需要上报主管人员共同打开包装重新定位物品在包装内的位置。

步骤三：填写《取货单》

待所取货物检查完毕后，取派司机应让客户在《取货单》上签字，如表2-1-1所示。

表2-1-1　取货单

<table>
<tr><td>单号</td><td colspan="2">TD0011121</td><td>日期</td><td colspan="2">2019年8月23日</td></tr>
<tr><td>取货车辆</td><td colspan="2">京B53927</td><td>车型</td><td colspan="2">东风</td></tr>
<tr><td>司机</td><td colspan="2">郭晓峰</td><td>仓库</td><td colspan="2">长风物流1号仓库</td></tr>
<tr><td colspan="6">客户信息</td></tr>
<tr><td>订单</td><td colspan="2">地址</td><td>电话</td><td>姓名</td><td>是否收款</td></tr>
<tr><td>LS001</td><td colspan="2">北京市海淀区紫竹院路29号</td><td>010-63976523</td><td>王志远</td><td>否</td></tr>
<tr><td>LS002</td><td colspan="2">北京市海淀区大钟寺路132号</td><td>010-53345676</td><td>赵铭</td><td>否</td></tr>
<tr><td colspan="6">货物信息</td></tr>
<tr><td>订单</td><td>货物名称</td><td>件数</td><td>重量</td><td>体积</td><td>备注</td></tr>
<tr><td>LS001</td><td>文件夹</td><td>5</td><td>25</td><td>0.174</td><td></td></tr>
<tr><td>LS002</td><td>康师傅方便面</td><td>4</td><td>14</td><td>0.117</td><td></td></tr>
<tr><td></td><td></td><td></td><td></td><td></td><td></td></tr>
<tr><td colspan="3">客户（签字）：王志远　赵铭</td><td>司机（签字）：郭晓峰</td><td colspan="2">仓管员（签字）：</td></tr>
</table>

步骤四：返回仓库

取派司机郭晓峰依次到达两个客户所在地完成货物的取货作业后，返回长风物流1号仓库。

任务评价

<table>
<tr><td colspan="2">组　别</td><td></td><td>组　员</td><td colspan="3"></td></tr>
<tr><td colspan="2">任务名称</td><td colspan="5">入库接运</td></tr>
<tr><td colspan="2" rowspan="2">考核内容</td><td rowspan="2">评价标准</td><td rowspan="2">参考分值</td><td colspan="3">考核得分</td></tr>
<tr><td>自评得分</td><td>互评均分</td><td>教师评分</td></tr>
<tr><td rowspan="2">职业素养</td><td>1</td><td>有较强的沟通能力和团队合作精神</td><td>10</td><td></td><td></td><td></td></tr>
<tr><td>2</td><td>能够按时完成任务</td><td>10</td><td></td><td></td><td></td></tr>
<tr><td rowspan="2">理论素养</td><td>1</td><td>掌握入库接运的含义</td><td>15</td><td></td><td></td><td></td></tr>
<tr><td>2</td><td>了解入库接运的方式</td><td>15</td><td></td><td></td><td></td></tr>
<tr><td rowspan="3">职业技能</td><td>1</td><td>能够完成取货作业的准备工作</td><td>15</td><td></td><td></td><td></td></tr>
<tr><td>2</td><td>能够完成取货作业的货物检查工作</td><td>15</td><td></td><td></td><td></td></tr>
<tr><td>3</td><td>能够将货物安全运到仓库</td><td>20</td><td></td><td></td><td></td></tr>
<tr><td colspan="3">小　计</td><td>100</td><td></td><td></td><td></td></tr>
<tr><td colspan="4">合计=自评得分×20%+互评均分×40%+教师评分×40%</td><td></td><td>教师签字</td><td></td></tr>
</table>

任务拓展

情景模拟：某购书中心委托长风货运有限公司运送一批图书（至少15本以上）到物资学院，请同学们模拟物资学院接运图书的情景。

任务二　入库作业准备

任务目标

1）掌握入库准备的内容和流程。
2）掌握仓储管理系统中订单录入的操作内容和操作步骤。
3）能够做好货物入库前的准备工作。
4）能够制订入库计划。
5）能够根据入库计划进行入库准备工作。

任务发布

2019年04月22日，耀华仓储中心客服部的单证信息员吴斌收到Super-Market的入库申请。Super-Market的供应商将于2019年04月22日13:00送来一批咖啡机，共计20箱。单证信息员吴斌需要根据客户的《入库通知单》在仓储管理系统中完成入库订单的录入工作，仓管员王博需要根据《入库单》准备货物接运工作。

《入库通知单》如表2-2-1所示。

表2-2-1　入库通知单

仓库名称：耀华仓储中心　　　　日期：2019年04月22日

批次		201904220001					
客户名称		Super-Market					
采购订单号		201904220101					
客户指令号		201904220201					
入库时间		2019-04-22-13:00		质　　量	正品		
入库申请人		王晓		电　　话	13277882952		
入库方式		送货		入库类型	正常		
序号	货品编号	名称	单位	包装规格（mm）	申请数量	实收数量	备注
1	6903760487999	咖啡机	箱	600×400×220	20		
合　　计					20		

送货员：李清波　　　　仓管员：

任务资讯

仓库应根据仓储合同、《入库通知单》或者入库作业计划，及时进行库场准备，以使货物能按时入库，保证入库过程的顺利进行。入库准备需要由仓库的业务部门、仓库管理部门、设备作业部门分工合作，共同完成，主要有以下几项工作。

一、熟悉入库货物

仓库的业务员、管理员应认真查阅入库货物资料，掌握入库货物的品种、规格、数量、包装状态、单件体积、到库确切时间、货物的物理化学特性、保管要求等，根据入库货物的信息做好库场安排和准备。

二、掌握仓库库场情况

仓库管理员要了解货物入库期间和保管期间内仓库的库容、设备和人员的变动，以便安排工作。必要时，仓库管理员可对仓库进行清查、清理归位，以便腾出库容。

三、制订货物入库作业计划

货物入库作业计划是存货人发货和仓储中心进行入库前准备的依据，是指仓储中心根据仓储保管合同，权衡存货人的需求和仓库存储的可能性，通过科学的预测，编制的在未来一段时间内入库货物数量和入库时间进度的计划。

入库作业计划主要包括入库货物的名称、品种、规格、数量、单件体积与重量、物理特性、化学特性、生物特性、到货时间、接运方式、包装单元与状态、存储时间、保管条件等。仓库工作人员再对各入库作业计划进行分析，编制出具体的入库工作进度计划，并定期同业务部门联系，做好入库计划的进一步落实工作，随时做好货物入库的准备工作。

想一想

阅读文档“五金产品通过入库以后，在仓库管理方面怎样做到更加细致全面呢？”（见教学资源），并回答下列问题：

1）五金产品的大体分类有哪些？

2）分析五金仓库管理的模式和细节流程。

四、入库准备

入库准备是仓库部门根据拟订好的入库作业计划，提前准备货位、苫垫材料、验收及装卸搬运设备，合理安排人员和单证等。仓库部门对入库作业计划分析评估之后，即可开始入库准备工作，其中主要包括以下几项内容。

1. 人员及单证的准备

按照到货物的入库时间和到货数量，仓库部门提前安排好接运、卸货、检验、搬运货物的相关作业人员，保证货物到达后，人员能及时到位。

仓管员对货物入库所需的各种报表、单证、账簿要准备好，以备使用。

2. 仓库货位的准备

仓库部门根据入库货物的特性、体积、质量、数量和到货时间等信息，结合仓库分区分类要求，核算货位的大小，根据货位管理原则，妥善安排货位、验收场地，确定堆码方法。

核算货物堆码空间和占用货位，可分别采取以下三种方法：

1）计重货物堆码空间的计算。对于计重货物，其堆码占用面积可以用以下公式计算：

堆码占用面积=货物重量/单位有效面积货物堆存量

2）计件货物堆码空间的计算。对于有外包装的计件货物，其堆码占用面积可以用以下公式计算：

堆码占用面积=（入库货物总件数/允许堆码层数）×单件货物底面积

3）上架货物占用货位的计算。对于放置于货架上的货物，其占用货位可以用以下公式计算：

货物占用货位=单件货物所占货位×货物数量

3. 苫垫材料的准备

确定好货位后，仓库部门还要做好货物的防雨、防潮、防尘和防晒，即准备相应的苫盖衬垫材料。

苫垫材料应根据货位位置和到货物品特性进行合理的选择。苫垫分为下垫和上苫。

1）下垫。垫垛材料可使货物免受地坪潮气的侵蚀，使垛底通风透气。垫垛材料主要包括枕木、方木、木板、石条、水泥墩、防潮纸（布）及各种人工垫板等。

2）上苫。苫盖材料可使货物免受风吹、雨打、日晒、冰冻的侵蚀。苫盖材料主要包括塑料布、席子、油毡纸、铁皮、苫布及各种人工苫盖瓦等。选择苫盖用品时，应符合“防火、经济、耐用”的要求。

4. 验收及装卸搬运设备的准备

仓库理货人员根据货物情况和仓储管理制度，确定验收方法，准备验收所需要的计件、检斤、测试、开箱、装箱、丈量、移动、照明等设备。

同时，要根据货物的特性、货位、设备条件、人员等情况，科学合理地选择卸车搬运工艺，准备相关的作业设备，安排卸货站台或场地，保证装卸搬运作业的效率。

任务操作

步骤一：接收《入库通知单》

2019年04月22日9:00耀华仓储中心客服部单据信息员吴斌打开E-mail收到Super-Market的《入库通知单》，如图2-2-1所示。

入库通知单

仓库名称：耀华仓储中心　　　　　　　　　　　　日期：2019年04月22日

批次		201904220001					
客户名称		Super-Market					
采购订单号		201904220101					
客户指令号		201904220201					
入库时间		2019-04-22-13:00		质　量	正品		
入库申请人		王晓		电　话	13277882952		
入库方式		送货		入库类型	正常		
序号	货品编号	名称	单位	包装规格（mm）	申请数量	实收数量	备注
1	6903760487999	咖啡机	箱	600×400×220	20		
合　计					20		

送货员：李清波　　　　　　　　　　　　仓管员：

图2-2-1　入库通知单

吴斌首先要确认《入库通知单》中货物的到货信息，其内容包括：客户名称、货品编号、名称、申请数量、包装规格及入库时间等。

步骤二：录入入库订单

信息确认无误后，吴斌需要完成《入库通知单》在“物流综合业务系统”中的录入工作。

首先，登录“物流综合业务系统”的“订单管理系统”，如图2-2-2所示。

图2-2-2　物流综合业务系统

其次，进入【订单录入】的选择界面，点击【入库订单】按钮，如图2-2-3所示。

点击【新增】按钮进入“入库订单维护”界面，如图2-2-4所示。

在图2-2-4中，吴斌需要根据《入库通知单》内容依次完成“订单信息”“订单入库信息”和“订单货品”的录入。

“订单信息”录入完毕后，如图2-2-5所示。

“订单入库信息”录入完毕，如图2-2-6所示。

“订单货品”录入完毕，如图2-2-7所示。

当所有信息录入完毕后，点击图2-2-7中的【保存订单】按钮，即完成入库订单的录入工作。

图2-2-3 订单录入界面

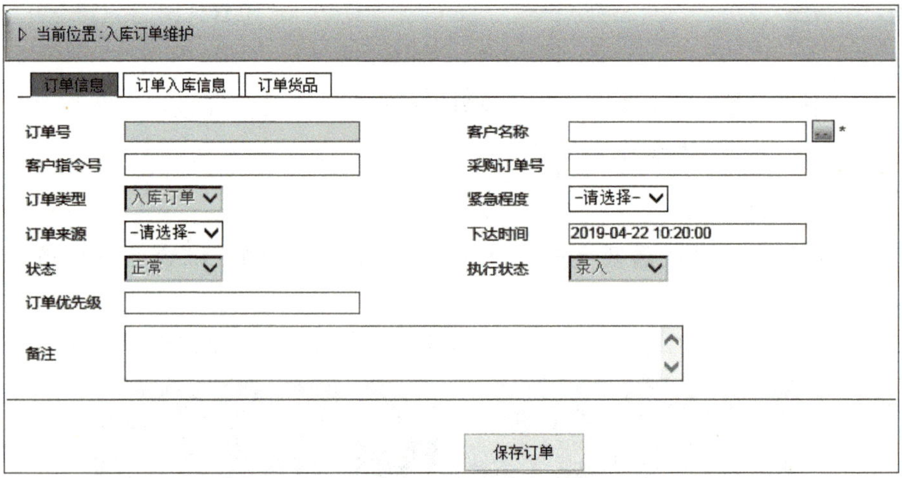

图2-2-4 入库订单维护界面

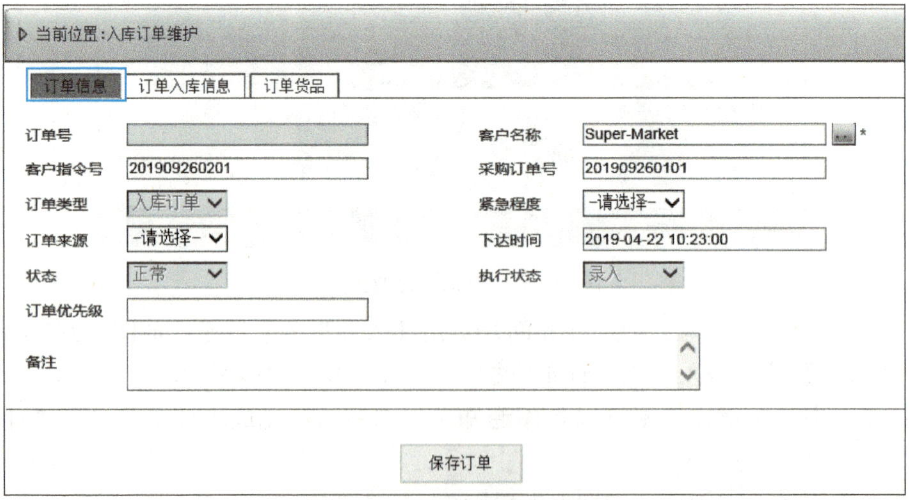

图2-2-5 “订单信息”录入

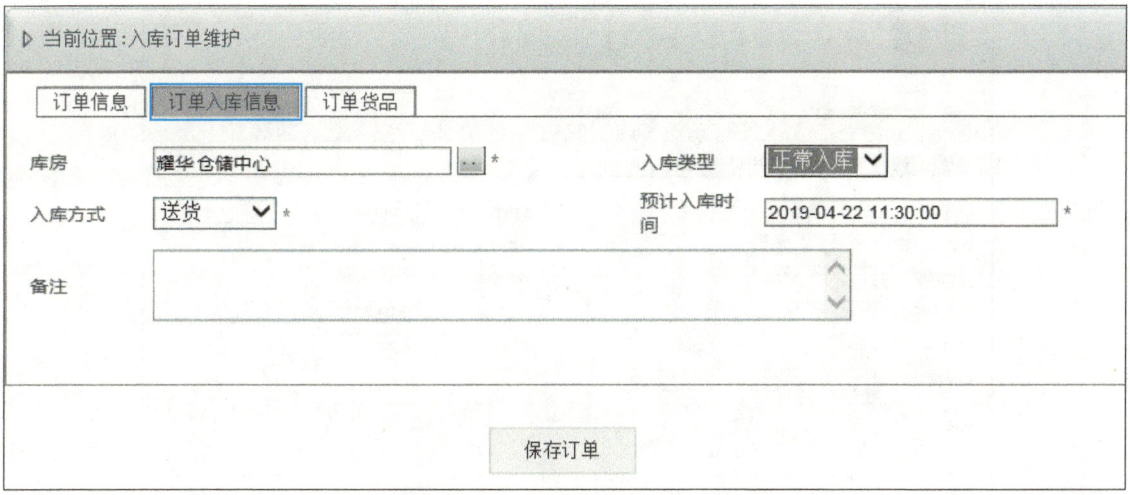

图2-2-6 “订单入库信息”录入

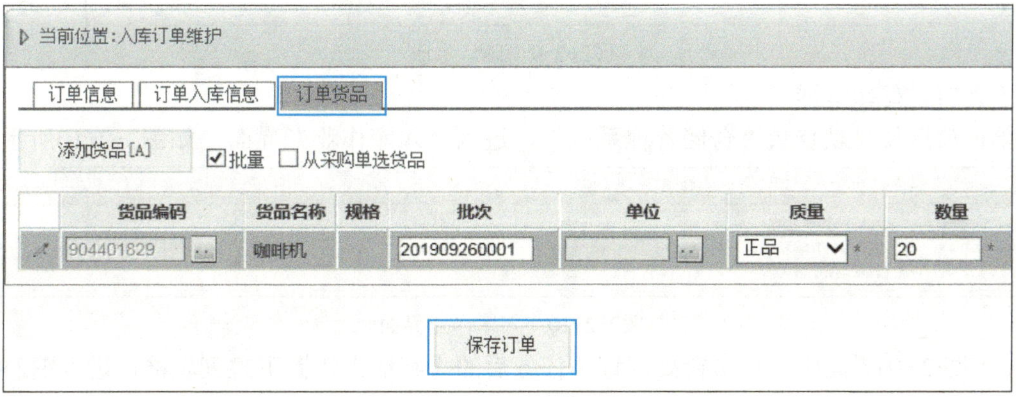

图2-2-7 “订单货品”录入

步骤三：生成作业计划

入库订单录入完毕后，在“入库订单”界面勾选录入完毕的订单，如图2-2-8所示。

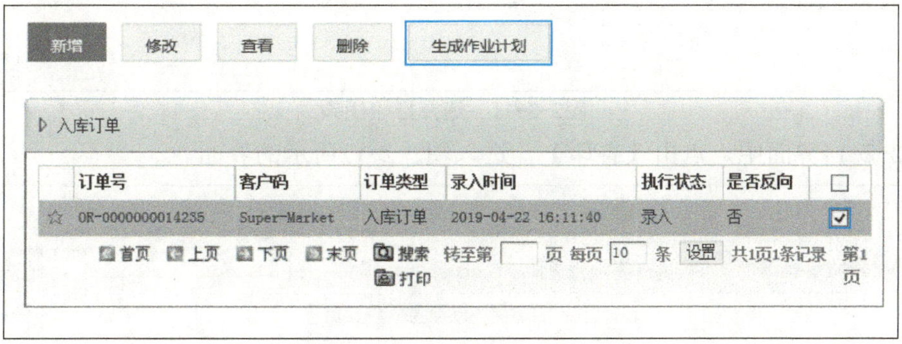

图2-2-8 勾选录入完毕的订单

在图2-2-8界面中，点击【生成作业计划】按钮，进入如图2-2-9所示界面。

在图2-2-9界面中，吴斌对已录入的订单信息进行再次确认，确认无误后点击【确认生成】按钮，使录入完毕的订单生成作业计划。

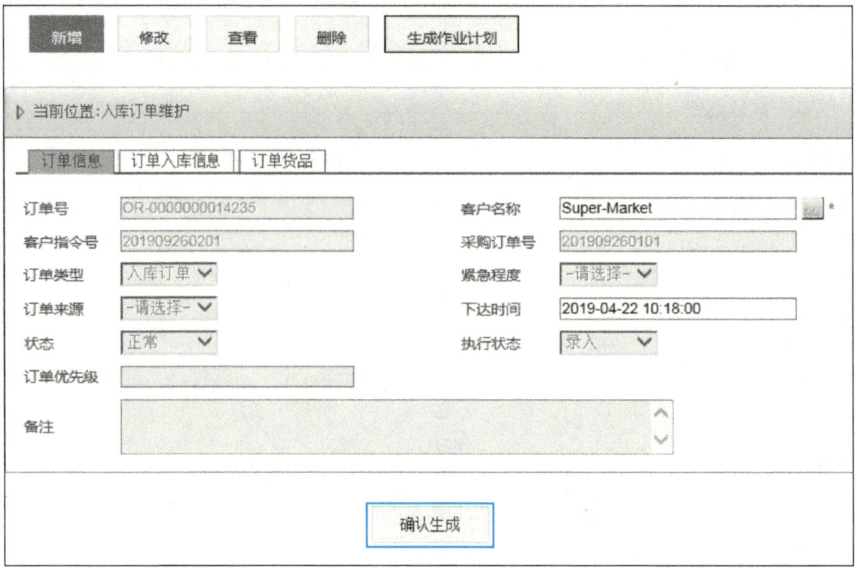

图2-2-9　确认生成

步骤四：打印单据

单证信息员吴斌登录“仓储管理系统”，进入“入库作业”界面，如图2-2-10所示。

图2-2-10　入库作业界面

在图2-2-10界面中，点击待处理订单任务后的【其他操作】下拉列表框，进入图2-2-11所示界面。

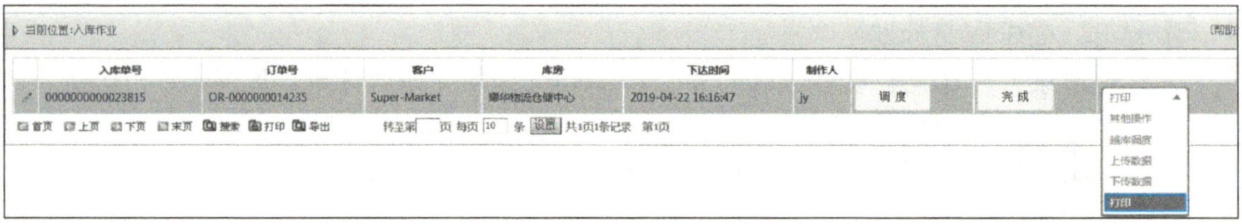

图2-2-11　选择打印任务

在图2-2-11界面中，点击【打印】，进入图2-2-12所示的界面。

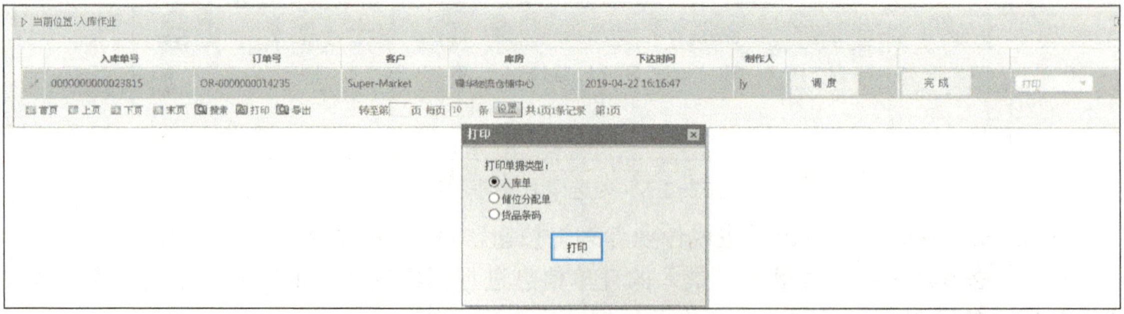

图2-2-12　选择打印任务

在图2-2-12界面中，选择【入库单】，点击【打印】按钮，完成《入库单》的打印工作。打印完成的《入库单》如图2-2-13所示：

入　库　单

作业计划编号
0000000000023815

jy　配货中心　耀华仓储中心仓库　　应收总数：20.0　　实收总数：

客户名称：Super-Market　　客户编号：WM0701829　　客户指令号：　　日期：2019-04-22-13:00

产品名称	条形码	规格	单位	应收数量	实收数量	货位号	批号	备注
咖啡机	6903760487999	600×400×220	箱	20				

仓管员（签字）：____________　　送货人（签字）：____________

图2-2-13　入库单

在图2-2-12界面中，选择【储位分配单】，点击【打印】按钮，完成《储位分配单》的打印工作。打印完成的《储位分配单》如图2-2-14所示：

储位分配单

操作编码：0000000000046008

作业单号	0000000000023050	库房	

货　品　明　细

位置	货品编码	货品名称	规格	批次	应放	实放	单位	备注
C00880-A00003		咖啡机	600×400×220	12002	20		箱	

图2-2-14　储位分配单

步骤五：合理组织人力

耀华仓储中心对Super-Market的货物实行供应商送货的库内接货形式。仓储中心的仓管员王博在接收到客服部单证信息员的入库任务后，根据《入库单》上货物到达的时间、地点、数量等，预先组织好货物到达后接运、卸载、搬运、检验等相关人员的工作。

步骤六：接运设备准备

根据入库单上货物的到货信息，王博预先确定了搬运、检验、计量的方法，准备好相关装卸搬运设备、检验器材和堆码苫垫的工具，以及必要的防护用品、用具。由于货物数量、体积较小，王博对本次接运任务采用人工卸货，配备手动液压搬运车、手动液压堆高车、标准托盘（1 000mm×1 200mm）及必要的加固薄膜等用品来完成货品入库作业的物力准备。接运作业中准备的相关设备如图2-2-15所示。

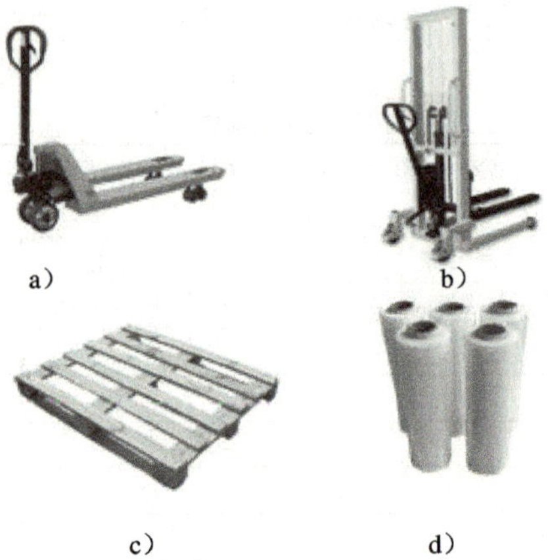

图2-2-15 接运相关设备

a）手动液压搬运车 b）手动液压堆高车
c）标准托盘 d）加固薄膜

步骤七：入库储区确定

王博根据客户货品特性和仓库储位分配原则，最终将入库的咖啡机存放在托盘货架区的C00011-A00300的空货位上。

任务评价

组别			组员			
任务名称		入库作业准备				
考核内容		评价标准	参考分值	考核得分		
				自评得分	互评均分	教师评分
职业素养	1	有较强的沟通能力和团队合作精神	10			
	2	能够按时完成任务	10			
理论素养	1	掌握入库准备的内容和流程	10			
	2	掌握WMS仓储管理系统中订单录入的操作内容和操作步骤	15			
职业技能	1	能够做好货物入库前的准备工作	15			
	2	能够制订入库作业计划	20			
	3	能够根据入库作业计划进行入库准备，包括凭证、设备、场地、人员的准备工作	20			
小计			100			
合计=自评得分×20%+互评均分×40%+教师评分×40%					教师签字	

任务拓展

实地调研：选择当地一家具有代表性的物流企业进行实地走访调研，记录企业入库货物、仓库库场情况，撰写物流企业入库准备调研报告。

调研要求：

1）调研企业的对象要有一定的代表性，调研的内容要尽量具体，注意所得材料的真实性、可靠性和时效性。

2）调研结果在形式上不局限于调查报告、小论文等书面形式，也可以用视频等形式展现。

3）调研结果多用图片或视频来进行说明。

任务三　入库验收作业

任务目标

1）掌握货物检验的内容。

2）掌握货物验收异常情况的处理方法。

3）能够正确选择装卸搬运设施及工具。

4）能够选择正确的验收方式。

5）能够合作完成货物入库验收工作。

任务发布

2019年3月10日，耀华仓储中心信息部人员将打印完毕的美的集团成都分公司的《入库单》交给实训库房的仓管员王杰。3月12日上午10:00，王杰收到美的集团成都分公司送来的一批货物，《入库单》如图2-3-1所示。

入　库　单

作业计划单号
0000000000023365

配货中心　实训库房　　　应收总数：30.0　　　实收总数：

客户名称：美的集团成都分公司　　客户编号：WM0101495　　客户指令号：　　日期：2019.03.10

产品名称	条形码	规格	单位	应收数量	实收数量	货位号	批号	备注
电饭锅	9487880767581	1*1	箱	30				

仓管员（签字）：__________　　　送货人（签字）：__________

图2-3-1　入库单

客户美的集团成都分公司的送货员张鑫凭《送货单》来送货，《送货单》如表2-3-1所示。

表2-3-1　送货单

日期：2019年3月12日　　　　编号：L000011001

客户信息				
客户单位	美的集团成都分公司	客户地址	成都建西苑北里2-15	
货物信息				
货品名称	包装	数量	单位	实收数量
电饭锅	纸箱	30	箱	
客户验收意见				

送货人（签字）：张鑫　　　　　　收货人（签字）：

王杰该如何根据以上信息完成货物的入库交接工作呢？

任务资讯

一、核对凭证

货物运抵仓库后，仓库收货人员首先要检验《实物入库凭单》，然后按《实物入库凭单》所列的收货单位、货物名称、规格数量等具体内容，逐项与货物核对。如发现送错，应拒收退回；一时无法退回的，应进行清点并另行存放，然后做好记录，待联系后再处理。经复核查对无误后，即可进行下一道工序。《实物入库凭单》如图2-3-2所示。

第　　号

总账科目

凭证编号

宏风物流有限公司

实物入库凭单

0010001

年　月　日

实物名称	摘要	单位	数量	单价	金额
合计金额（大写）				¥	

第一联存根　第二联收据　第三联记账

主管　　会计　　保管员　　交物人

第　　号

总账科目

凭证编号

宏风物流有限公司

实物出库凭单

0010001

年　月　日

实物名称	摘要	单位	数量	单价	金额
合计金额（大写）				¥	

第一联存根　第二联随货　第三联记账

主管　　会计　　保管员　　领物人

图2-3-2　实物入库出库凭单

二、货物验收

货物验收是按照验收业务作业流程，对入库货物进行数量和质量检验的经济技术活动的总称。由于到库货物的来源复杂，渠道繁多，从生产过程结束到入库前，经过一系列储运环节，受到储运质量和其他外界因素影响；货物在出厂前虽然都经过了检验，但也不排除错检、漏检情况的发生。因此，所有到库货物在入库前必须进行检验，验收合格后方可正式入库。

1. 货物查验方式

1）全验。全验需要耗费大量人力、物力和时间，检验成本高，但可以保证验收质量。在商品批量小、规格复杂、包装不整齐的情况下，可采用此法。数量和外观质量一般要求全验。

2）抽验。货物质量和储运管理水平的提高以及数理统计的发展，为抽验方式提供了物质条件和理论基础。对于大批量、同包装、同规格、信誉较高的存货单位的货物可采用抽验的方式检验。若在抽验中发现问题较多时，应扩大抽验范围，直至全验。

2. 货物检验内容

（1）数量检验

数量检验一般包括检斤、计件、检尺求积等形式，由仓库保管机构组织进行。

1）检斤。检斤是指对以重量为计量单位的货物，进行数量检验时的称重，以确定其毛重和净重。值得注意的是，需换算重量的货物，先要通过检尺，然后按照规定换算方法和标准换算成重量验收，如金属材料中的板材、型材等。所有检斤的货物都应填写磅码单。

2）计件。计件是指对以件数为单位的商品进行件数的理算。一般情况下，计件货物应逐一点清。固定包装物的小件商品，如果包装完好，则不需要打开包装。国内货物只检查外包装，不拆包检验。进口货物按合同和惯例检验。

3）检尺求积。检尺求积是一种对以体积为计量单位的商品先检尺、后求积的数量检验方式，如木材等货物，根据实际数量检验结果填写磅码单。

（2）外观质量检验

1）包装检验。通过人的感觉器官，检验货物的外包装有无被撬开、开封、污染、破损、水浸等情况，检查外包装的牢固程度。

2）货物外观检验。对无包装的货物，直接查看其表面，检查是否有撞击、变形、生锈、破碎等损害。

3）货物的重量尺寸检验。由仓库的技术管理职能机构组织进行。对入仓货物的单件重量、货物尺寸进行测量，确定货物的重量。

4）标签、标志检验。检查商品标签、标志是否具备，是否完整、清晰，标签、标志与商品内容是否一致。

5）气味、颜色、手感检验。对某些特定货物必须通过气味、颜色、手感来判定其是否新鲜，有无干涸、结块、溶化等现象。

6）打开外包装检验。外观有缺陷的物品，有时可能影响其质量，当检验人员判定物品内容有受损可能时，就应该打开包装检验。开包检验必须有两人以上在场。检验后，根据实际情况及时封装或更换包装，并印贴已验收的标志。

商品的外观检验通过外观来判断质量，简化了仓库的质量验收工作，避免了各部门反复进行复杂的质量检验，节约了成本。凡经过外观质量检验的商品都应填写检验记录单。

（3）内在质量检验

内在质量检验是对物品内在质量和物理化学性质所进行的检验。对物品内在质量的检验要求有一定的技术支持和检验手段。目前，大多数仓库不具备这些条件，所以，一般由专业技术检验单位进行，经检验后出具检验报告。

验收过程中，需正确选择合适的装卸搬运设施及工具，配合完成验收作业，保证货物入库验收工作的顺利进行。

想一想

观看视频“货物验收”（见教学资源），并回答下列问题：

1）收到货物时，首先需要做什么？

2）简述在货物验收中检查的内容。

三、入库手续的办理

货物经检验合格后，由保管员或收货员根据验收结果，在货物入库单上签收。办理货物入库手续包括登账、立卡、建档等工作，这是货物验收入库阶段的最后环节。

1．登账

仓库应建立详细的货物入库明细账卡如图2-3-3所示，登记货物入库、出库、结存的详细情况，用以记录库存商品的入出库过程。

<table>
<tr><td colspan="6" rowspan="3">货物入库明细账卡</td><td>卡号</td><td></td></tr>
<tr><td>货主名称</td><td></td></tr>
<tr><td>货位</td><td></td></tr>
<tr><td>品名</td><td colspan="2"></td><td>规格型号</td><td colspan="2"></td><td></td><td rowspan="3">货物验收情况</td></tr>
<tr><td>计量单位</td><td colspan="2"></td><td>供应商名称</td><td colspan="2"></td><td></td></tr>
<tr><td>应收数量</td><td colspan="2"></td><td>送货单位名称</td><td colspan="2"></td><td></td></tr>
<tr><td>实收数量</td><td colspan="2"></td><td>包装情况</td><td colspan="2"></td><td></td><td rowspan="9"></td></tr>
<tr><td colspan="3">年</td><td>入库数量</td><td>出库数量</td><td>结存数量</td><td>备注</td></tr>
<tr><td>月　日</td><td>收发凭证号</td><td>摘要</td><td>件数</td><td>件数</td><td>件数</td><td></td></tr>
<tr><td></td><td></td><td></td><td></td><td></td><td></td><td></td></tr>
<tr><td></td><td></td><td></td><td></td><td></td><td></td><td></td></tr>
<tr><td></td><td></td><td></td><td></td><td></td><td></td><td></td></tr>
<tr><td></td><td></td><td></td><td></td><td></td><td></td><td></td></tr>
<tr><td></td><td></td><td></td><td></td><td></td><td></td><td></td></tr>
<tr><td></td><td></td><td></td><td></td><td></td><td></td><td></td></tr>
</table>

图2-3-3　货物入库明细账卡

登账的主要内容有品名、规格型号、数量、件数、结存数量、存货人或提货人、批次、金额、货位、运输工具和接（发）货经办人。

登账的规则有下列四点：

1）必须以正式合法的凭证为依据；

2）记账应连续、完整，不得跳行、隔页；

3）用蓝色、黑色墨水笔记账，用红色墨水笔改错、冲账等；

4）数字填写占空格下端1/2处，数字改写应占空格的2/2。

2. 立卡

商品入库或上架后，将商品名称、规格、数量或出入状态等内容填在料卡上，成为立卡。立卡又称为货卡、料卡或保管卡，它是一种商品的标签，插放在商品下方的货物支架上或摆放在货垛正面明显位置。

立卡按其作用不同，可分为状态卡、标志卡和存储卡。

1）状态卡。状态卡是用于反映货物质量状态的货卡（见图2-3-4），它表明货物所处的业务状态或阶段的标志，如合格、不合格、待检验，待处理等状态的货卡。

2）标志卡。标志卡用于反映货物的名称、规格、生产商等。

3）存储卡。存储卡是用于反映货物入库、出库、库存状态的货卡（见图2-3-5）。

待　检	合　格	待　处　理
供应商名称	供应商名称	供应商名称
图　　号	图　　号	图　　号
名　　称	名　　称	名　　称
进货 日期	进货 日期	进货 日期
批　　号	批　　号	批　　号
生产 日期	生产 日期	生产 日期
标记 日期	标记 日期	标记 日期
标 记 人	标 记 人	标 记 人
备　　注	备　　注	备　　注

图2-3-4　状态卡

存　储　卡

第　　页

库		架			层		位	
材料名称						单位		
规格型号						单价		
储备定额	最高					最低		
年		凭证		摘要	收入数量	发出数量	结存数量	保管人签章
月	日	种类	号数					

图2-3-5　存储卡

3. 建档

货物入库应及时建立相应的档案，将入库货物相关的依据、凭证、技术资料分类归档保存，其目的是为了更好地管理商品的凭证和资料。商品建档有助于提高科学管理水平。商品档案应一物一档，统一编号，妥善保管。

4. 签单

货物验收入库后，应该及时按照仓库货物验收记录的要求签回单据。签单有两个作用：一是向供货单位和存货单位表明收到货物的情况，包括对收到货物的品名、规格、数量、质量等情况的确认，也是以后财务上费用结算的依据，如果有特殊情况的可在单据上的备注栏详细注明，并且签字或加盖公章；二是如有异常情况可以作为存货单位向供货单位交涉的依据，在这种情况下签单必须有存货单位或者供货单位的相关人员在场并确认情况属实，所以签单必须准确无误。

四、货物验收的异常情况及其处理方法

1. 数量方面的问题

1）差异在规定磅差范围内：可以按照原数正常入账（其他按件数计量的货物则按实际数入库）。

2）差异超出规定范围：认真做好记录，交由主管部门与供货方或承运方交涉。

3）实际数多于应发货数：由主管部门退回多发数或为供货单位补发货款。

2. 质量方面的问题

1）质量不符合规定：及时向供货单位办理退货、换货手续或凭“货运记录”向承运单位索赔。

2）货物规格不符或错发：应将情况做成验收记录交给主管部门办理换货。

3）仓库对货物验收中的具体问题，可用书面形式通知货主或发货方要求查明情况进行处理。例如，采用货物溢余、短缺、破损查询单的形式。

3. 单据方面的问题

1）有货无单：入库货物必须具备《入库通知单》，订货合同副本，供货单位提供的材质证明书、《装箱单》、《磅码单》、《发货明细表》以及承运单位的运单等资料。凡单据、资料未到或单据、资料不齐的，应及时向供货单位索取。无单据的货物则作为待验货物堆放在待验区，待与货物相关的资料到齐后再验收入库。

2）有单无货：应与托运保管人联系，查实货物时，退回并注销单证。

3）货未到齐：同一单证货物未到齐时，应按实际数量检验和签收。

任务操作

步骤一：核对凭证

仓管员凭《入库单》核对《送货单》，主要核对《送货单》上的货物名称、数量、规格、

客户名称以及送货日期等信息是否与《入库单》一致。经核对，此《送货单》为有效单据。

步骤二：验收货物

仓管员凭《入库单》验收送来的货物，主要核对货物名称、数量、规格以及客户名称是否正确，检查外包装是否完好，是否有违反包装标识的不规范包装。

王杰在验收本批货物中发现：在30箱货物中，1箱外包装破损，1箱货物为加湿器。

王杰选取一个空托盘，将破损货物和错误货物放在托盘上，并用手动液压搬运车将其运至指定区域存放，等待处理。

步骤三：交接手续

货物验收完毕后，仓管员根据实际验收情况填写入库单实收数量，备注异常状况并签上自己的名字，然后仓管员主动与送货员交接，要求送货员在《入库单》相应位置签字确认，如图2-3-6所示。

同时，仓管员按照送货员的要求在客户单据上填写实收数量、验收意见并在相应位置签字确认。填写后的《送货单》如图2-3-7所示。

入　库　单

作业计划单号 0000000000023365

配货中心 实训库房　　应收总数：30.0　　实收总数：28

客户名称：美的集团成都分公司　　客户编号：WM0101495　　客户指令号：　　日期：2019.03.10

产品名称	条形码	规格	单位	应收数量	实收数量	货位号	批号	备注
电饭锅	9487880767581	1*1	箱	30	28			1箱货品外包装破损 1箱货品为加湿器

仓管员（签字）：王杰　　送货人（签字）：张鑫

图2-3-6　入库单

送　货　单

日期：2019年3月12日　　编号：L000011001

客户信息				
客户单位	美的集团成都分公司	客户地址	成都建西苑北里2-15	
货物信息				
货品名称	包装	数量	单位	实收数量
电饭锅	纸箱	30	箱	28
客户验收意见				
1箱货品外包装破损 1箱货品为加湿器				

送货人（签字）：张鑫　　收货人（签字）：王杰

图2-3-7　送货单

至此，入库交接操作完毕。

任务评价

组　别			组　员			
任务名称		入库验收准备				
考核内容		评价标准	参考分值	考核得分		
				自评得分	互评均分	教师评分
职业素养	1	有较强的沟通能力和团队合作精神	10			
	2	能够按时完成任务	10			
理论素养	1	掌握货物检验的内容	10			
	2	掌握货物验收异常情况的处理方法	15			
职业技能	1	能够正确选择装卸搬运设施及工具	15			
	2	能够选择正确的验收方式	20			
	3	能够合作完成货物入库验收工作	20			
小　计			100			
合计=自评得分×20%+互评均分×40%+教师评分×40%					教师签字	

任务拓展

情景模拟：以小组为单位进行，小组成员分别扮演采购员、仓管员和供应商。模拟货物入库验收：接供应商电话预约送货，采购员通知仓储部门做好收货的准备，如库位、收料单等；采购员与供应商核对采购订单和送货单、发票等单据，仓管员填写入库验收单；对出现数量或质量等问题采购员要及时与供应商协商处理并记录。

任务四　入库理货作业

任务目标

1）掌握货物堆码的基本要求和基本方法。
2）掌握堆垛法的基本要求。
3）能够为不同的货物选择合适的堆码方法并进行正确作业。
4）能够熟练使用手持终端采集货物信息，完成组托作业。
5）能够合作完成货物入库理货工作。

任务发布

2019年04月22日16:00，Super-Market送来的一批咖啡机已经验收完毕，仓管员王博需要根据货物数量、包装规格、堆码要求等信息完成货物的堆码等理货作业。货物堆码基础信

息见表2-4-1:

表2-4-1　货物堆码基础信息表

序号	货物信息				托盘信息	
	货物名称	数量	包装规格	层高标识	规格	厚度
1	咖啡机	17（箱）	600mm×400mm×220mm	4层	1200mm×1000mm	150mm
备注	1. 不同名称的货物不得堆码在同一托盘上。 2. 单元货物即堆码完毕的托盘货物底面长、宽最大偏差为+40mm。					

任务资讯

一、货物堆码的基本要求

货物堆码的基本要求有合理、牢固、定量、整齐、节约和方便。

1. 合理

合理，即性质、品种、规格、等级、批次不同的货物和不同客户的货物，分开堆放；货垛形式适应货物的性质，有利于货物的保管，能充分利用仓容和空间；货垛间距符合作业的要求以及安全防火的要求，并注意保持五距（顶距、灯距、墙距、柱距和垛距）；大不压小，重不压轻，缓不压急，不围堵货物，特别是后进的货物不围堵先进的货物，确保“先进先出”原则。

2. 牢固

牢固，即货物堆放稳定结实，不偏不斜，必要时采用衬垫物料固定，不压坏底层货物或外包装，不超过库场地坪承载能力。货垛较高时，上部适当向内收小。易滚动的货物，使用木楔或三角木固定，必要时使用绳索、绳网对货垛进行绑扎固定。

3. 定量

定量，即每一货垛的货物数量保持一致，采用固定的长度和宽度，且为整数（如20箱一行），每层货数相同或成固定比例递减，能做到过目知数，每垛的数字标记清楚，货垛牌或料卡填写完整，挂放在明显位置。

4. 整齐

整齐，即货垛堆放整齐，垛形、垛高、垛距标准化和统一化，货垛中每件货物都排放整齐，垛边横竖成列，垛不压线，货物外包装的标记和标志一律朝垛外。

5. 节约

节约，即尽可能堆高，避免少量货物占用一个货位，节约仓容，提高仓库利用率；妥善组织安排，做到一次作业到位，避免重复搬动，节约劳动力；合理使用苫垫材料，避免浪费。

6. 方便

方便，即选用的垛形、尺寸和堆垛方法，要便于堆垛作业和装卸搬运作业，提高作业效率；垛形便于理数和查验货物，便于通风、苫盖等保管作业。

二、货物堆码的基本方法

根据货物的特性、包装方式、形状和保管的需要，仓管员在确保货物质量、方便作业和充分利用仓库的条件下，确定存放方式。货物的堆码方法有：散堆法、货架法和堆垛法。

1. 散堆法

散堆法是一种将无包装的散货直接堆成货堆的货物存放方式，这种方法适用于露天存放的没有包装的大宗货物，如煤炭、矿石、黄沙等，也可适用于库内少量存放的谷物、碎料等散装货物的堆放。

这种堆码方式简便，便于采用现代化的大型机械设备，节约包装成本，提高仓容利用率。

2. 货架法

货架法即直接使用通用或者专用的货架进行货物堆码，这种方法适用于存放小件、品种规格复杂且数量较少、包装简易或脆弱、易损害不便堆垛的货物，特别是价值较高且需要经常查数的货物。

常用的货架有：托盘货架、悬臂式货架、层格式货架、U形架、板材架、多层平面货架等。

仓库作业中，货架常与托盘配合使用，用于实现货物的集约储存。仓库内常用的托盘堆码一般有四种方式，即重叠式、纵横交错式、正反交错式和旋转交错式堆码。

（1）重叠式堆码

重叠式堆码，即各层码放方式相同，上下对应，如图2-4-1所示。

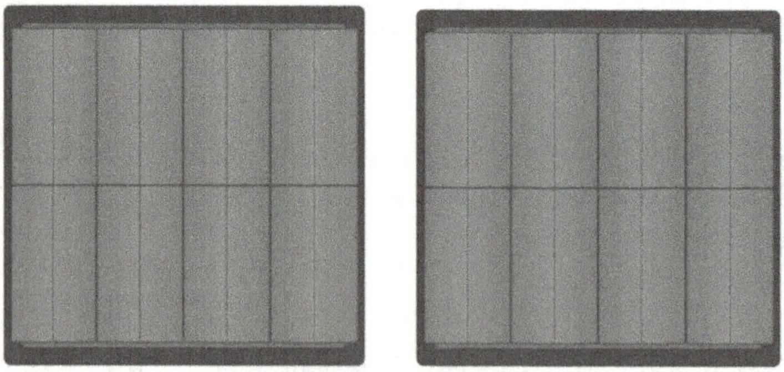

a）　　b）

图2-4-1　重叠式堆码示意图

a）奇数层　b）偶数层

这种方式的优点是，工人操作速度快，包装货物的四个角和边重叠垂直，承载能力大。缺点是各层之间缺少咬合作用，容易发生塌垛。在货物底面积较大的情况下，采用这种方式具有足够的稳定性，如果再配合相应的紧固方式，不但能保持稳定，还可以保留装卸操作省力的优点。这种方式适用于袋装、箱装、箩筐装物品及平板片式的物品。

（2）纵横交错式堆码

纵横交错式堆码，即相邻两层货物的摆放旋转90°，一层横向放置，另一层纵向放置，如图2-4-2所示。每层间有一定的咬合效果，但咬合强度不高。这种方式适用于管材、型材、狭长的箱装物品等。

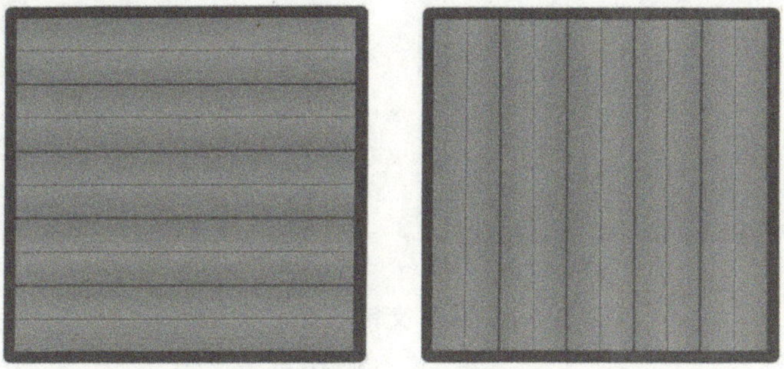

a）　　b）

图2-4-2　纵横交错式堆码示意图

a）奇数层　b）偶数层

（3）正反交错式堆码

正反交错式堆码，即同一层种，不同列的以90°垂直码放，相邻两层的码放形式是另一层旋转180°的形式，如图2-4-3所示。

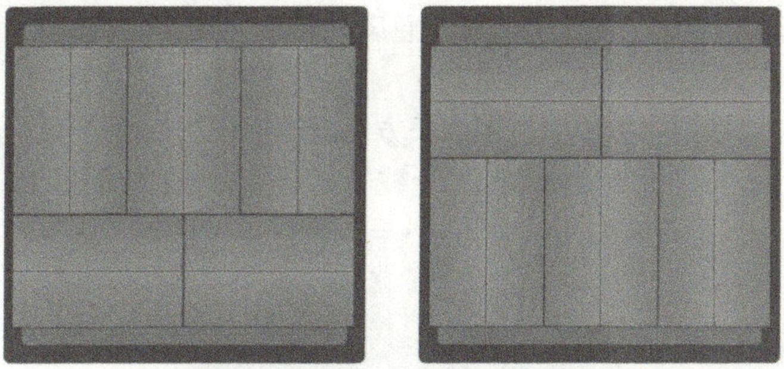

a）　　b）

图2-4-3　正反交错式堆码示意图

a）奇数层　b）偶数层

这种方式类似于建筑上的砌砖方式，不同层间咬合强度较高，相邻层之间不重缝，因而码放后稳定性较高，但操作较为麻烦，且包装体之间不是垂直面相互承受载荷。这种方式适用于管材、捆装、长箱装物品等。

想一想

观看视频“托盘堆码的方式”（见教学资源），并回答下列问题：

1）视频中呈现了几种堆码方式？

2）请描述各堆码方式的不同之处。

（4）旋转交错式堆码

旋转交错式堆码，即每一层与相邻两边的包装体都互为90°，同一层上下两层之间的堆码相差180°，如图2-4-4所示。

a）　　　　　　b）

图2-4-4　旋转交错式堆码示意图

a）奇数层　b）偶数层

这种方式相邻两层之间的咬合交叉，托盘货品稳定性较高，不容易塌垛。适用于包装表面比较光滑，容易滑落的物品。

3. 堆垛法

对于有包装（如箱、桶、袋、箩筐、捆、扎等包装）的货物，包括裸装的计件货物，采取堆垛的方式储存。堆垛方法储存能充分利用仓容，做到仓库内整齐，方便作业和保管。

仓库内常用的地面堆垛方式有压缝式、通风式、载柱式、衬垫式和直立式堆垛。

（1）压缝式堆垛

压缝式堆垛，将垛底层排列成正方形、长方形或环形，然后起脊压缝上码。上层货品须压在下层货品接缝处，即下层相邻货物缝隙至少被一箱上层货物的底面压上，如图2-4-5所示。

图2-4-5　压缝式堆垛示意图

（2）通风式堆垛

通风式堆垛，即货物在堆码时，每件相邻的货物之间都留有空隙，以便通风。层与层之间采用牙缝式或者纵横交叉式，如图2-4-6所示。

这种方式适用于需要通风量较大的货物。

（3）栽柱式堆垛

栽柱式堆垛，即码放货物前在货垛两侧栽上木桩或者钢棒（如U形货架），然后将货物平码在桩柱之间，几层后用铁丝将相对两边的柱栓联，再往上摆放货物，如图2-4-7所示。

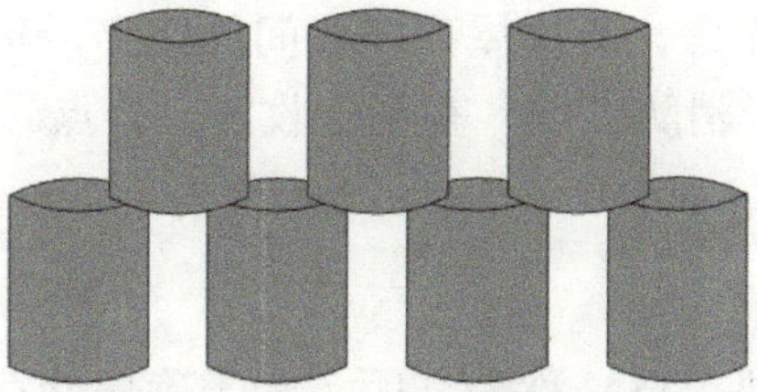

图2-4-6　通风式堆垛示意图

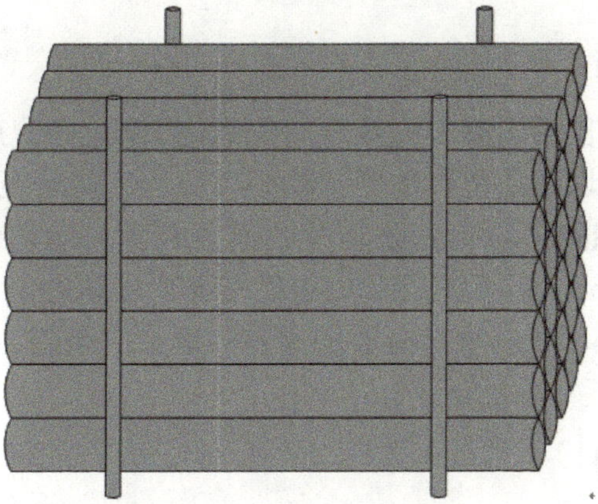

图2-4-7　栽柱式堆垛示意图

这种方式适用于棒材、管材等长条状货物。

（4）仰俯相间式堆垛

仰俯相间式堆垛，即对上下两面有大小差别或凹凸的货物，如槽钢、钢轨等，将货物仰放一层，再反一面伏放一层，仰俯相间相扣，如图2-4-8所示。

图2-4-8　仰俯相间式堆垛示意图

这种方式，货垛较为稳定，但操作不便。

三、货物堆码的五距要求

货物堆码必须保持“五距”，即顶距、灯距、墙距、柱距和垛距。

1. 顶距的要求和作用

货垛堆放的最大高度与库房、货棚屋顶横梁间的距离，称为顶距。顶距能便于装卸搬运作业，能通风散热，有利于消防工作，有利于收发、查点。顶距一般为0.5～0.9m，具体视情况而定。

2. 灯距的要求和作用

货垛与照明灯之间的必要距离，称为灯距。为了确保储存货品的安全，防止照明灯发出的热量引起附近货品的燃烧而发生火灾，货垛必须留有足够的安全灯距。灯距按规定应有不少于0.5m的安全距离。

3. 墙距的要求和作用

为了防止库房墙壁和货场围墙上的潮气对货品的影响，也为了散热通风、消防工作、建筑安全、收发作业，货垛必须留有墙距。墙距可分为库房墙距和货场墙距，其中，库房墙距又分为内墙距和外墙距。内墙距是指货物离没有窗户墙体的距离，此处潮气相对少些，一般距离为0.1～0.3m；外墙距是指货物离有窗户墙体的距离，外墙附近湿度相对大些，一般距离为0.1～0.5m。货场要有必要的道路和适当的墙距，距无排管的墙0.2m，距有排管的墙外侧0.4m。

4. 柱距的要求和作用

为了防止库房柱子的潮气影响货物，也为了保护仓库建筑物的安全，必须留有柱距。柱距一般为0.1～0.3m。

5. 垛距的要求和作用

货垛与货垛之间的必要距离，称为垛距，常以支道作为垛距。垛距能方便存取作业，起通风、散热的作用，方便消防工作。库房垛距一般为0.3～0.5m，货场垛距一般不少于0.5m。

四、苫盖方法

苫盖是指采用专用苫盖材料对货垛进行遮盖，以减少自然环境中的阳光、雨雪、风、尘土等对货物的侵蚀、损害，并使货物由于自身性质所造成的自然损耗尽可能减少，保护货物在储存期间的质量。常用的苫盖材料有帆布、芦席、竹席、塑料膜、铁片铁瓦、玻璃钢瓦、塑料瓦等。

常见苫盖方法有就垛苫盖法、鱼鳞式苫盖法和活动棚苫盖法。

1. 就垛苫盖法

直接将大面积苫盖材料覆盖在货垛上遮盖。适用于起脊垛或大件包装物品，如图2-4-9所示。一般采用大面积的帆布、油布、塑料膜等。

2. 鱼鳞式苫盖法

将苫盖材料从货垛的底部开始，自下而上呈鱼鳞式逐层交叠围盖，如图2-4-10所示。一般采用面积较小的席、瓦等材料苫盖。

3. 活动棚苫盖法

与固定棚架不同的是，棚架四周及顶部铺围苫盖物，在棚柱底部装上滚轮，整个棚架可沿固定轨道移动，如图2-4-11所示。

图2-4-9　就垛苫盖法示意图

图2-4-10　鱼鳞式苫盖法示意图

图2-4-11　活动棚苫盖法示意图

任务操作

步骤一：确定托盘堆码方式

耀华仓储中心常用的托盘堆码方式有重叠式、纵横交错式、正反交错式和旋转交错式四种。

咖啡机的包装规格为：600mm×400mm×220mm，仓储中心物流托盘规格为：1 200mm×1 000mm。根据咖啡机的包装规格与托盘规格，仓管员王博决定使用稳定性较好的正反交错式堆码方法。

1）奇数层俯视图，如图2-4-12所示。

2）偶数层俯视图，如图2-4-13所示。

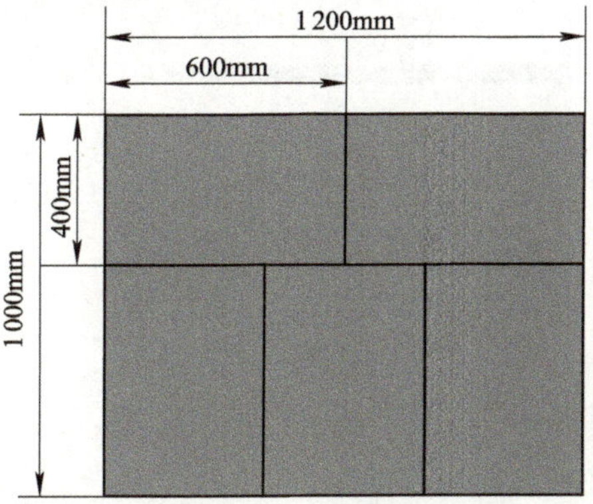

图2-4-12　奇数层俯视图

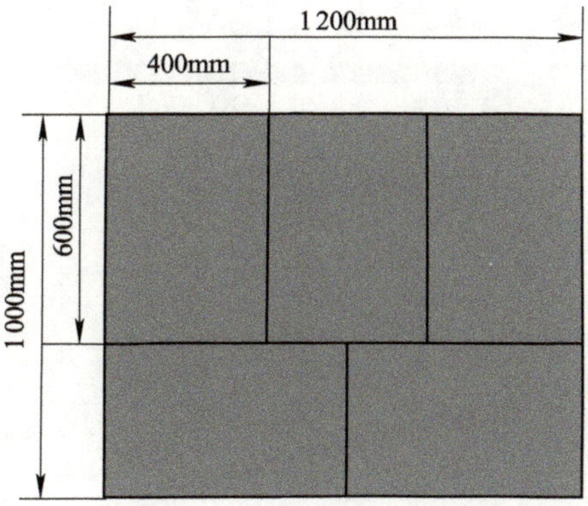

图2-4-13　偶数层俯视图

步骤二：托盘堆码操作

王博根据规划好的堆码方式完成托盘堆码任务，如图2-4-14所示。

图2-4-14　完成托盘堆码

步骤三：交接手续

托盘堆码操作完成后，仓管员王博需要登录到“手持终端系统”（即“仓储作业系统”）。王博利用耀华仓储中心的用户名和密码登录“手持终端系统”后，进入其应用操作主功能界面，依次点击【入库作业】【入库理货】【理货】，界面图依次如图2-4-15所示。

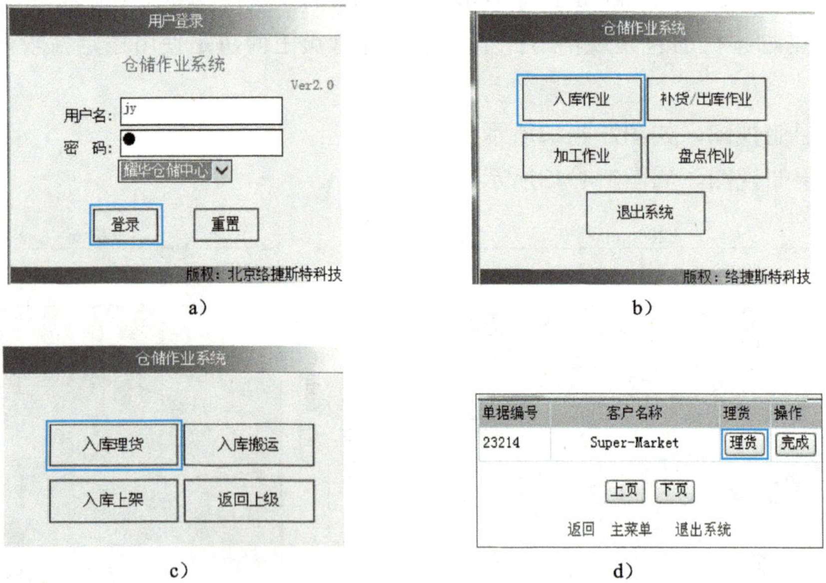

图2-4-15　入库理货界面

a）登录　b）入库作业　c）入库理货　d）理货

仓管员利用手持终端采集已经完成托盘堆码的咖啡机的货品条码和托盘标签信息，如图2-4-16所示。

信息采集成功后，手持终端界面如图2-4-17所示：

因有拒收货品，仓管员王博在【实收数量】栏输入17，确认无误后点击【保存】，完成货物的组托作业。耀华仓储中心将理货完成的货物存放在入库理货区，等待搬运人员完成入库上架作业。

图2-4-16　采集货品条码和托盘标签信息

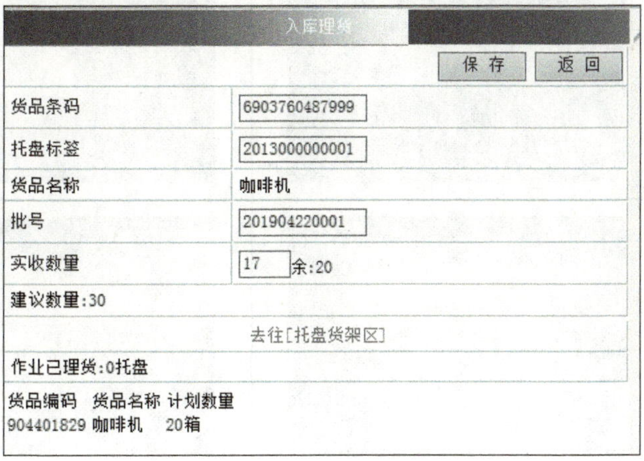

图2-4-17　信息采集成功界面

任务评价

组　别			组　员			
任务名称		入库理货作业				
考核内容		评价标准	参考分值	考核得分		
				自评得分	互评均分	教师评分
职业素养	1	有较强的沟通能力和团队合作精神	10			
	2	能够按时完成任务	10			
理论素养	1	掌握货物堆码的基本要求和基本方法	10			
	2	掌握堆垛法的基本要求	15			
职业技能	1	能够为不同的货物选择合适的堆码方法并进行正确作业	15			
	2	能够熟练使用手持终端采集货物信息，完成组托作业	20			
	3	能够合作完成货物入库理货工作	20			
小　计			100			
合计=自评得分×20%+互评均分×40%+教师评分×40%					教师签字	

任务拓展

填写表格：图中给出了堆码操作的正误，请描述错误操作的原因并填写表格。

货物堆码操作		错误原因
错误的堆码操作	正确的堆码操作	

	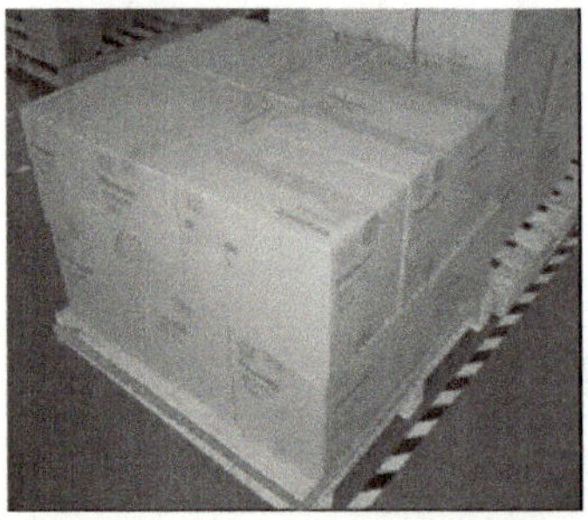	

任务五　入库上架作业

任务目标

1）熟悉入库上架所需设备的功能与作用。
2）掌握入库上架存放的基本原则和操作流程。
3）能够利用手持终端采集货物信息。
4）能够正确选择相应的物流设备进行作业。
5）能合作完成上架作业。

任务发布

BIG-Market申请入库的一批吸尘器已经理货完毕，仓管员张力需要根据入库指示将入库理货区堆码好的1托盘吸尘器上架至托盘货架区的正确货位。制作完成的储位分配单如图2-5-1所示。

储位分配单

作业单号	0000000000023124			库房	耀华仓储中心			
货品明细								
位置	货品编码	货品名称	规格	批次	应放	实放	单位	备注
C00646-G00101	980100648	吸尘器		11001	24	24	箱	

图2-5-1　储位分配单

任务资讯

一、入库上架设备的准备

入库上架作业涉及的设备包括搬运工具、存储设备以及数据采集设备。

（1）搬运工具

搬运工具主要有起重机、叉车、堆垛机等，与货架匹配使用的一般是叉车或堆垛机。

（2）货架

货架的种类主要有重力式货架、悬臂式货架、移动式货架、阁楼式货架、抽屉式货架、旋转式货架、驶入式货架、驶出式货架、托盘式货架等。

货架存储的主要特点：

1）能有效提高仓库空间利用率；
2）货物之间相互不接触、不挤压，减少货损；

3）货物存取方便，结合WMS系统（仓储管理系统）进行管理，易实现先进先出；

4）有利于实现仓储系统的信息化和自动化管理。

（3）数据采集设备

数据采集设备是结合WMS系统进行物品数据信息采集与处理的设备，包括移动的便携式手持终端设备和固定式的无线扫描设备等。

想一想

阅读文档“不同货架在冷库存储中的优缺点”（见教学资源），并回答下列问题：

1）驶入式货架的优缺点是什么？

2）请简述自动化立体仓库的工作原理。

二、入库上架存放的基本原则

货品入库上架作业时需要遵守的原则如表2-5-1所示。

表2-5-1　货品入库上架存放的原则

序号	原则	操作说明
1	面向通道	为方便货品库内移动和存取，需将货品面向通道存放
2	分层堆放	为提高仓库利用率及保证作业安全，应尽量使用货架分层存放
3	先进先出	为防止货品长期存放而变质、损毁和老化，尤其是食品、药品和感光材料，应遵循先入先出原则
4	周转率对应	进出货频率高的货品应存放在靠近仓库出入口的位置
5	同一性	相同类型货品存放在相同或相邻位置
6	相似性	相似货品存放在相邻位置
7	重量对应	重货放在地面或货架底层，轻货存放于货架上层
8	形状对应	根据货品形状确定其存放位置和存放方法，标准化包装的货品一般存放于货架上
9	明确标示	分区、货架、货位应清楚标示，以便作业人员容易找到货品位置，提高作业效率
10	搬运灵活性	为减少作业时间和次数，提高仓库周转速度，应根据货品作业要求，合理选择货品搬运的状态（货品搬运的状态决定其搬运的灵活性，如货品堆地面、装箱捆扎、放置托盘上等会导致货品搬运的灵活性有所差异）
11	五五堆放	以五或五的倍数在固定区域内堆放货品，使货品“五五成行，五五成方，五五成包，五五成堆，五五成层”，堆放横竖对齐，上下垂直，过目知数，流动后零头尾数要及时合并，方便货品的数量控制和清点盘存

任务操作

步骤一：确定货位

1. 了解货架布局

耀华仓储中心102区的一楼为托盘流利货架区，负责整件拣选、分类、暂存和发货。

托盘货架区根据存放货物的种类和性质共分A、B、C、D四个区域，A区和B区以存放电器类的货物为主，其布局图如图2-5-2所示，共有4排托盘流利货架，每排货架有3层，每层12列，如图2-5-3所示。

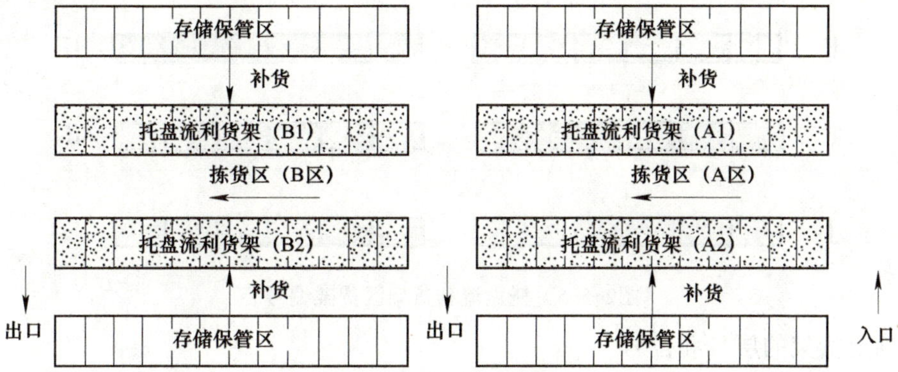

图2-5-2 托盘货架区布局图

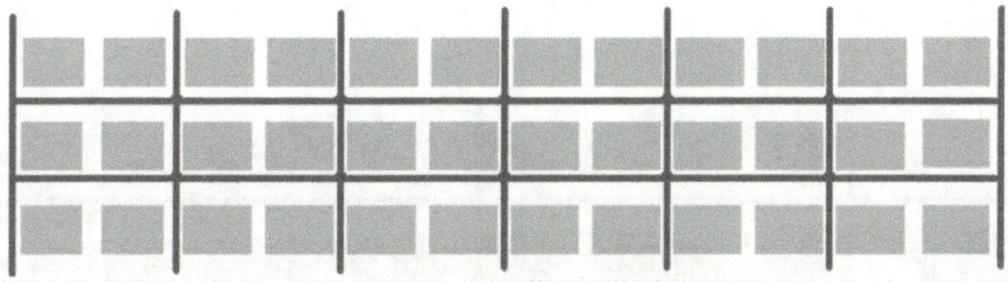

图2-5-3 货架正面平视图

2. 寻找对应货位

货位编号的方法分为地址法、区段法、品类群法等，一般比较常用的是地址法的四号定位法，耀华仓储中心货位的具体确定方法如下：

（1）确定存储区域编码

托盘流利货架区编码，如下图2-5-4所示，该区域划分为A、B、C、D四个区域。储位分配单中C00646-G00101的储位编码“C00646”与A区编码一致，则该储位位于A区。

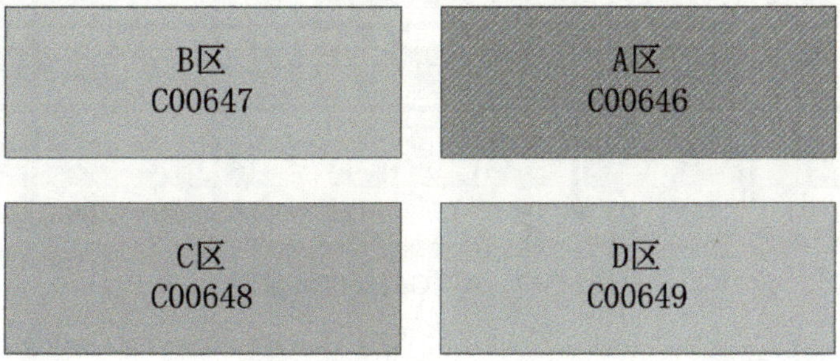

图2-5-4 托盘流利货架区编码

（2）确定货架编号

A区域中货架编号如图2-5-5所示。由C00646-G00101的储位编码中“G”可知，该储位位于G列货架。

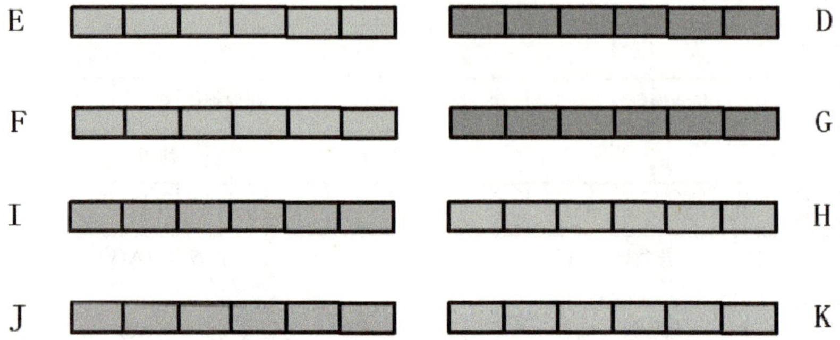

图2-5-5 托盘流利货架区货架编号

（3）确定货架的层号和位号

四号定位法第三位为货架的层次代号，第四位为货架的层内货位代号，G列货架层号和位号如图2-5-6所示。根据C00646-G00101的储位编码，该储位的层次代号为01，货位代号为01。

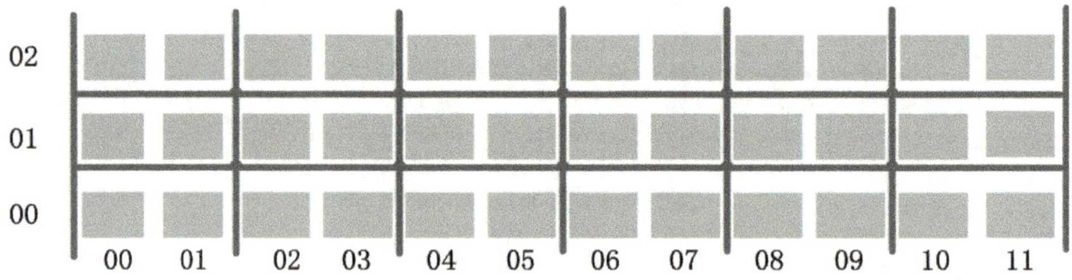

图2-5-6 G列货架层号和位号

因此，储位分配单中C00646-G00101的储位位于：托盘流利货架A区G列货架阴影标注的位置。

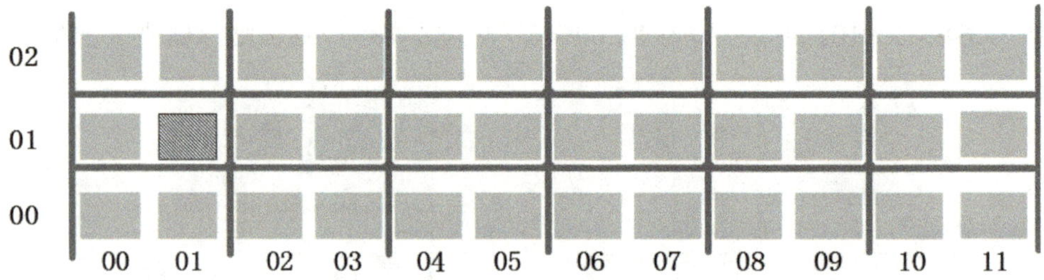

图2-5-7 A区G列储位示意图

步骤二：读取搬运信息

仓管员登录“手持终端”系统，其中库房名称选择【耀华仓储中心】，如图2-5-8所示。

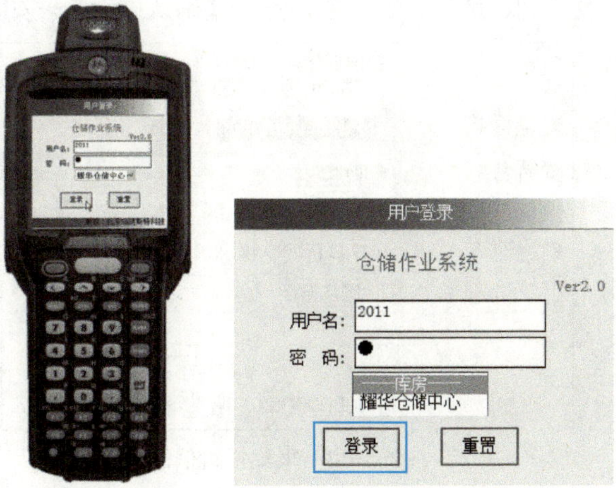

a） b）

图2-5-8 登录手持终端系统

登录“手持终端系统”后，进入“仓储作业系统”主功能界面，如图2-5-9所示。点击图2-5-9中的【入库作业】，进入图2-5-10所示界面。

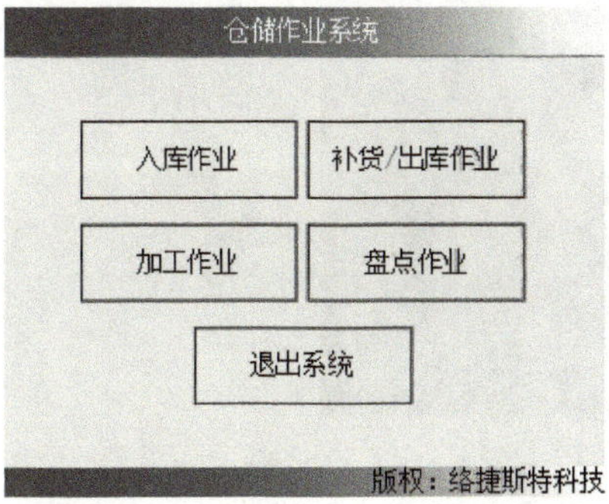

图2-5-9 仓储作业系统主功能界面

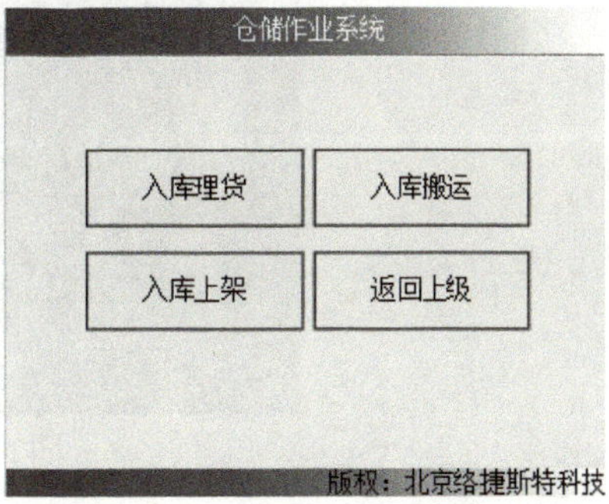

图2-5-10 入库作业主要功能界面

在图2-5-10中，点击【入库搬运】，进入图2-5-11所示界面，手持终端下方提示需搬运货物的信息。

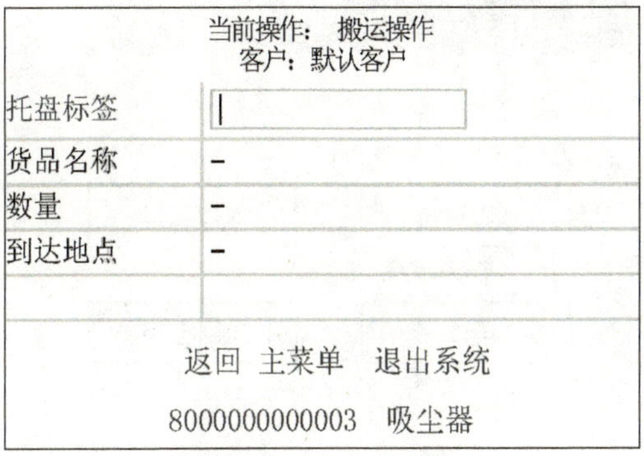

图2-5-11 入库搬运

仓管员根据手持终端提示采集“托盘标签”，采集成功后，手持终端系统自动提示搬运的

“货品名称”“数量”及“到达地点”等信息，点击【确认搬运】，如图2-5-12所示。

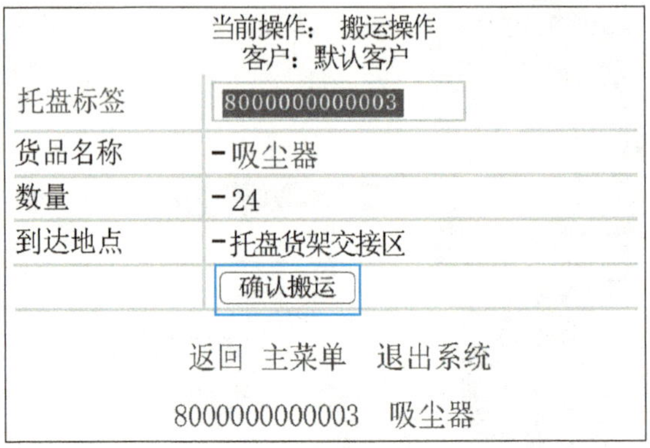

图2-5-12 采集托盘信息

步骤三：搬运操作

仓管员利用电动搬运车将托盘货物搬运至托盘货架交接区，如图2-5-13所示。

图2-5-13 搬运操作

步骤四：读取上架信息

登录手持终端系统，点击“仓储作业系统”主功能界面（见图2-5-9）的【入库作业】，进入图2-5-14所示界面。

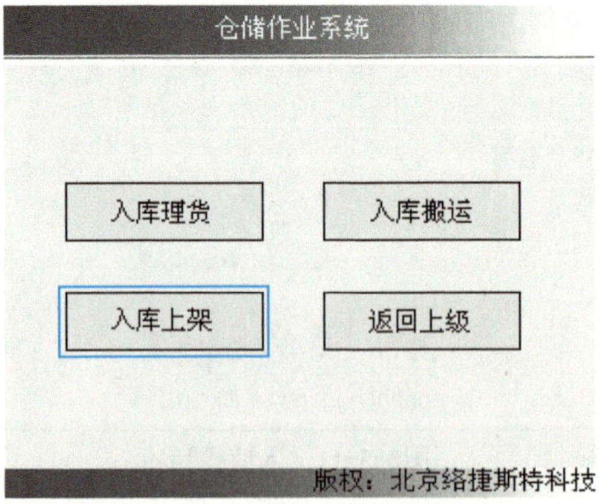

图2-5-14 入库作业主要功能界面

在图2-5-14中，点击【入库上架】，进入图2-5-15所示界面，手持终端下方提示需上架货物的信息。

仓管员利用手持终端采集“托盘标签”信息，信息采集成功后，手持终端系统自动提示“储位标签”等信息，如图2-5-16所示界面。

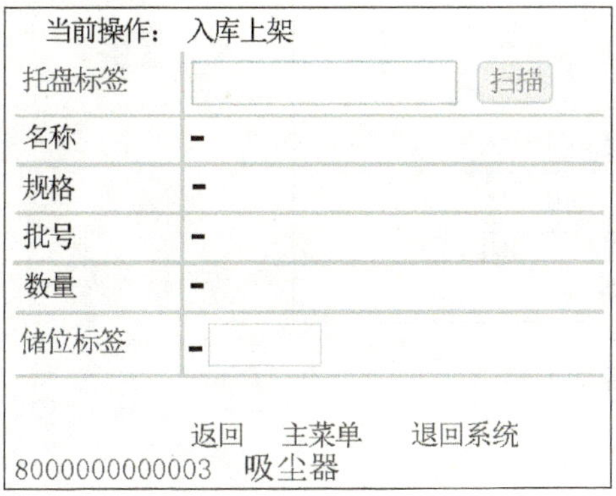

图2-5-15　入库上架

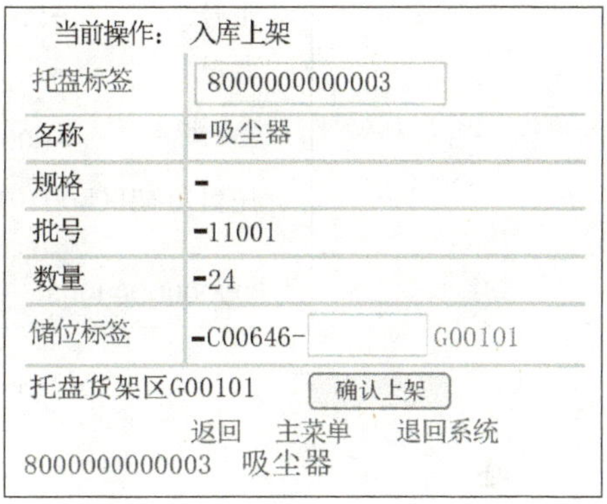

图2-5-16　采集托盘标签信息

步骤五：上架操作

仓管员利用电动叉车将货物从托盘货架交接区上架至手持终端系统中提示的目标储位，如图2-5-17所示。

图2-5-17　上架操作

上架完成后，在图2-5-16所示界面中，利用手持终端扫描上架货物的“储位标签”，信息采集成功后，进入图2-5-18所示界面，点击【确认上架】。

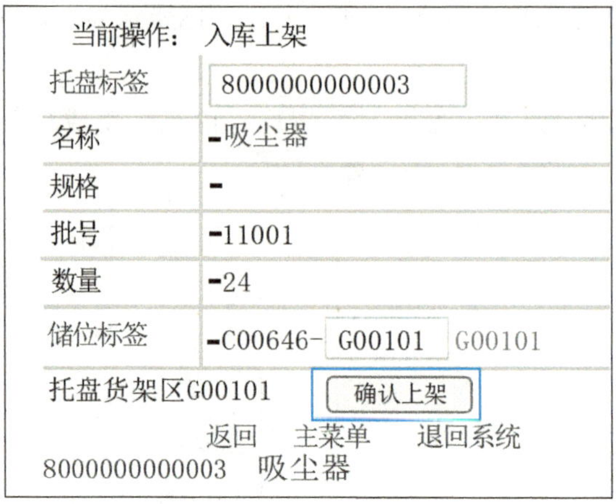

图2-5-18　确认上架

任务评价

组　别			组　员			
任务名称		入库上架作业				
考核内容		评价标准	参考分值	考核得分		
				自评得分	互评均分	教师评分
职业素养	1	有较强的沟通能力和团队合作精神	10			
	2	能够按时完成任务	10			
理论素养	1	熟悉入库上架所需设备的功能与作用	15			
	2	掌握入库上架存放的基本原则和操作流程	15			
职业技能	1	能够利用手持终端采集货物信息	15			
	2	能够正确选择相应的物流设备进行作业	15			
	3	能合作完成上架作业	20			
小　计			100			
合计=自评得分×20%+互评均分×40%+教师评分×40%					教师签字	

任务拓展

实地调研：学生进行分组，调查学校图书馆管理工作人员对书籍的入库上架情况，并撰写报告，每组委派一人进行讲解。

项目内容

项目三　在库作业实务

项目三　在库作业实务

任务一 盘点作业

任务目标

1）了解盘点的概念及其作用。
2）了解几种常见的物品盘点方法。
3）了解盘点前的工作以及仓库盘点的一般流程。
4）能够掌握盘点的作业流程。
5）能够结合物流综合业务系统和手持终端完成盘点作业。

任务发布

远通仓储配送中心执行月盘制度，盘点时间为每个月的14号和15号两天。但近期客户物美超市为了保证库存数量的准确性，要求远通仓储配送中心为其储存在海星1号库房的货品进行一次盘点。4月24日，远通仓储配送中心的仓库主管安排盘点操作员杨朝来对电器类托盘货架进行盘点，盘点类型为区域盘点。

杨朝来接到这个任务后，他该如何完成这次盘点作业呢？

任务资讯

一、盘点的概念、作用及原则

1．盘点的概念

所谓盘点，是指定期或临时对库存物品的实际数量进行清查、清点的作业，即为了掌握物品的流动情况（入库、在库、出库的流动状况），对仓库现有物品的实际数量与保管账上记录的数量相核对，以便准确地掌握库存数量。盘点方式通常有两种：一种是定期盘点，即仓库的全面盘点，是指在一定时间内，一般是每季度、每半年或年终财务结算前进行一次全面的盘点，由货主派人会同仓库保管员、商品会计一起进行盘点对账；二是临时盘点，即当仓库发生货物损失事故，或保管员更换，或仓库与货主认为有必要盘点对账时，组织一次局部性或全面的盘点。

盘点主要包括以下几个方面：

1）数量盘点；
2）重量盘点；
3）货与账核对；
4）账与账核对。

2. 盘点的作用

盘点的作用及其内容如表3-1-1所示。

表3-1-1　盘点的作用及其内容

盘点的作用	内　　容
减少差错发生	物品因不断地收发，日子一久难免发生差额与错误，盘点可以确定物品的现存数量，并纠正账物不一致的现象，不会因账面的错误而影响正常的生产计划
检验物品管理的绩效，进而从中加以改进	呆料、废料的数量，物品的保管与维护，物品的存货周转率等，经过盘点可以认定并加以改善
计算损益	企业的损益与物品库存有密切的关系，而物品库存金额的正确与否有赖于存量与单价的正确性。因此，为求得损益的正确性，必须加以盘点，以确知物品现存数量
对遗漏的订货可以迅速采取订购措施	采购部门因工作的疏忽漏下订单，通过盘点，可以加以补救

3. 盘点的原则

在进行仓库盘点时，应该按照以下原则进行。

（1）真实

要求盘点所有的点数、资料必须是真实的，不允许作弊或弄虚作假，掩盖漏洞和失误。

（2）准确

盘点的过程要求准确无误，无论是资料的输入、陈列的核查和盘点的点数，都必须准确。

（3）完整

所有盘点过程的流程，包括区域的规划、盘点的原始资料、盘点点数等，都必须完整，不要遗漏区域或遗漏商品。

（4）清楚

盘点过程属于流水作业，不同的人员负责不同的工作，所以所有资料必须清楚，人员的书写必须清楚，货物的整理必须清楚，才能使盘点顺利进行。

（5）团队精神

盘点是全体人员都参加的营运过程。为减少停业的损失，要加快盘点的速度，仓库各个部门必须有良好的配合协调意识，以大局为重，使整个盘点按计划进行。

一般是每月对货物盘点一次，并由盘点小组负责各库房的盘点工作。为了确保货物盘点的效率，应坚持三个原则：

1）价格盘点原则，即以货物的价格作为盘点的基础，库存货物以零售价金额控制，通过盘点确定一定时期内的货物损益和实际价格差错。

2）即时盘点原则，即在营业中随时进行盘点，“停止营业”以及“月末盘点”并不一定才是正确的盘点，仓库（尤其是配送中心）可以在营业中盘点，且任何时候都可以进行。

3）自动盘点原则，即利用现代化技术手段来辅助盘点作业，如利用掌上型终端机可一次完成订货与盘点作业，也可利用POS机和扫描器来完成盘点作业。

二、盘点的分类及内容

1. 盘点的分类

盘点分为手工盘点和盘点机盘点两类。

1）手工盘点：主要靠盘点人员手工记录盘点内容、商品数据，然后与计算机数据核对。

2）盘点机盘点：利用数据采集器，把需要盘点的商品信息导入到采集器中，然后利用盘点机扫描商品条码，显示出相应的信息，盘点人员根据实际数量录入采集，最后导入系统管理软件比对，生成《盘盈单》或《盘亏单》。

2. 盘点的内容

盘点作业的主要内容有以下几点。

1）货物数量。通过点数计数查明商品在库的实际数量，核对账面资料与实际库存数量是否一致。

2）货物质量。检查在库商品质量有无变化，有无超过有效期和保质期，有无长期积压等现象，必要时还需对商品进行技术检验。

3）保管条件。检查保管条件是否与商品的保管要求相符合。如堆码是否合理稳固，库内温度是否符合要求，各类计量器具是否准确等。

4）库存安全状况。检查各种安全措施和消防器材是否符合安全要求，建筑物和设备是否处于安全状态。

三、物品的盘点方式

因盘点场合、要求的不同，盘点的方法也有差异。几种常见的盘点方法如表3-1-2所示。

表3-1-2 盘点的方法

序号	盘点方法	操作方法和特点
1	期末盘点	期末盘点是指在会计计算期末统一清点所有物品数量的方法。由于期末盘点是将所有物品一次点完，因此工作量大、要求严格。通常采取分区、分组的方式进行。分区即将整个储存区域划分成一个一个的责任区，不同的区由专门的小组负责点数、复核和监督，因此，一个小组通常至少需要三人分别负责清点数量并填写盘存单，复查数量并登记复查结果，第三人核对前二次盘点数量是否一致，对不一致的结果进行检查。等所有盘点结束后，再与计算机或账册上反映的账面数核对
2	循环盘点	循环盘点是指每天、每周按顺序一部分一部分地进行盘点，一个循环周期将每种物品至少清点一次的方法。循环盘点通常对价值高或重要的物品检查的次数多，监督也严密一些，而对价值低或不太重要的物品盘点的次数可以尽量少。循环盘点一次只对少量物品盘点，所以通常只需保管人员自行对照库存数据进行点数检查，发现问题按盘点程序进行复核，并查明原因，然后调整。也可以采用专门的循环盘点单登记盘点情况
3	重点盘点	重点盘点是指对进出频率较高、易损耗的或昂贵的物品所用的一种盘点方法
4	全面盘点	全面盘点是指对在库物品进行全面的盘点清查，多用于清仓查库或年终盘点
5	动态盘点	动态盘点又称永续盘点或日常盘点，指核对处于动态的物品（即发生过收、发作业的物品）的余额是否与账面数相符。动态盘点法有利于及时发现差错并及时处理
6	临时盘点	临时盘点又称突击性盘点，是指在台风、梅雨、严冬等灾害性季节进行临时性突击盘点

想一想

观看视频“美国零售商试用标签读取机器人Keonn AdvanRobot 进行库存盘点”（见教学资源），并谈一谈你对机器人库存盘点的看法。

四、盘点前的工作

（1）收集仓库物品数据

仓库人员与采购人员互相配合，对仓库各个作业环节的数据进行采集，整理出仓库物品名称。物品名称的明细程度要高，一般来说都有名称、规格型号、数量、颜色、价格等。

（2）整理数据，分区分工

将物品名称归类整理，制定相应的编码、定置号和标识卡，将常用的物品放在仓库随时能取的地方。

（3）现场规划

根据仓库的空间大小，进行规划，将仓库分区。充分利用空间，并且考虑到仓库的最高库存量。规划时应注意几点：重要、常用的物品先规划；体积大的物品应先考虑数量的多少；易燃、易爆、易霉的物品要严格按照安全生产管理办法来规划。

（4）整理仓库

按照已划分好的区域或货架，将已经归类的物品对号入座，应在摆放物品时盘点数量，这样便于库存登记。要求物品摆放整齐，名称、规格型号清晰，数量准确。最终将仓库整理一步到位。

（5）建立台账

根据盘点数据，按照不同的物品名称建立仓库台账，仔细登记每天物品的出入库、结存情况，并严格控制单据的出仓、入仓、领料的填写，尽量避免漏单情况出现。

五、仓库盘点的一般流程

1）账目组事先准备好《盘点单》，要求已经过排序整理。

2）盘点期间，仓库冻结一切库存的收、发、移动操作。

3）仓库主管负责协调具体的盘点工作，由其领取《盘点单》。

4）保管组、账目组分别指定每一个库区的盘点人，由账目组担任该库区的负责人。

5）将《盘点单》发放给每一个盘点库区的盘点人员。

6）实施盘点，由保管人员进行盘点，账目人员复核。

7）账目组收取所有的《盘点单》，要求所有《盘点单》连号，没有遗漏，并进行汇总。

8）对比库存账，比较差异，生成差异报告。

9）对比差异报告，仓库对差异进行复盘。

10）再次对复盘结果进行汇总，并与库存账比较差异。

11）仓库分析差异原因，做详细书面报告，同时提出差异调整申请。

12）财务部根据公司主管领导对差异调查报告及差异调整申请进行审批。

13）仓库根据审批情况做库存差异调整。

14）财务部根据审批情况做库存账目差异调整。

六、盘点单

《盘点单》（见图3-1-1）一般包括三大部分：

1）总字段，包括“盘点单号”“制单日期”“商品名称”及“系统数量”。其中最需要注意的是“盘点单号”，一般是在盘点前就已印妥，而且顺序联号控制，由盘点主持人管控。盘点时一般要把散存于储位区的料品回笼到同一储位（区），因此一个料项一张盘点单是合理的。

2）“预盘”有关字段，由预盘主办人填入“实盘”，以及“盘盈”或“盘亏”量，加上预盘者的签名（含日期时间）。

3）“复盘”有关字段，由复盘者填入，包括“实盘”及“盘盈”或“盘亏”量，同时签名。

长风物流公司 2 号库盘点单（2-2 区）												
盘点单号	DLDPDD-20190530-01				制单日期			20190530				
货品信息												
仓库号	储区	储位	商品名称	商品编码	系统数量	预盘			复盘			备注
						实盘	盘盈	盘亏	实盘	盘盈	盘亏	
2 号库	2-2 区	B00001	洗衣机	JSBJ20130201								
2 号库	2-2 区	B00002	洗衣机	JSBJ20130201								
2 号库	2-3 区	G000013	液晶彩电	JSBJ20130569								
盘点人					仓管员							

图3-1-1　盘点单

《盘点单》或称《盘点卡》，大多由稍硬卡纸印制，且有铁丝可绑挂，绝大多数设计为三联式，第一联挂料架上（结算完成后再取消），第二联由复盘者撕下交予盘点主持人，第三联由预盘主办人撕下呈交盘点主持人，以明责任，兼作回馈信息。

任务操作

步骤一：生成盘点作业计划

杨朝来接到仓库主管的盘点作业指令后，首先需要在“仓储管理系统”中生成盘点作业计划。

杨朝来进入“仓储管理系统”，选择【盘点管理】，进入到盘点任务界面，如图3-1-2所示。

a）

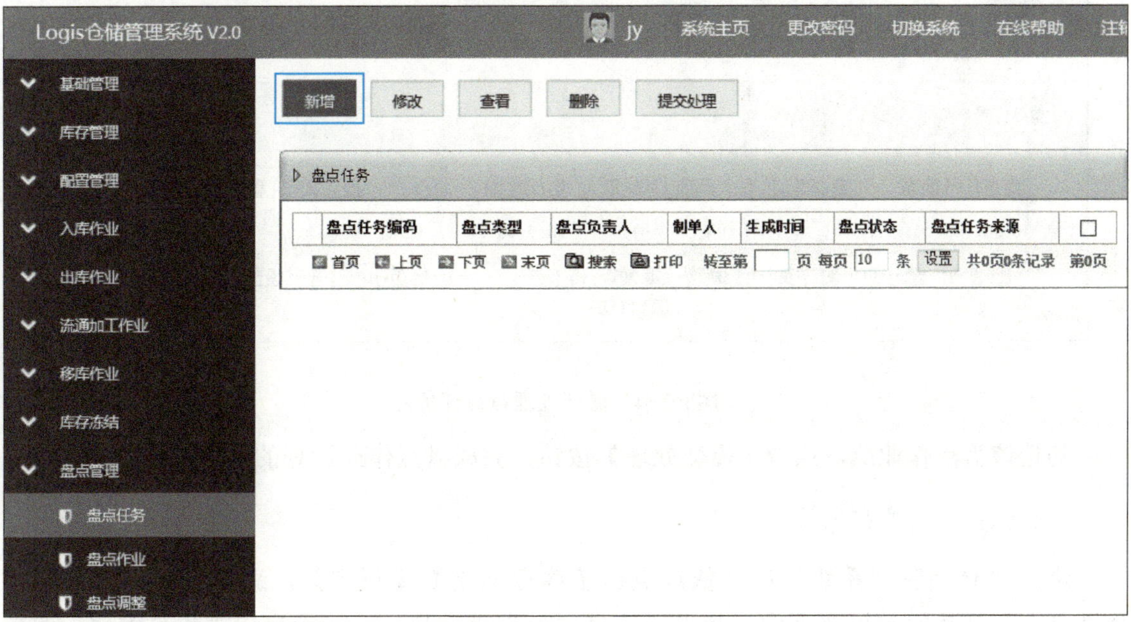

b）

图3-1-2 新增盘点业务

在图3-1-2b中，点击【新增】按钮，新增一个盘点业务，填写“库房”“负责人”等信息，如图3-1-3所示：

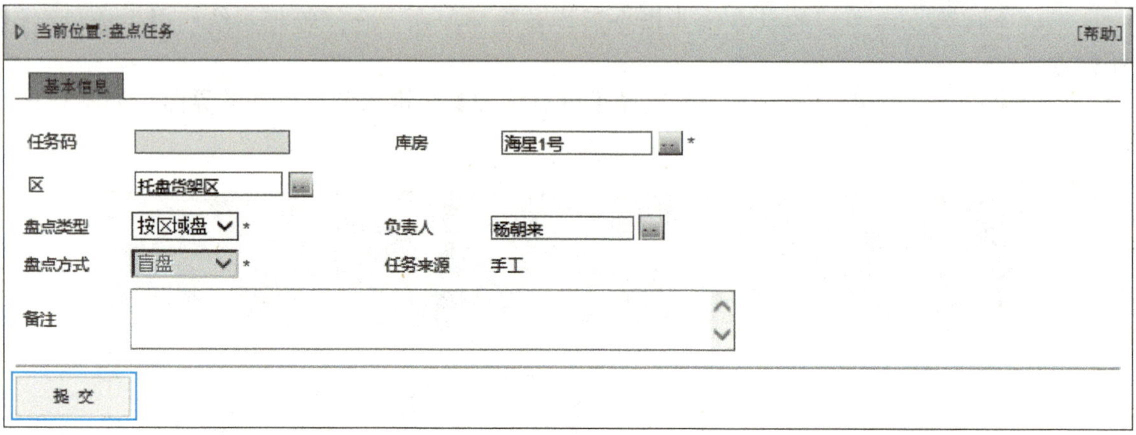

图3-1-3　填写盘点任务基本信息

其中盘点方式默认为盲盘。所谓盲盘，即针对每次盘点，信息员打印盘点表，不包括产品数量，交给至少两名盘点人员进行盘点，将盘点数量填写在空白处，盘点后有二人共同签字确认数量的盘点方法。

订单填写无误后，点击【提交】进入图3-1-4所示界面。

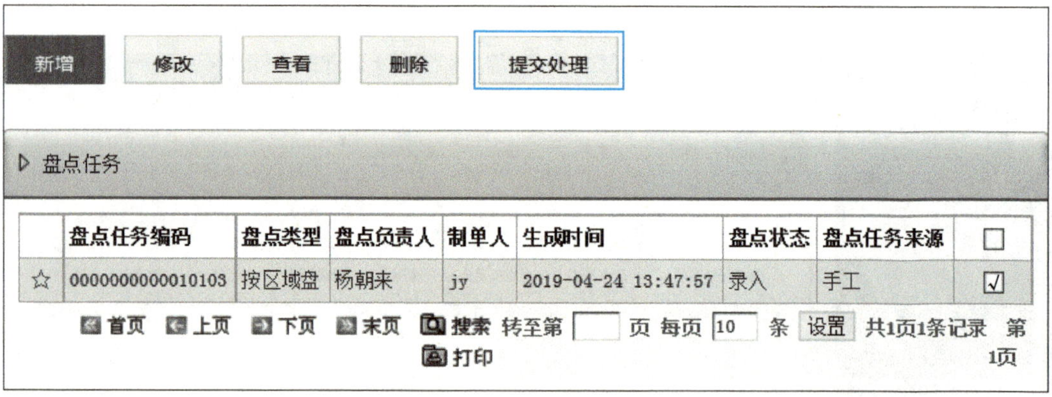

图3-1-4　提交处理盘点任务

勾选该盘点作业单，点击【提交处理】按钮，完成盘点作业计划的操作。

步骤二：进行库存冻结

进入“仓储管理系统”后，依次点击【库存冻结】【新增】，新增一个库存冻结的作业任务，在库存冻结界面中，填选“冻结类型”“客户码”“库房”“货品编码”等信息，如图3-1-5所示。

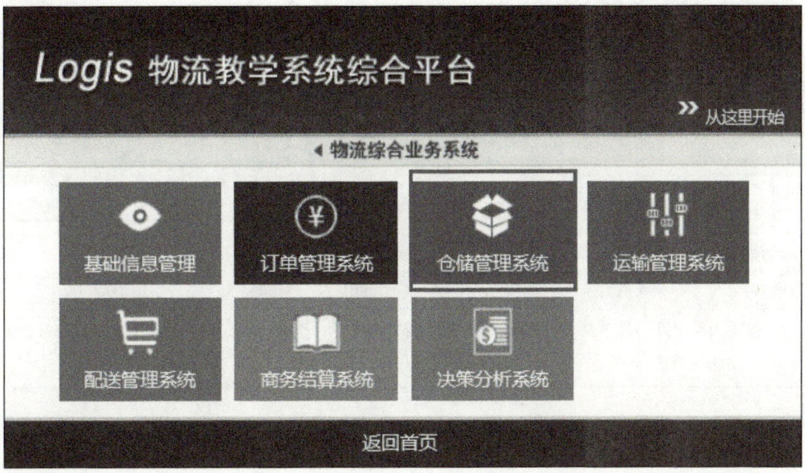

a）

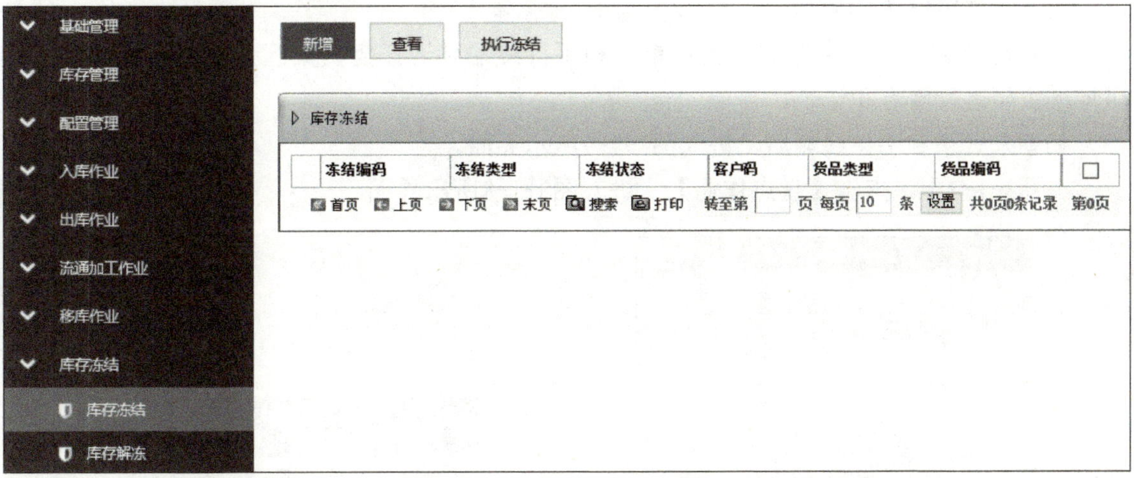

b）

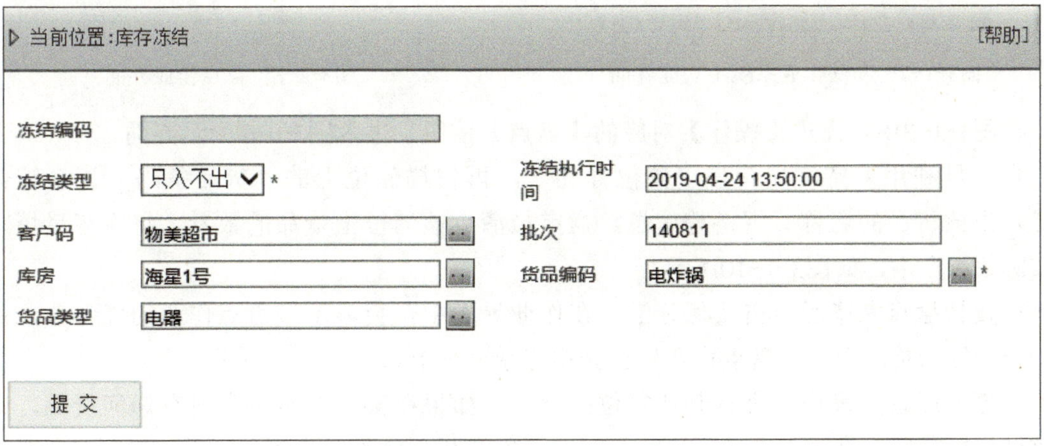

c）

图3-1-5　库存冻结界面

点击图3-1-5c下方的【提交】按钮，进入图3-1-6所示界面。

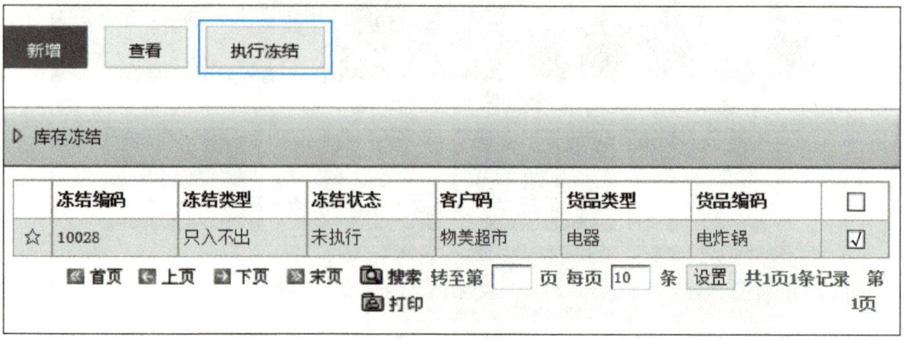

图3-1-6 执行冻结

勾选库存冻结的任务，点击图3-1-6上方的【执行冻结】按钮，完成冻结库存操作。

步骤三：进行实物盘点

盘点员杨朝来拿着空白的《盘点单》和手持终端到达托盘货架区，根据盘点任务对该区域的货品进行清点和记录。

杨朝来登录到手持终端后，进入图3-1-7所示界面。

在图3-1-7中，点击【盘点作业】，进入图3-1-8所示界面。

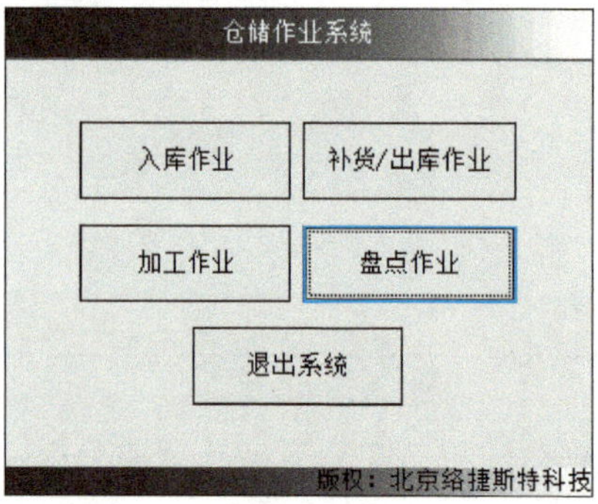

图3-1-7 仓储作业系统主功能界面

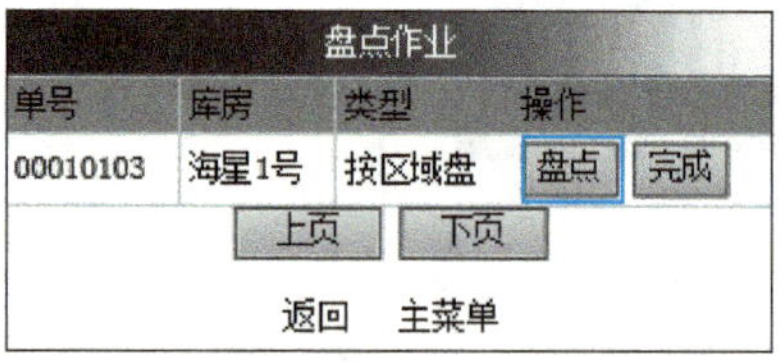

图3-1-8 盘点作业界面

在图3-1-8中，点击【操作】对应的【盘点】按钮，进入图3-1-9所示界面。

盘点员利用手持终端扫描“储位标签”，再扫描储位上的“货品条码”，系统会自动显示出该货品的名称、规格等信息，盘点员清点该储位上货品的数量，将库存量填写到“实际数量”中，如图3-1-10所示。

该货品盘点完毕后点击【保存】。在作业界面中，会显示该盘点作业的任务量，每完成一个储位的货品盘点，盘点作业量也会相应减少一个。

重复上述盘点操作，进行其他货位的盘点。如果在某一个货位上没有任何货品，则扫描该储位标签后，直接点击【无货品】即可，如图3-1-11所示。

待盘点任务全部完成后，手持终端系统会提示“无待盘点的货品”，如图3-1-12所示。

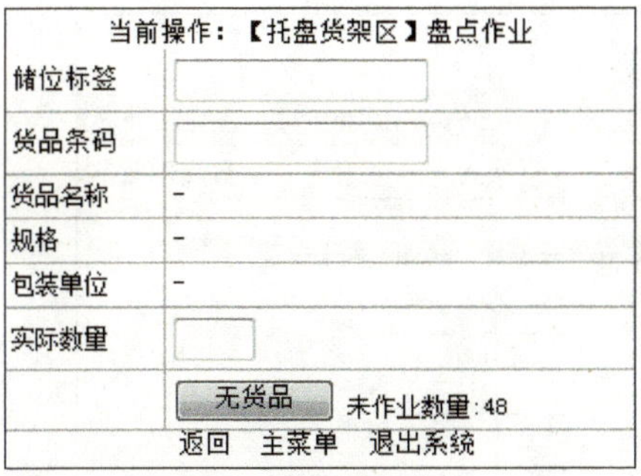

图3-1-9　盘点开始

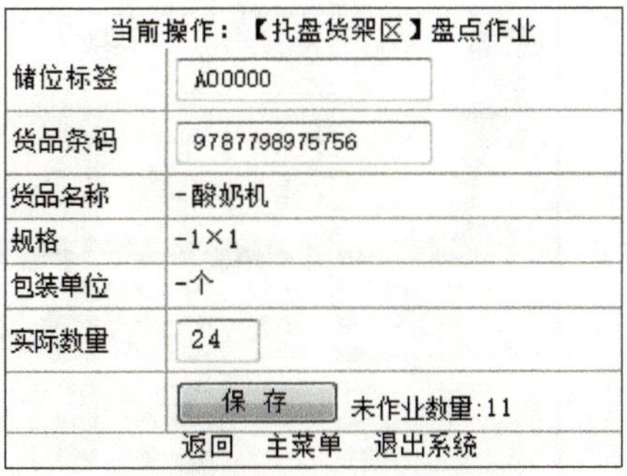

图3-1-10　读取信息

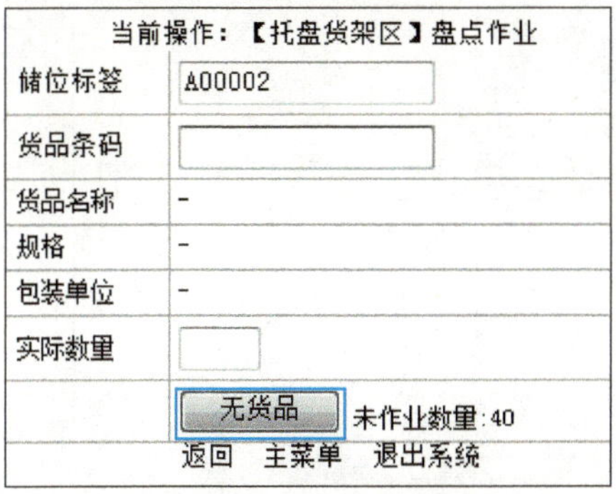

图3-1-11　无货品盘点界面

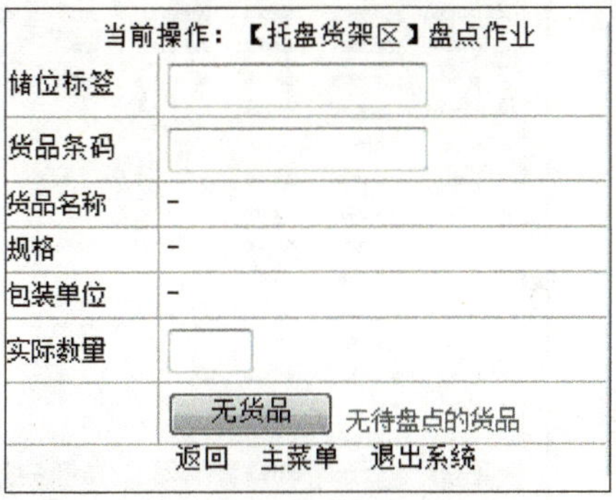

图3-1-12　无待盘点的货品

对于盘点过程中存在次品的情况，仓管员需要在空白《盘点单》上作备注，填写正品、次品的数量，便于后续盘点反馈处理。盘点员需要将盘点后的结果反馈到仓储管理系统中，进行盘点反馈及盈亏处理。

步骤四：盘点结果反馈

进入到“仓储管理系统”中，选择【盘点作业】，进入到图3-1-13所示的界面中。

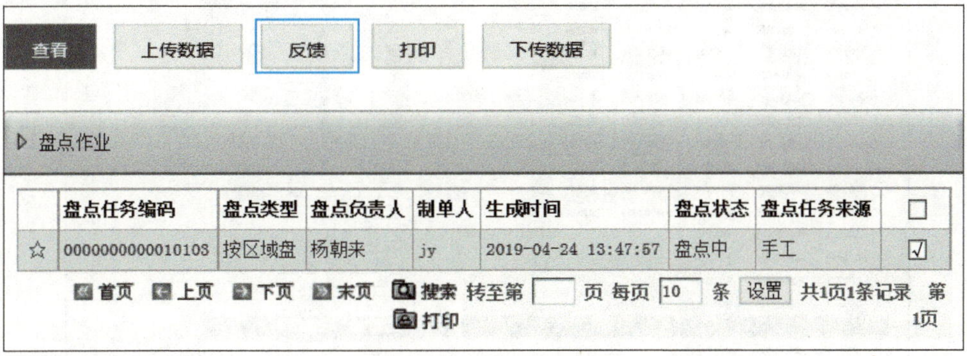

图3-1-13　盘点作业反馈

勾选盘点任务后，点击上方的【反馈】按钮，进入图3-1-14所示的界面。

图3-1-14中右侧的“实际数量”即盘点员在仓库中盲盘得到的实际货品数量，是通过手持终端传递回来的盘点数量。盘点员在“盘点作业单”填写“实际正品量”和“实际次品量”，如图3-1-15所示。

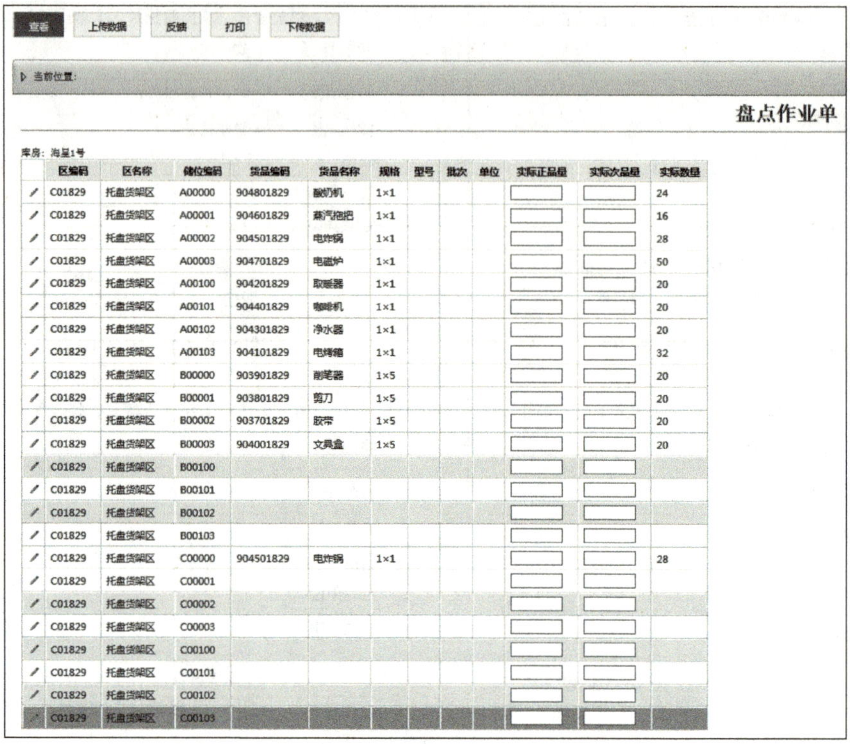

查看 上传数据 反馈 打印 下传数据

当前位置:

盘点作业单

库房：海星1号

区编码	区名称	储位编码	货品编码	货品名称	规格	型号	批次	单位	实际正品量	实际次品量	实际数量
C01829	托盘货架区	A00000	904801829	酸奶机	1×1						24
C01829	托盘货架区	A00001	904601829	蒸汽拖把	1×1						16
C01829	托盘货架区	A00002	904501829	电炸锅	1×1						28
C01829	托盘货架区	A00003	904701829	电磁炉	1×1						50
C01829	托盘货架区	A00100	904201829	取暖器	1×1						20
C01829	托盘货架区	A00101	904401829	咖啡机	1×1						20
C01829	托盘货架区	A00102	904301829	净水器	1×1						20
C01829	托盘货架区	A00103	904101829	电烤箱	1×1						32
C01829	托盘货架区	B00000	903901829	削笔器	1×5						20
C01829	托盘货架区	B00001	903801829	剪刀	1×5						20
C01829	托盘货架区	B00002	903701829	胶带	1×5						20
C01829	托盘货架区	B00003	904001829	文具盒	1×5						20
C01829	托盘货架区	B00100									
C01829	托盘货架区	B00101									
C01829	托盘货架区	B00102									
C01829	托盘货架区	B00103									
C01829	托盘货架区	C00000	904501829	电炸锅	1×1						28
C01829	托盘货架区	C00001									
C01829	托盘货架区	C00002									
C01829	托盘货架区	C00003									
C01829	托盘货架区	C00100									
C01829	托盘货架区	C00101									
C01829	托盘货架区	C00102									
C01829	托盘货架区	C00103									

图3-1-14　盘点作业单

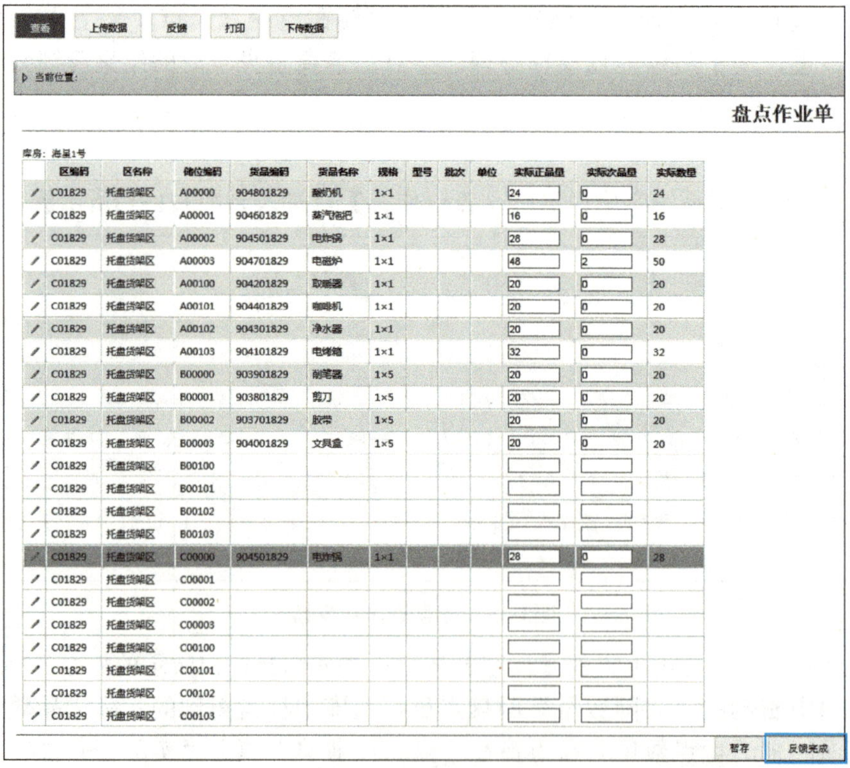

查看 上传数据 反馈 打印 下传数据

当前位置:

盘点作业单

库房：海星1号

区编码	区名称	储位编码	货品编码	货品名称	规格	型号	批次	单位	实际正品量	实际次品量	实际数量
C01829	托盘货架区	A00000	904801829	酸奶机	1×1				24	0	24
C01829	托盘货架区	A00001	904601829	蒸汽拖把	1×1				16	0	16
C01829	托盘货架区	A00002	904501829	电炸锅	1×1				28	0	28
C01829	托盘货架区	A00003	904701829	电磁炉	1×1				48	2	50
C01829	托盘货架区	A00100	904201829	取暖器	1×1				20	0	20
C01829	托盘货架区	A00101	904401829	咖啡机	1×1				20	0	20
C01829	托盘货架区	A00102	904301829	净水器	1×1				20	0	20
C01829	托盘货架区	A00103	904101829	电烤箱	1×1				32	0	32
C01829	托盘货架区	B00000	903901829	削笔器	1×5				20	0	20
C01829	托盘货架区	B00001	903801829	剪刀	1×5				20	0	20
C01829	托盘货架区	B00002	903701829	胶带	1×5				20	0	20
C01829	托盘货架区	B00003	904001829	文具盒	1×5				20	0	20
C01829	托盘货架区	B00100									
C01829	托盘货架区	B00101									
C01829	托盘货架区	B00102									
C01829	托盘货架区	B00103									
C01829	托盘货架区	C00000	904501829	电炸锅	1×1				28	0	28
C01829	托盘货架区	C00001									
C01829	托盘货架区	C00002									
C01829	托盘货架区	C00003									
C01829	托盘货架区	C00100									
C01829	托盘货架区	C00101									
C01829	托盘货架区	C00102									
C01829	托盘货架区	C00103									

暂存 反馈完成

图3-1-15　盘点单录入

实盘数据反馈完毕后，点击【反馈完成】按钮，进入图3-1-16所示界面。

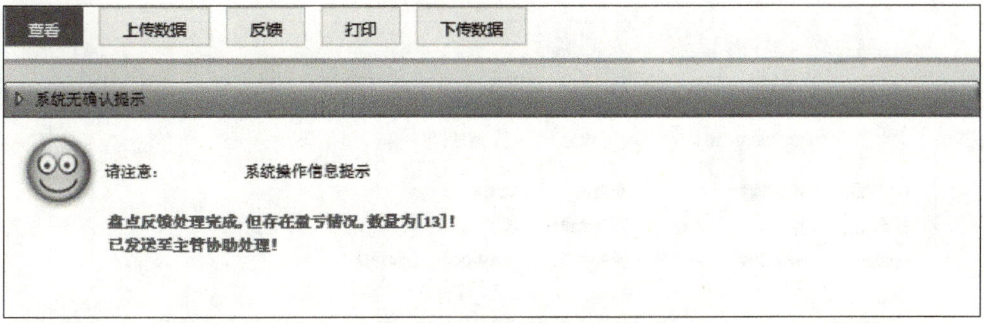

图3-1-16　反馈完成

步骤五：盘点差异调整

杨朝来将盘点的实际情况反馈到“仓储管理系统”后，仓管员会对盘点结果进行查看，针对存在差异的盘点结果进行复查和核实，最后对差异情况进行调整。

杨朝来登录到“仓储管理系统”，在“盘点管理”作业任务下选择“盘点调整”，进入图3-1-17所示界面。

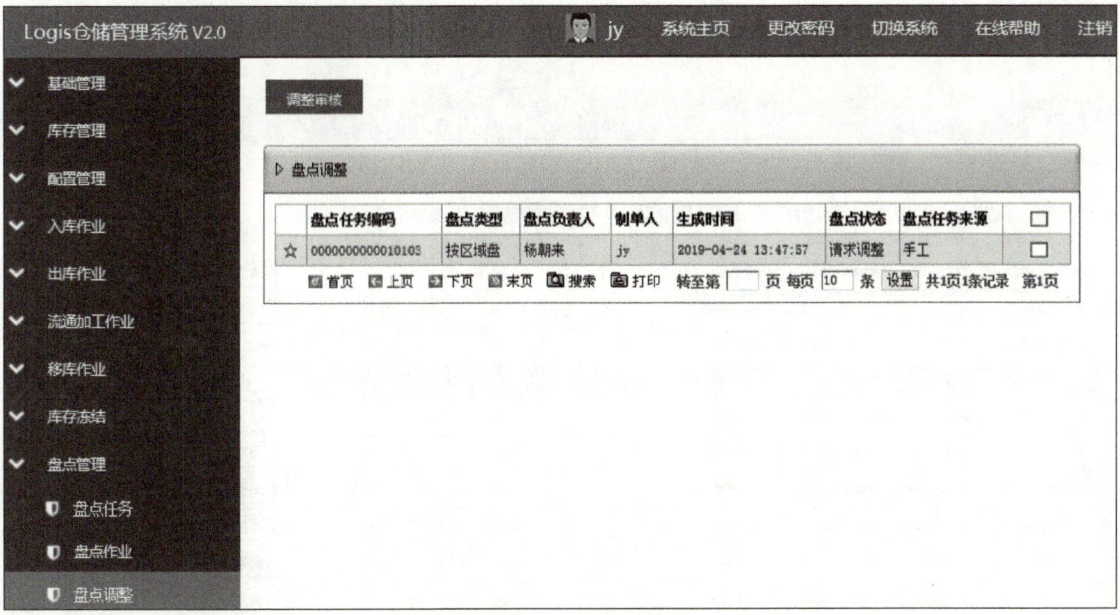

图3-1-17　调整审核

在图3-1-17中，点击【调整审核】，进入图3-1-18所示界面。

根据实盘数量对系统库存进行盈亏调整。

在图3-1-18中，选择【盈亏调整：针对盈亏情况进行实际调整】选项，然后点击【下一步】，进入图3-1-19所示界面。如果盘点结果与库存情况存在比较大的差异情况，需要再派一名盘点员进行复盘，这时就需要选择【重新盘点：重新选择范围执行再次盘点】。

图3-1-18　盈亏调整

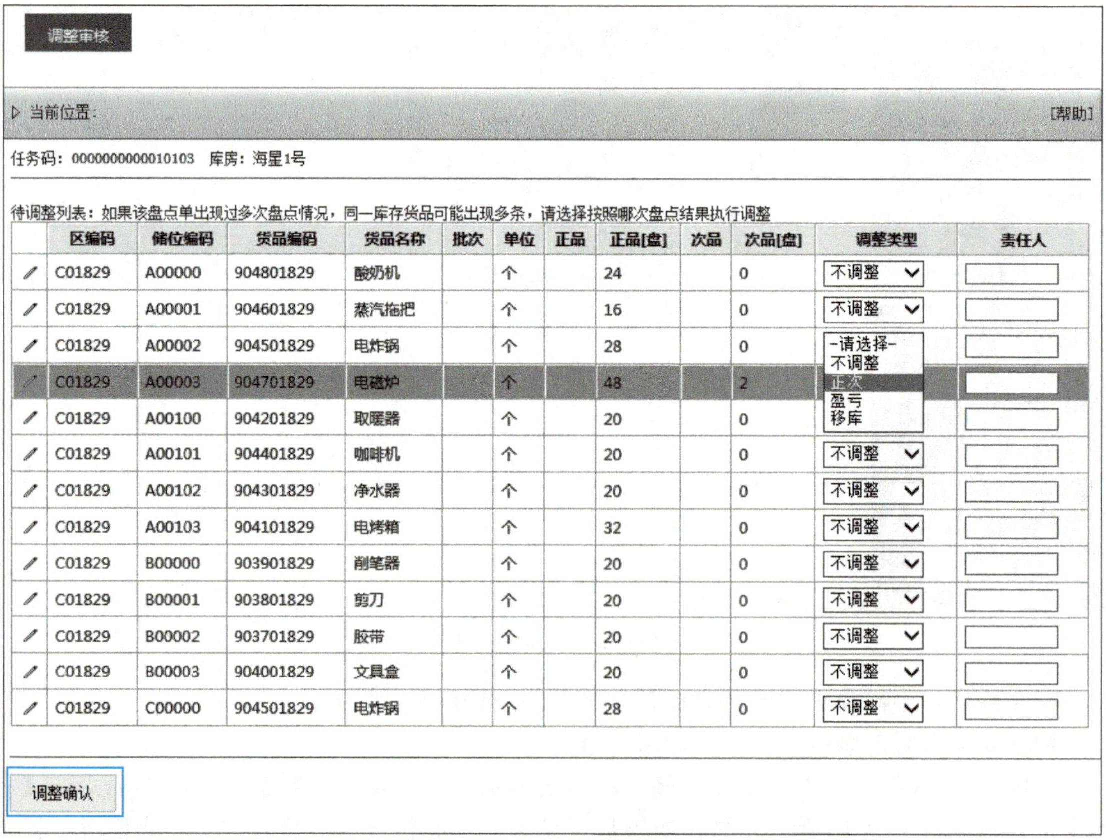

	区编码	储位编码	货品编码	货品名称	批次	单位	正品	正品[盘]	次品	次品[盘]	调整类型	责任人
	C01829	A00000	904801829	酸奶机		个		24		0	不调整	
	C01829	A00001	904601829	蒸汽拖把		个		16		0	不调整	
	C01829	A00002	904501829	电炸锅		个		28		0	-请选择- 不调整 正次 盈亏 移库	
	C01829	A00003	904701829	电磁炉		个		48		2		
	C01829	A00100	904201829	取暖器		个		20		0		
	C01829	A00101	904401829	咖啡机		个		20		0	不调整	
	C01829	A00102	904301829	净水器		个		20		0	不调整	
	C01829	A00103	904101829	电烤箱		个		32		0	不调整	
	C01829	B00000	903901829	削笔器		个		20		0	不调整	
	C01829	B00001	903801829	剪刀		个		20		0	不调整	
	C01829	B00002	903701829	胶带		个		20		0	不调整	
	C01829	B00003	904001829	文具盒		个		20		0	不调整	
	C01829	C00000	904501829	电炸锅		个		28		0	不调整	

图3-1-19　调整确认

在图3-1-19中，“调整类型”选择为【正次】，然后点击【调整确认】，完成盘点差异调整。

待差异调整完毕后，杨朝来登录到手持终端，进入到盘点作业列表中，点击【完成】，盘点作业结束，如图3-1-20所示。

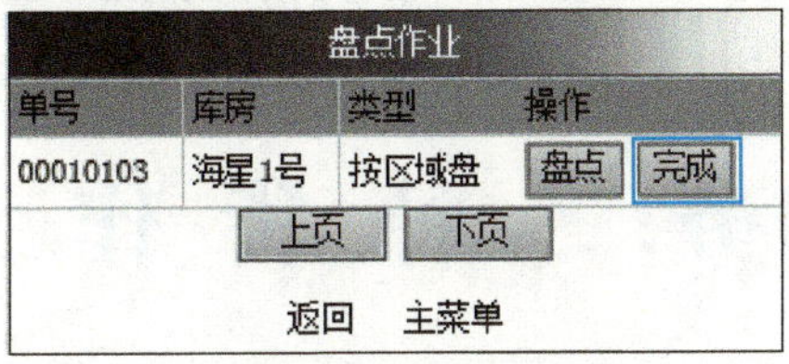

图3-1-20　盘点完成

步骤六：进行库存解冻

进入“仓储管理系统”，依次点击【库存冻结】【库存解冻】，进入图3-1-21所示界面。

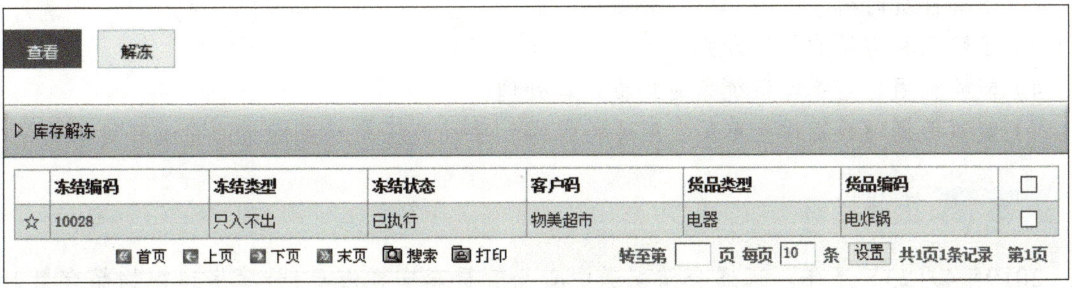

图3-1-21　库存解冻

货品的库存解冻以电炸锅为例。在图3-1-21中，勾选“货品编码”为“电炸锅”的记录，然后点击下方的【解冻】按钮。参与盘点的货品在差异调整后应进行库存解冻。

至此，物美超市货品的盘点操作完成。

任务评价

组　别			组　员			
任务名称		盘点作业				
考核内容		评价标准	参考分值	考核得分		
				自评得分	互评均分	教师评分
职业素养	1	有较强的沟通能力和团队合作精神	10			
	2	能够按时完成任务	10			
理论素养	1	了解盘点的概念及其作用	15			
	2	了解几种常见物品的盘点方法	15			
职业技能	1	了解盘点前的工作以及仓库盘点的一般流程	15			
	2	能够掌握盘点的作业流程	15			
	3	能够结合物流综合业务系统和手持终端完成盘点作业	20			
小　计			100			
合计=自评得分×20%+互评均分×40%+教师评分×40%					教师签字	

任务拓展

实地调研：选择当地一家具有代表性的物流企业进行实地走访调研，调研盘点工作人员的日常作业时间，以及盘点中经常遇到的问题和解决方法，最终记录形成小论文。

任务二 补货作业

任务目标

1）掌握补货的概念及其定义。
2）了解补货时机。
3）了解几种常见的补货方式。
4）能够利用仓储管理系统完成补货订单处理。
5）能够根据《补货作业单》，用手持终端和手动液压车对目标储位完成补货作业。

任务发布

2019年4月23日下午，远通仓储配送中心仓管员李宁在海星1号库房巡视物品存量时，发现贝壳纽扣的存量已低于安全库存。李宁将信息上报仓库主管后接到补货指令：需要完成将一部分贝壳纽扣从托盘货架区至电子货架区（E00734-A00006）的补货作业。具体内容如表3-2-1所示。

表3-2-1 海星1号库房补货单

补货单号：20190423001					日期：2019.4.23
货品编码	货品名称	单位	数量	目标储位	原储位
9787799630021	贝壳纽扣	箱	20	E00734-A00006	C00734-C00000
制单人：×××					

仓管员李宁该如何完成本次任务呢？

任务资讯

一、补货的定义及其内容

补货作业是将货物从仓库保管区域搬运到拣货区的工作。其目的是为了保证拣货区有货可拣。补货作业主要包括：确定所需补充的货物，领取商品，做好上架前的打理、准备工作，补货上架。

想一想

阅读文档“京东到家智能货柜玩新招 快递员可补货”（见教学资源），并回答下列问题：

1）简述智能货柜的优势。

2）结合案例，简述达达即将推出的智能柜有什么功能。

二、补货时机

补货作业的发生与否主要看拣货区的货物存量是否符合需求，因此补货要看拣货区的货物存量，应避免出现在拣货中发现拣货区货量不足的情况。通常，可采用批次补货、定时补货和随机补货三种方式，如表3-2-2所示。

表3-2-2　补货时机

补货时机	具体内容
批次补货	批次补货是在每天或每一批次拣取之前，经计算机测算所需货品的总拣取量和拣货区的货品量，计算出差额并在拣货作业开始前补足货品。这种补货原则比较适合于一天内作业量变化不大、紧急追加订货不多的货品，或是每一批次拣取量事先掌握的货品
定时补货	定时补货是将每天划分为若干个时段，补货人员在规定时段内检查拣货区货架上的货品存量，如果发现不足，马上予以补足。这种补货原则，较适合分批拣货时间固定且处理紧急追加订货的时间也固定的货品
随机补货	随机补货是一种指定专人从事补货作业方式，补货人员随时巡视拣货区的分批存量，发现不足随时补货。这种补货原则，较适合于每批次拣取量不大、紧急追加订货较多，以至于一天内作业量不易事前掌握的货品

三、常见的几种补货方式

补货的主要方式有整箱补货、托盘补货和货架上层到货架下层补货等，如图3-2-1所示。

a)　b)　c)

图3-2-1　补货的主要方式

a）整箱补货　b）托盘补货　c）货架上层到货架下层补货

1．整箱补货

这种补货方式是由货架的保管区补货到流动货架的动管区。这种补货方式的保管区为料架储放区，动管区为两面开放式的流动棚拣货区。拣货员拣货之后把货物放入输送机并运到发货区，当动管区的存货低于设定标准时，则进行补货作业。这种补货方式由作业员到保管区取货箱，用手推车载箱至动管区。较适合于体积小且少量多样出货的货品，如图3-2-2所示。

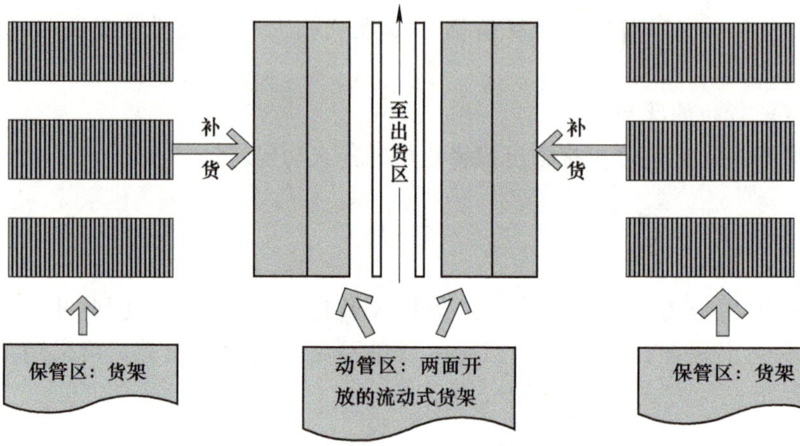

图3-2-2　货架保管区补货到流动式货架动管区的整箱补货

2. 托盘补货

这种补货方式是以托盘为单位进行补货。托盘由地板堆放保管区运到地板堆放动管区，拣货时把托盘上的货箱置于中央输送机送到发货区。当存货量低于设定标准时，立即补货，使用堆垛机把托盘由保管区运到地板堆放动管区，也可把托盘运到货架动管区进行补货。这种补货方式适合于体积大或出货量多的货品，如图3-2-3所示。

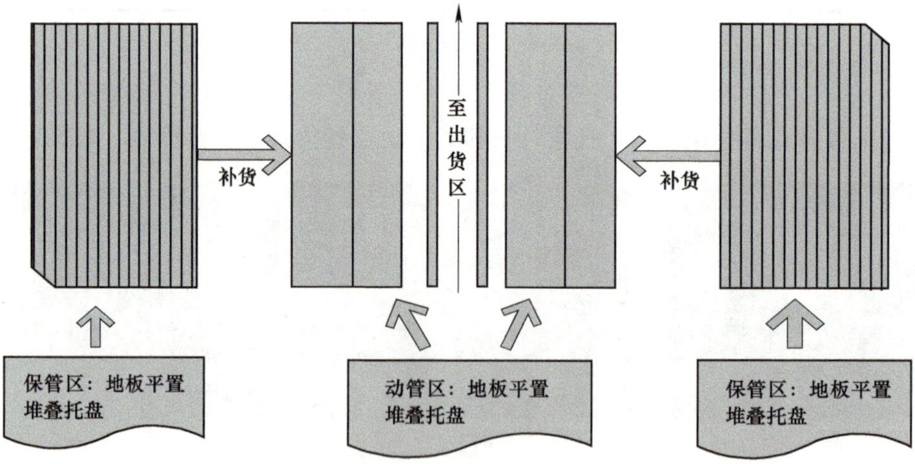

图3-2-3　地板堆放保管区至地板堆放动管区的托盘补货

3. 货架上层到货架下层补货

这种补货方式的保管区与动管区属于同一货架，也就是将同一货架上的中下层作为动管区，上层作为保管区，而进货时则将动管区放不下的多余货箱放到上层保管区。当动管区的存货低于设定标准时，利用堆垛机将上层保管区的货物搬至下层动管区。这种补货方式适合于体积不大，存货量不高，且多为中小量出货的货品，如图3-2-4所示。

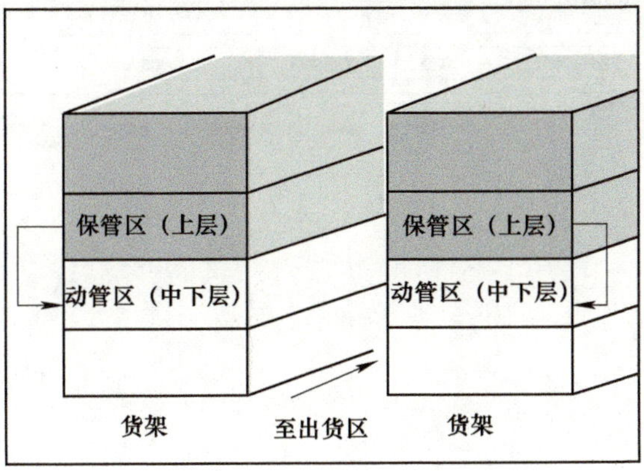

图3-2-4　货架上层到货架下层的补货

任务操作

步骤一：生成补货订单

仓管员李宁登录“仓储管理”系统，依次点击【移库作业】、【补货作业】和【新增】，按照补货指令填写补货信息，如图3-2-5所示。

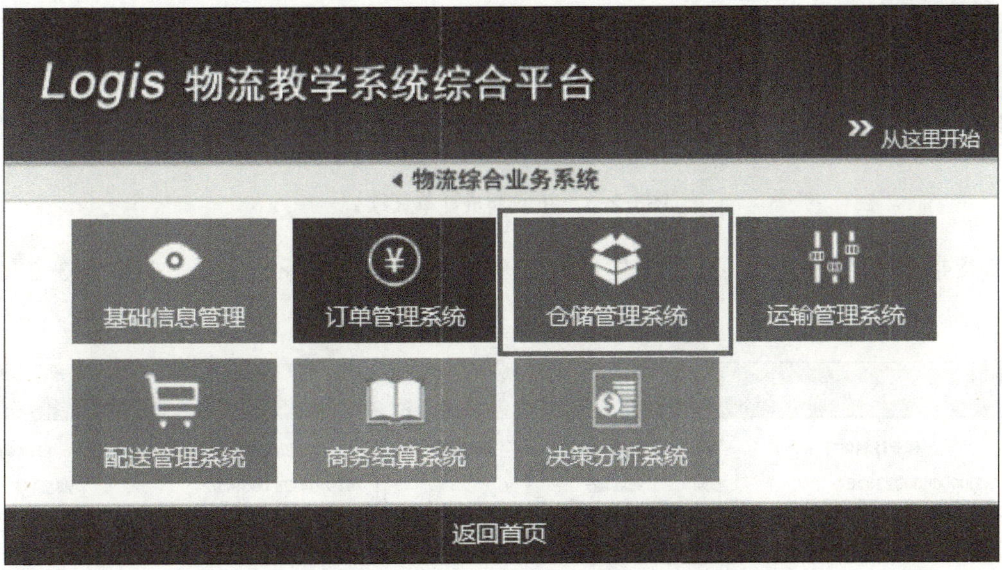

a）

图3-2-5　新增补货订单

b）

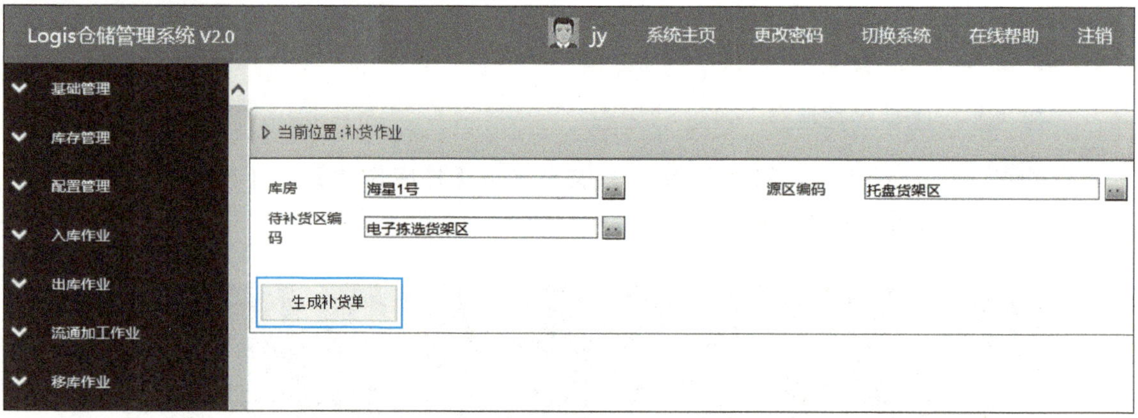

c）

图3-2-5　新增补货订单（续）

补货指令录入完毕后，点击【生成补货单】，即补货指令已生成，进入图3-2-6所示界面：

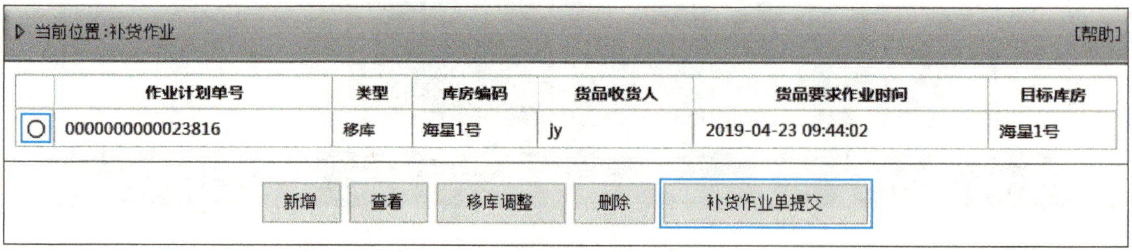

图3-2-6　提交补货作业单

选择已录入完毕的补货单，然后点击【补货作业单提交】，即补货指令处理完毕。

步骤二：补货下架实施

补货单信息生成以后，李宁使用给定的用户名和密码登录“手持终端系统”，并选择库房名称“海星1号”，点击【登录】，进入应用操作主功能界面，依次选择【补货/出库作业】和【下架作业】，如图3-2-7所示。

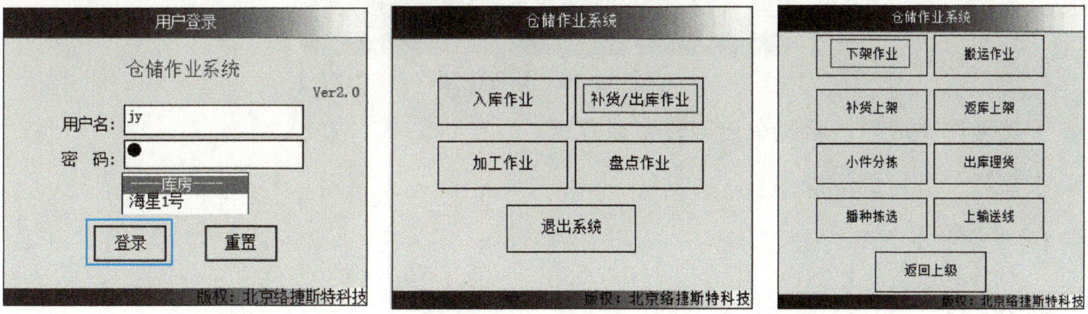

a）　　　　b）　　　　c）

图3-2-7　进入补货下架作业

点击【下架作业】。从设备暂存区取出叉车，行驶至托盘货架区。根据手持终端提示采集“托盘标签”信息，如图3-2-8所示。

信息采集成功后，手持终端系统自动显示默认的“数量”和“储位标签”，如图3-2-9所示。

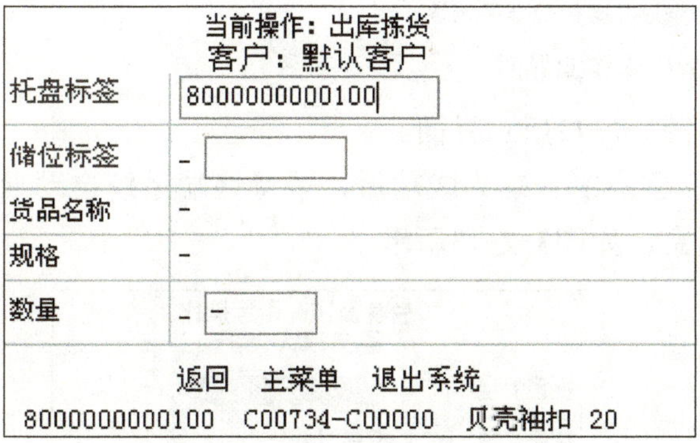

图3-2-8　采集“托盘标签”信息

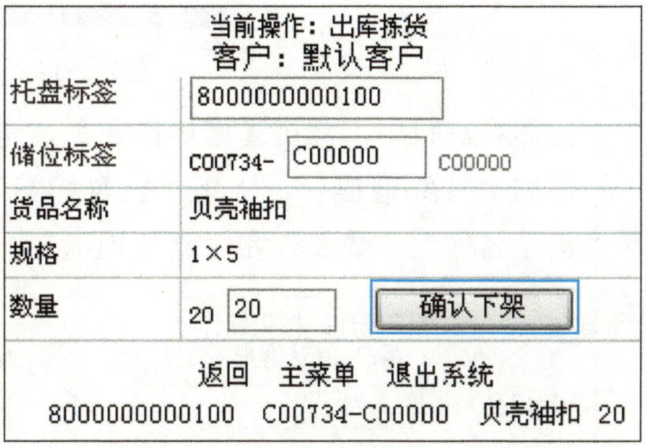

图3-2-9　采集储位标签信息并确认

根据手持终端提示的“储位标签”，采集储位信息，核对补货下架数量无误后，在图3-2-9中点击【确认下架】。手持终端中的待下架列表为空，证明货物已经下架完毕。

根据手持终端的提示信息，利用叉车将补货下架的货物从正确储存位下架，并搬运至托盘货架交接区，如图3-2-10所示。

图3-2-10　补货下架

下架操作完成后，将叉车放回设备暂存区。

步骤三：进行搬运操作

1．查看搬运操作信息

登录手持终端补货/出库作业界面，如图3-2-11所示。

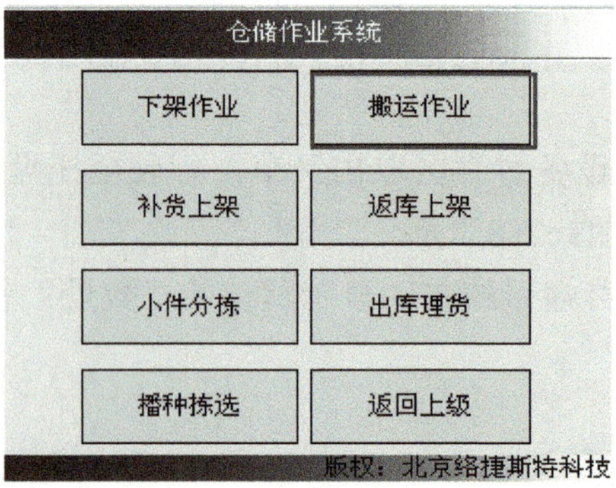

图3-2-11　补货/出库作业界面

在图3-2-11中，点击【搬运作业】，进入图3-2-12所示界面。

根据手持终端提示，采集“托盘标签”信息。信息采集成功后，手持终端系统自动显示“货品名称”“数量”和“到达地点”等信息，如图3-2-13所示。

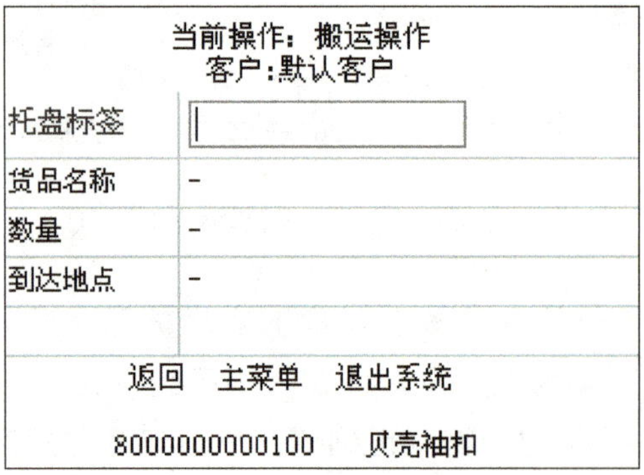

图3-2-12　补货搬运

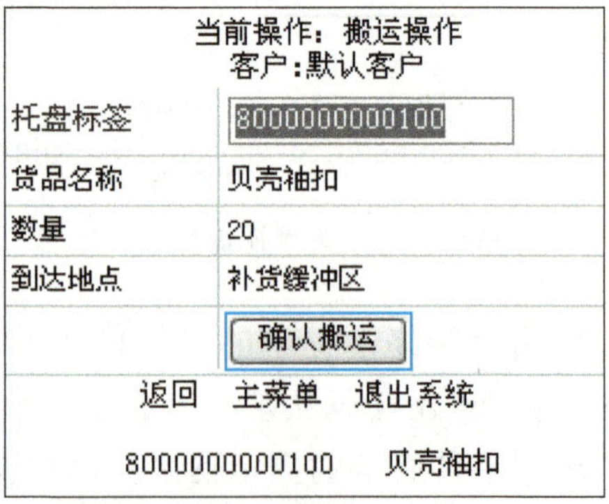

图3-2-13　采集托盘标签信息

在图3-2-13中，点击【确认搬运】，完成补货搬运操作。

2. 搬运操作

根据手持终端提示信息，将托盘货架交接区的货物搬运至补货暂存区，如图3-2-14所示。

步骤四：补货上架实施

1. 查看补货上架信息

登录手持终端，点击【补货/出库作业】，进入图3-2-15所示界面。

图3-2-14 搬运操作

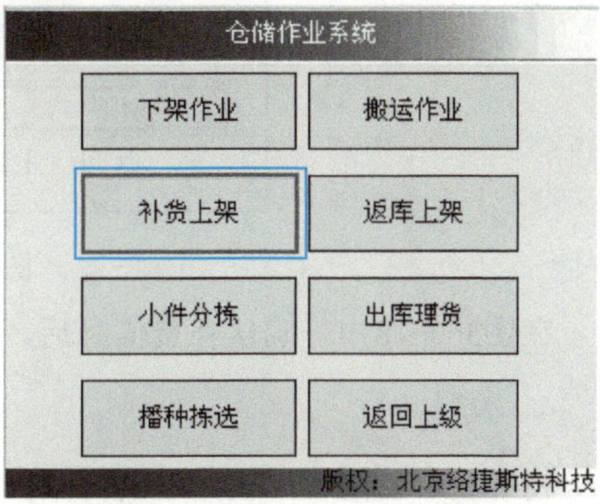

图3-2-15 补货/出库作业界面

在图3-2-15中，点击【补货上架】，进入图3-2-16所示界面。

利用手持终端扫描“货品条码”，信息采集成功后，如图3-2-17所示。

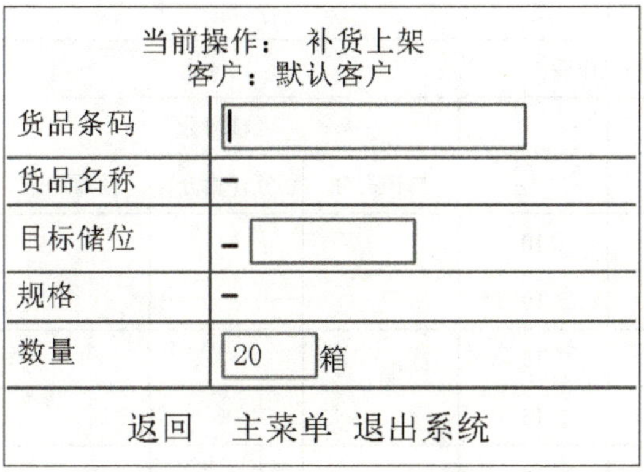

图3-2-16 补货上架

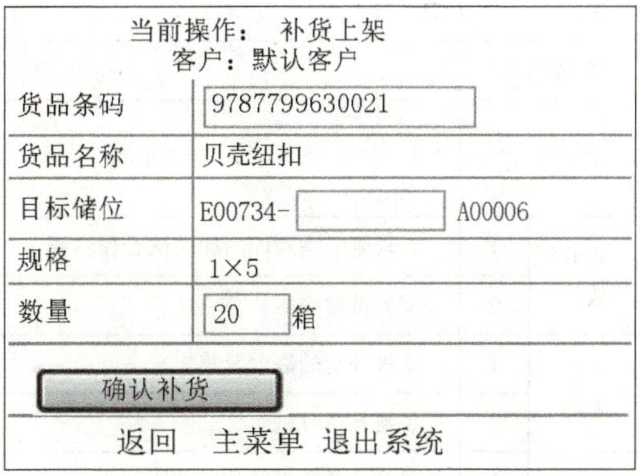

图3-2-17 采集货品条码信息

2. 上架操作

根据手持终端的提示信息，将货物摆放到电子货架区的E00734-A00006储位上。摆放时，应进行正确、规范的操作。

3. 补货上架信息确认

在图3-2-17所示界面中，扫描“目标储位”标签，信息采集成功后如图3-2-18所示。

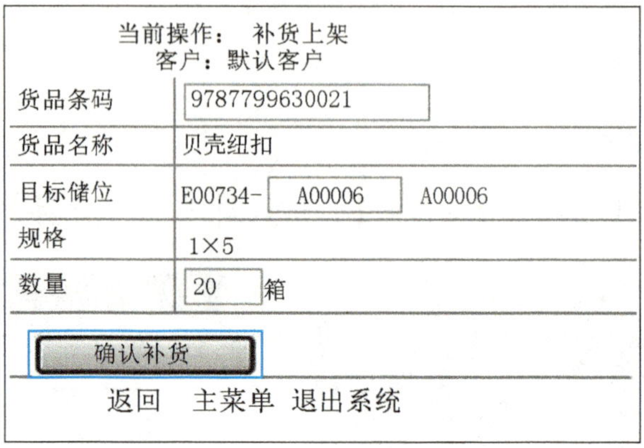

图3-2-18　确认补货

在图3-2-18中，确认补货信息后，点击【确认补货】，补货上架完成。

4. 设备归位

将补货作业过程中使用过的并未归位的设备进行归位。

至此，补货作业操作完成。

任务评价

组　别			组　员			
任务名称		补货作业				
考核内容		评价标准	参考分值	考核得分		
				自评得分	互评均分	教师评分
职业素养	1	有较强的沟通能力和团队合作精神	10			
	2	能够按时完成任务	10			
理论素养	1	掌握补货的概念及其定义	15			
	2	了解补货时机	15			
职业技能	1	了解几种常见的补货方式	15			
	2	能够利用仓储管理系统完成补货订单处理	15			
	3	能够根据补货作业单，用手持终端和手动液压车对目标储位完成补货作业	20			
小　计			100			
合计=自评得分×20%+互评均分×40%+教师评分×40%					教师签字	

任务拓展

情景模拟：超市近期的矿泉水促销活动导致矿泉水的出库量较大，为了保证矿泉水的及时出库，请同学们分别担任仓库主管、仓管员的角色，检查货架区矿泉水的库存数量，如果矿泉水缺货，对矿泉水进行补货作业。

任务三 移库作业

任务目标

1）掌握移库的定义及其流程。
2）了解移库的目的。
3）掌握货物转仓的概念及其方式。
4）能够熟悉移库的作业流程。
5）能够结合仓储管理系统完成移库作业。

任务发布

2019年4月23日，远通仓储配送中心仓管员李宁根据货物出入库频率对仓库内各储区的货物进行了优化管理，以提高出入库速度。根据货物的出入库频率，他决定将立体仓库区B10205储位名称为显示器（条码为9787798975703，数量为20箱）的货物移至托盘货架区A00002储位。《移库单》如表3-3-1所示。

表3-3-1 移库单

单号：L000012111				移库日期	2019年04月23日	
货物名称	条形码	源库位	目的库位	数量	单位	备注
显示器	9787798975703	立体仓库区 B10205	托盘货架区 A00002	20	箱	
总计				20		
制单人：李宁				仓库主管：		

仓管员李宁该如何完成本次移库作业呢？

任务资讯

一、移库的定义及其流程

物品移库是库内作业的一种，是根据需要进行调整库存储位的一种手段。移库作业流程如表3-3-2所示。

表3-2-2　移库作业流程

序　号	流　程	操作内容
1	打印移库单	信息系统对库内数据进行分析后，打印出移库单，交给移库作业人员
2	移库作业	移库作业人员凭移库作业单进行移库作业，并对完成的移库作业进行确认
3	调整储位	信息系统对确认过的移库作业进行储位信息的更新，完成移库作业

二、移库的目的

物品移库的主要目的如表3-3-3所示。

表3-3-3　移库的目的

序　号	目　的	内　容
1	优化储位	根据物品的周转率，对物品进行储位的移动，以优化库存结构
2	提高仓储效率	为了提高库内仓储效率，对不满一个托盘的物品进行拼盘作业，以提高储位的仓储效率

想一想

阅读文档“作业流程优化 让仓库管理效率提升一倍以上”（见教学资源），并回答下列问题：

1）阅读全文，说说流程优化注意事项有什么？

2）结合案例分析，谈谈该如何提高仓储效率？

三、货物的转仓

货物的转仓是货物存放地点的变动。某些货物由于业务上的需要，或由于货物不同特性的原因需要变更储存场所，从一个仓库（或仓位）转移至另一个仓库（或仓位）储存时，必须根据有关部门开具的《移库单》来组织货物出库。

转仓可分为内部转仓和外部转仓，内部转仓应填制仓储企业内部的《转仓单》，并据此发货；外部转仓则根据货主填制的货物《转仓单》结算和发货。

任务操作

步骤一：移库作业单处理

使用给定的用户名和密码登录“物流综合业务”系统。进入“仓储管理系统”，选择【移库作业】，进入“移库作业”列表，如图3-3-1所示。

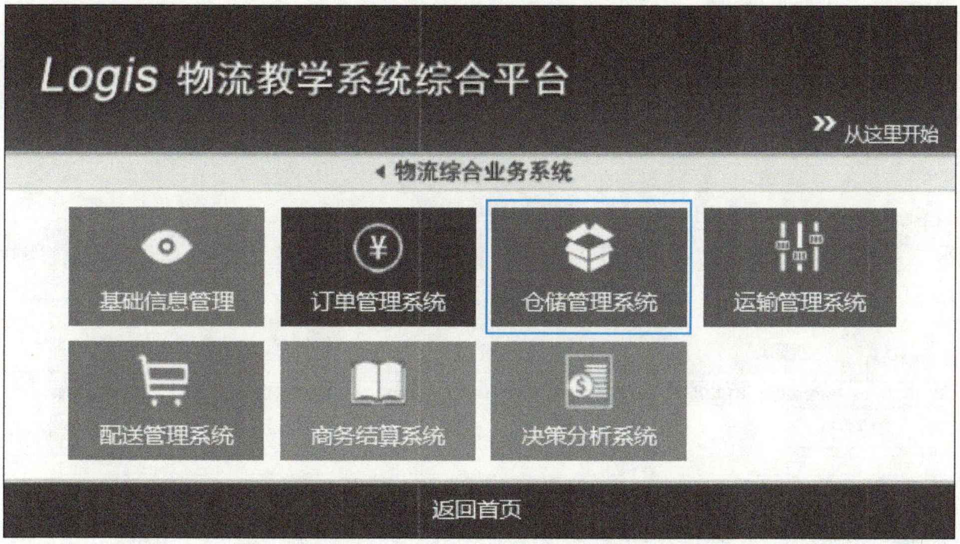

a）

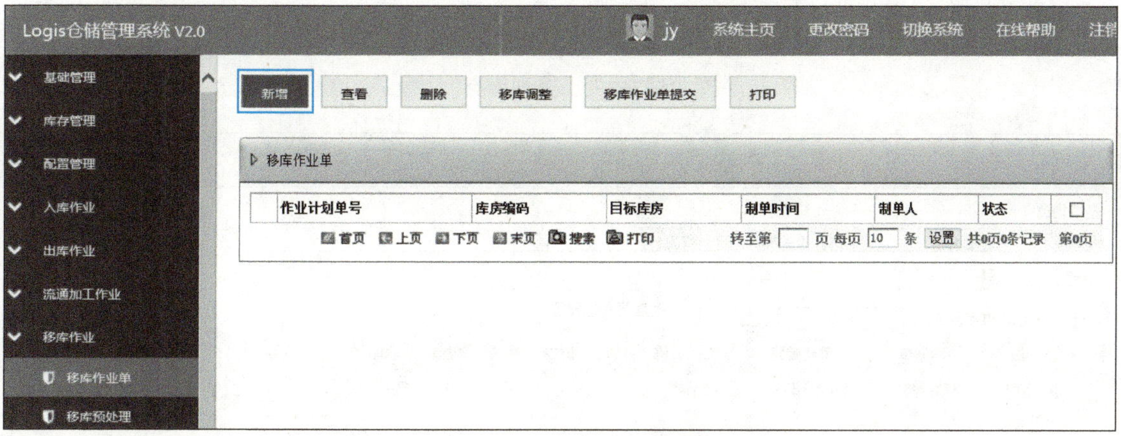

b）

图3-3-1　移库作业新增界面

点击图3-3-1b上方的【新增】按钮，进入到移库作业单填写界面。在“基本信息”中，填写“从库房”与“移至库房”。

在“源-库存条目”列表中，查询需要移库货品的库存情况：选择“客户”、选择正确的“区编码”和“储位编码”，点击【查询库存】，系统就会按查询条件过滤出可以移动的库存货品，如图3-3-2所示。

注意：在选择“源-库存条目”下的“区编码”时，要根据源储区的名称进行选择，即寻找储区名称为“立体仓库区”的区域。设定好储区后，直接寻找“B10205”储位即可。根据库存货品的数量确定移库量，点击图3-3-2中【↑】，将货品添加到“目标-已加入的移库条目”的列表中，如图3-3-3所示。

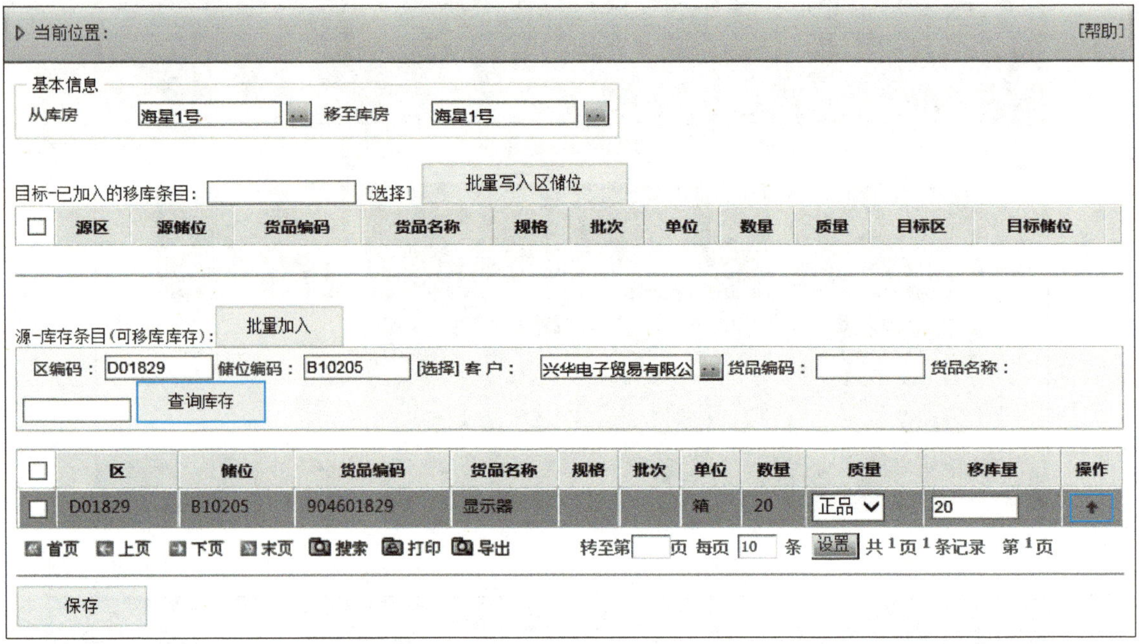

图3-3-2　查询库存

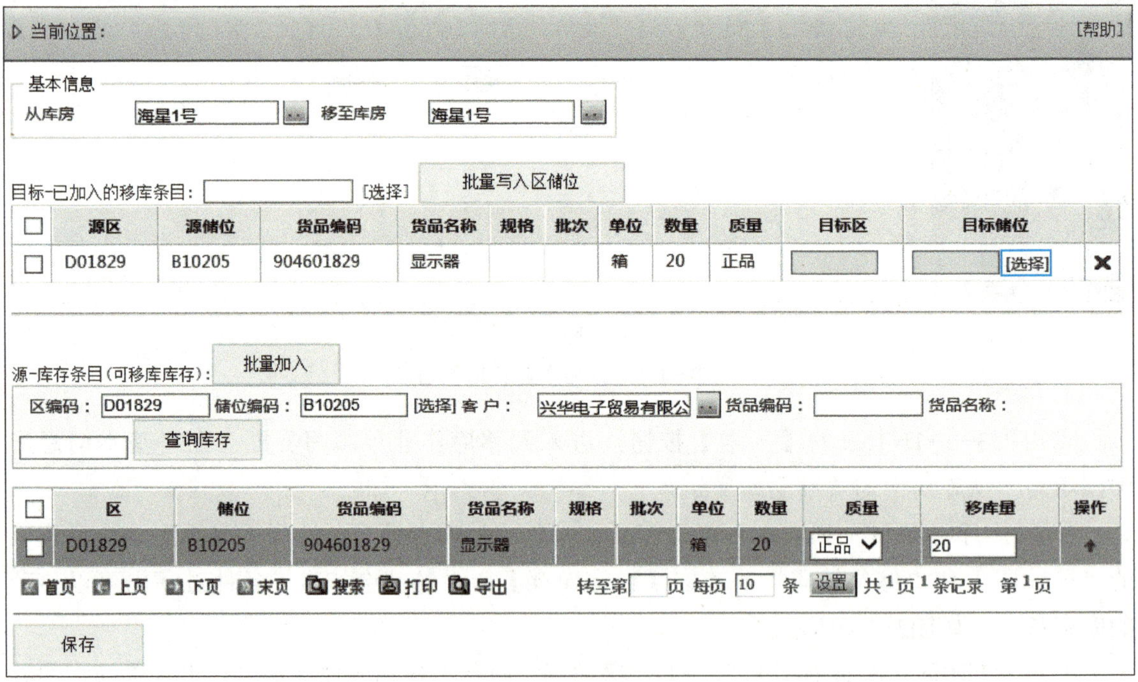

图3-3-3　移库列表

在图3-3-3中，点击【选择】，进入图3-3-4所示界面。

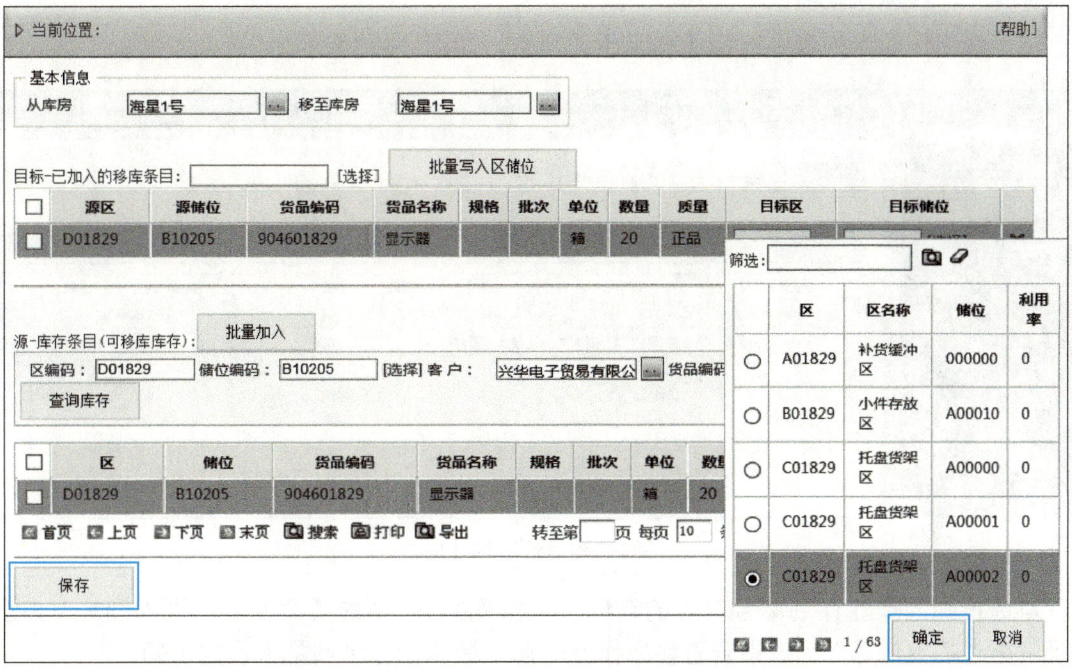

图3-3-4　选择移库目标区域

在图3-3-4中，确定移库的目标区域后，点击【保存】，进入图3-3-5所示界面。

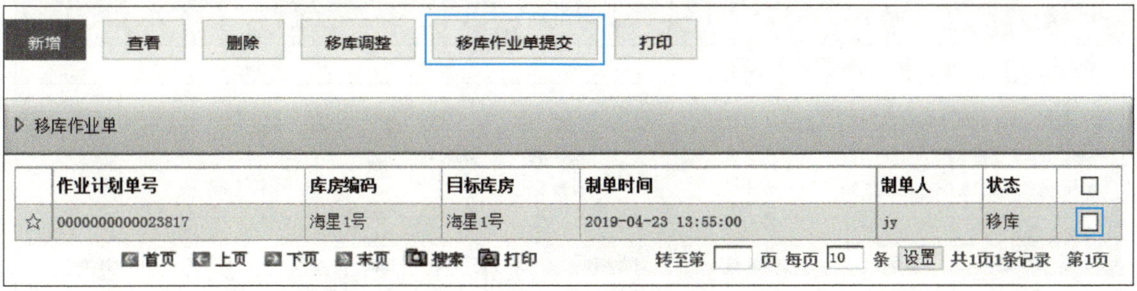

图3-3-5　生成移库作业单

勾选正确的作业计划单号对应的订单，点击图3-3-5中的【移库作业单提交】，进入图3-3-6所示界面。

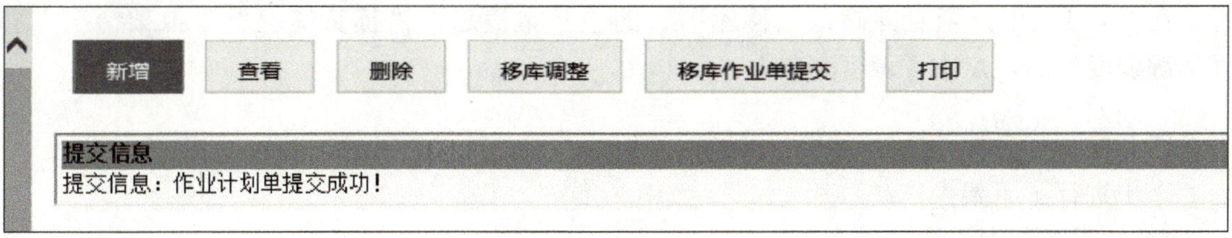

图3-3-6　提交移库作业单

步骤二：移库预处理

在“移库作业”列表中选择【移库预处理】，如图3-3-7所示。

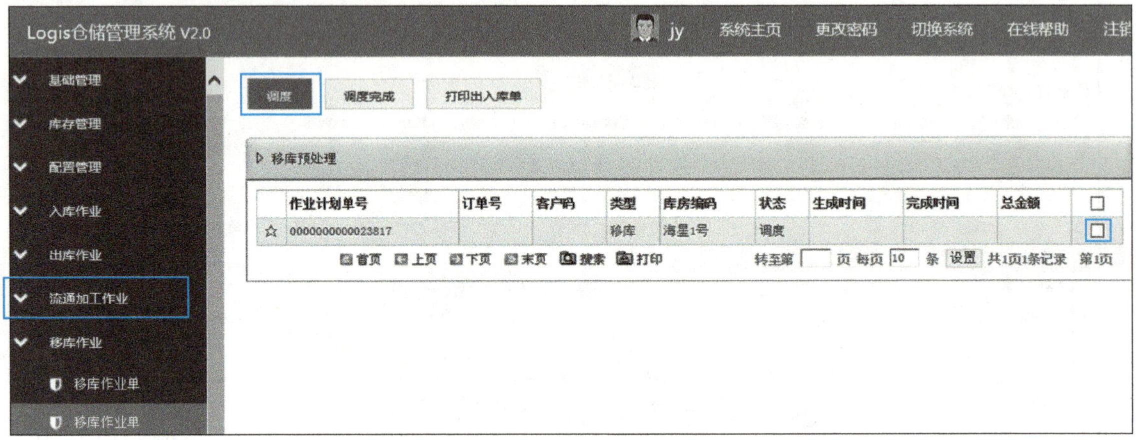

图3-3-7　移库预处理

勾选正确的作业计划单号对应的订单，点击图3-3-7中的【调度】，进入图3-3-8所示界面，在“基本信息”列表中查看移库作业的源区域和目标区域是否设定正确。

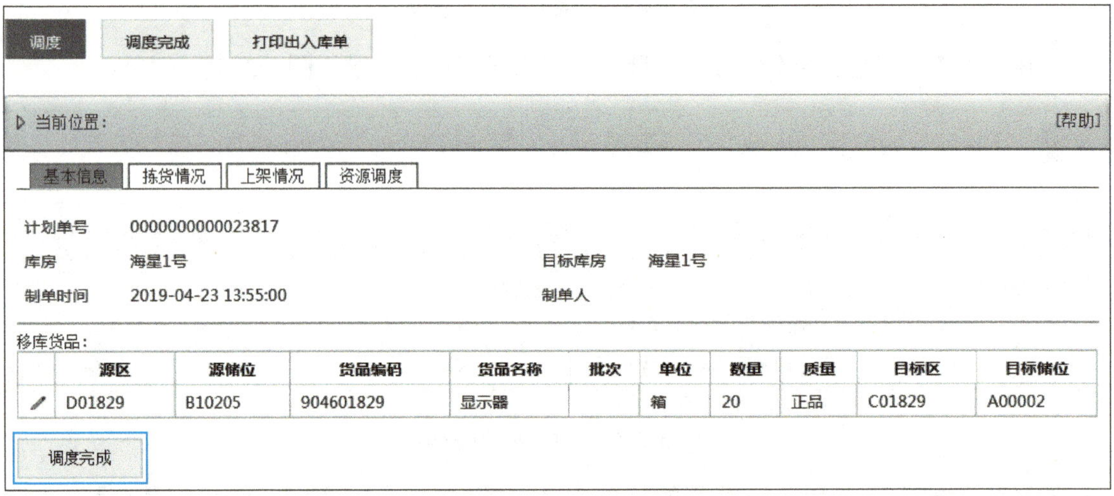

图3-3-8　调度信息

在图3-3-8中，查看并确认《移库单》的“基本信息”“拣货情况”“上架情况”和“资源调度”后，点击【调度完成】。

步骤三：下架作业

李宁进行了下架操作：

1）从设备暂存区取出堆高车；

2）将堆高车停放在“立体仓库区-B10205储位”前；

3）启动立体仓库，利用堆高车将“立体仓库区-B10205储位”的货物下架。

步骤四：搬运上架操作

完成下架操作后，他进行了搬运上架操作：

1）利用搬运车将货物搬运至托盘货架交接区；

2）利用堆高车将货物上架至“托盘货架区- A00002储位”。

步骤五：移库反馈

进入“仓储管理”系统，点击左侧任务栏中的【移库作业】，选择【移库反馈】，进入图3-3-9所示界面。

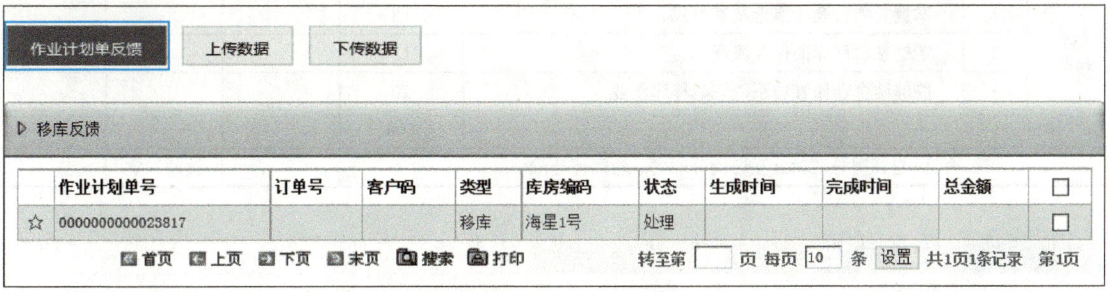

图3-3-9　移库反馈界面

勾选正确的作业计划单号对应的订单，点击图3-3-9中的【作业计划单反馈】，进入图3-3-10所示界面。

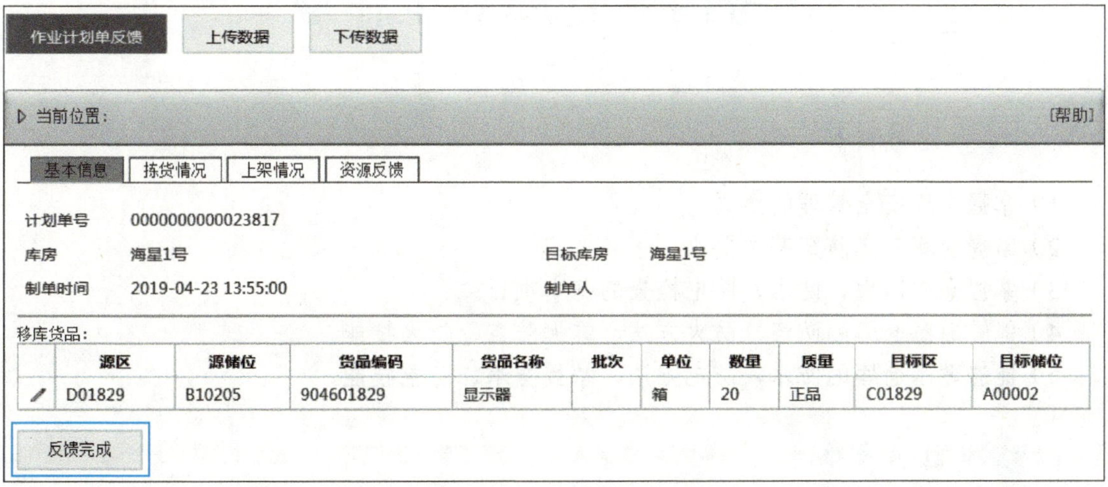

图3-3-10　反馈完成界面

在图3-3-10中，查看并确认《移库单》的“基本信息”“拣货情况”“上架情况”和“资源调度”后，点击【反馈完成】。

至此，移库作业操作完成。

任务评价

组别			组员			
任务名称		移库作业				
考核内容		评价标准	参考分值	考核得分		
				自评得分	互评均分	教师评分
职业素养	1	有较强的沟通能力和团队合作精神	10			
	2	能够按时完成任务	10			
理论素养	1	掌握移库的定义及其流程	15			
	2	了解移库的目的	15			
职业技能	1	掌握货物转仓的概念及其方式	15			
	2	能够熟悉移库的作业流程	15			
	3	能够结合仓储管理系统完成移库作业	20			
小计			100			
合计=自评得分×20%+互评均分×40%+教师评分×40%					教师签字	

任务拓展

情景模拟：仓库有5箱矿泉水需要从托盘货架区移到立体货架区。请同学们以小组为单位进行情景模拟，讨论具体的移库工具、移库流程和注意事项，形成报告进行汇报。

任务四　仓库安全作业

任务目标

1）掌握仓库安全管理的意义。
2）掌握仓库安全防盗基本要求。
3）掌握仓库防火、防水、防电检查的基本项目。
4）能够熟悉仓库的防盗、防火方法，掌握防盗、防火技能。
5）能够熟悉仓库的防水、防电方法，掌握防水、防电技能。

任务发布

2019年9月28日，临近十一黄金周，为了能够高效支持新华公司十一黄金周大卖场的销售，仓储主管冯丹安排曹璐对万通仓储Ⅱ号仓库进行一次安全检查。

此次检查的主要目的是确保仓库内储存货物在保管过程中不会再出现各种受损情况，提高仓库的防盗、防火、防水、防电能力，增强仓库的安全作业水平。

冯丹要求曹璐在28日当天完成Ⅱ号仓库防盗、防火、防水、防电安全检查。

任务资讯

一、仓库安全管理的意义

仓库安全管理（见图3-4-1）是仓库管理的重要组成部分。在仓库物资管理过程中，由于社会治安、意外事故以及仓库存储物资具有易燃、易爆、易腐蚀、有毒等不安全因素，使得仓储管理中存在较大的危险。一旦发生安全事故，将可能造成人员伤亡和物资的大量损失。

因此，仓库安全管理的基本任务是发现、分析和消除仓库物资管理过程中的危险，维持仓库内安定局面和员工人身安全，保护仓库中人、物不遭受破坏、损害和损失，并在一定条件下取得最佳的经济效益和社会效益。仓库安全工作涉及内容包括防盗、防火、防水、防电等。

仓库安全管理制度

一、仓库管理实行安全生产责任制，仓库人员应做好防火、防水、放电、防盗、防冻等项工作。

二、库区设置“严禁烟火”标志，禁止吸烟、用火、燃放爆竹等，仓库人员应经常保持库区周围清洁。

三、加强安全防火知识教育，提高安全防火意识，实施安全消防组织。安全消防组织应分工明确、责任到人。仓库人员熟练掌握消防器材操作技能，能处理应急性事故。

四、仓库安全管理应做到“四不”和“十防”。“四不”，即不短缺、不损坏、不变质和不同物资品种规格不混淆；“十防”，即防尘、防震、防晒、防火、防水、防电、防盗、防爆、防腐和防变质。

五、仓库内不准使用易燃材料。

六、严格执行人员、车辆进出库制度，非仓库人员和车辆不准无故进入。

万通仓储配送有限公司

图3-4-1　仓库安全管理

想一想

阅读文档“聚焦危险化学品仓储物流安全，仓储行业应做好哪几方面？”（见教学资源），并回答下列问题:

1）查阅网上资料，说说危险化学品指什么？

2）结合案例及所学知识分析，危险化学品的仓储该如何做好？

二、仓库的防盗

仓库防盗的基本要求有：

1）仓管员对出入仓库人员的身份进行确认，做好记录；外部人员进入仓库，需要开立证明。

2）物资出库作业时，仓管员应注意现场作业情况，观察作业人员的行为举止，防止作业人员将物资夹带出去。

3）严格执行各类物资的入库、领用、借用、归还、清退、交换和核对制度。

4）严格执行仓库出入库检验制度，出入库货物上应注明品名、规格和数量，确认单、物相符后方可放行。

5）每天检查仓库的防盗设施设备情况，如有损坏，及时修缮。

6）每天下班后，将所有门窗关闭。

三、仓库的防火

1）非仓库管理人员，不得进入库房。

2）不准将火柴、打火机、纸烟带入库房。

3）库内不准用煤炉或电炉取暖。

4）库内不准明火作业（特殊情况下，明火作业需领导批准）。

5）库内照明要穿管布线，不准私自拉临时线，发现电路故障应及时排除。

6）仓库周围不准堆放易燃、易爆物品。

7）库内要有明显的严禁烟火标志牌。

8）仓库照明要做到人走灯灭。

9）易燃、易爆等化学物品要与其他物品分开存放。

10）库内要有良好的安全通信设施。

11）下班时切断电源，关好门窗，进行防火检查。

12）物品码放要整齐，基础要牢靠，上方摆轻摆正；两人以上作业要互相确认，单人作业要做好自我保护。

13）库内要备好足够的灭火器，仓库管理人员随时检查并学会使用消防器材。

仓库防火的日常检查主要包括电气设备、器械、火源、存储规范等，详见表3-4-1。

表3-4-1 仓库防火检查一览表

序号	防火检查项目	具体检查内容	相关文件
1	电气设备	检查用电负荷、电线等	电气设备位置图
2	器械	叉车进入库区是否有防护罩；仓库是否存在易产生火花的工具；器械是否在仓库内修理等	器械检查记录、器械使用规范
3	火源	易燃物是否及时清理；库区是否使用明火等	火源检查记录
4	存储规范	易燃物资是否被隔离；易燃物资是否出现跑、冒、滴、漏等现象；灯具与物资的距离是否适宜等	存储检查记录

四、仓库的防水

仓库安全管理中要积极进行仓库防水工作，防止货物受潮或受水浸泡，具体检查内容如表3-4-2所示。

表3-4-2　仓库防水检查一览表

序　号	项　目	内　容
1	地面	地面是否存在积水现象；供水管道是否存在漏水现象；下水管道是否存在堵塞情况等
2	墙壁	墙壁防水材料是否脱落；墙壁是否有水珠出现等
3	顶棚	顶棚防水漆是否脱落；防雨布是否破损；顶棚是否有漏洞等

五、仓库的防电

仓库管理中要在日常进行电器检查、电路检查工作，确保线路正常运行，详见表3-4-3。

表3-4-3　仓库防电检查一览表

序　号	项　目	内　容
1	线路	插座与线头接口是否牢固；线路更新是否及时；临时线路设施是否合理；保险装置是否有效；电闸箱是否完好等
2	灯具	白炽灯使用寿命是否良好；应急灯状态是否良好等
3	电路设置	主电路设置是否合理；作业设备的电路设置是否符合要求；照明设备的电路设置是否合理；风扇的电路设置是否合理；预警线路连接是否正确；备用线路状态是否良好等
4	开关	主闸设置是否合理；区域电闸的设置是否合理；单个开关设置是否合理等
5	防静电作业	每日工作前是否接受静电检查；每日工作时是否佩戴防静电腕带；进入工作室时是否穿防静电服；易产生静电的地方是否粘贴、悬挂防静电标志；车辆打火时是否到指定区域进行；车辆作业时是否悬挂搭地铁链；地面是否防静电；作业时是否使用非金属材料工具等

任务操作

步骤一：检查并改善仓库防盗能力

万通仓储Ⅱ号仓库存储的新华公司的电子产品均为高价值商品，曹璐检查完现有防盗设施设备情况后，填写了《Ⅱ号仓库防盗设备情况一览表》，如表3-4-4所示。

表3-4-4　Ⅱ号仓库防盗设备情况一览表

序　号	设　备	数　量	完好程度	使用有效期	备　注
1	防盗门	2	完好	3年	
2	防盗门锁	4	完好	1年	
3	防盗窗	8	完好	3年	
4	监控设备	1	完好	5年	

万通仓储Ⅱ号仓库现有的防盗设备齐全，为了保障仓库在各种业务操作中能够有效执行防盗安全措施，曹璐查阅相关防盗知识，制定了Ⅱ号仓库防盗规定，如图3-4-2所示。

> **Ⅱ号仓库防盗规定**
>
> 1）仓管员对出、入仓库人员的身份进行确认，做好记录；外部人员进入仓库，需要开立证明；
>
> 2）严格执行各类货物的入库、领用、借用、归还、清退、交换和核对制度；
>
> 3）严格执行仓库出入检验制度，出入货物上应注明品名、规格和数量，确认单、物相符后方可放行；
>
> 4）货物出库作业时，仓管员应注意现场作业情况，观察作业人员举动，防止作业人员将物资夹带出去；
>
> 5）每天对照“Ⅱ号仓库防盗设施设备情况一览表”检查仓库的防盗设备情况，如有损坏，及时修缮。
>
> 6）每天下班后，仓管员负责将所有门窗关闭。
>
> 万通仓储配送有限公司

图3-4-2　万通仓储Ⅱ号仓库防盗规定

步骤二：检查并改善仓库防火能力

仓库防火需要从日常做起，主要包括：

（1）日常检查

仓管员从电气设备、器械、火源、存储规范等四个方面进行检查，确认是否存在火灾隐患，对易燃物资、电线线路等做重点检查。

（2）隐患处理

仓管员发现仓库某处有火灾隐患时，应立即进行处理，并上报上级。

（3）预防措施

仓管员在货物入库前，确定无火灾隐患后，方准入库；将使用过的油棉纱、油手套等纤维物品和可燃包装存放在安全地点，及时处理；冬季供暖时，散热器、供暖管道与存储货物的距离大于0.3m；清理库区的消防通道和仓库的安全出口，保证没有堆放物品。

（4）消防设置

曹璐认真检查Ⅱ号仓库的消防设备情况，发现Ⅱ号仓库设备完好、数量充足，检查完毕后填写《Ⅱ号仓库消防设备情况一览表》，如表3-4-5所示。

表3-4-5　Ⅱ号仓库消防设备情况一览表

序　号	设　备	配置数量	保养情况	报废年限	备　注
1	灭火器	10	完好	1年	
2	消防水桶	6	完好	1年	

（续）

序　号	设　备	配置数量	保养情况	报废年限	备　注
3	消火栓箱	6	完好	1年	
4	防火墙	4	完好	2年	
5	防火隔离带	4	完好	2年	
6	防火门	4	完好	2年	
7	消防应急灯	4	完好	2年	
8	消防应急包	5	完好	2年	

后续每次检查完成后，均需要填写该表。发现消防设备有坏损、缺少、过期等异常，务必及时更换并上报仓库主管。

步骤三：检查并改善仓库防水能力

在Ⅱ号仓库防水检查中，曹璐仔细检查了仓库地面、墙壁、顶棚三个地方，并填制了《Ⅱ号仓库防水情况一览表》，如表3-4-6所示。

表3-4-6　Ⅱ号仓库防水情况一览表

序　号	防水检查项目	具体检查内容	检查结果
1	地面	地面是否存在积水现象	无
		供水管道是否存在漏水现象	无
		下水管道是否存在堵塞情况	无
2	墙壁	墙壁防水材料是否脱落	无
		墙壁是否有水珠出现	无
3	顶棚	顶棚防水漆是否脱落	无
		防雨布是否破损	无
		顶棚是否有漏洞	无

可以看出，Ⅱ号仓库防水情况良好，后续进行防水安全检查时要以《Ⅱ号仓库防水情况一览表》的检查要求进行，并填写具体的检查结果。

步骤四：检查并改善仓库防电能力

在日常仓库管理中进行电器检查、电路检查工作，确保线路正常运行。因“电”的特殊性，建议仓库设置专业人员进行防电管理。

1. 防电管理预防

1）对燃点较低的货物，不准使用碘钨灯和超过60W的灯具高温照明，不准使用可燃材料做灯罩。

2）仓库内不能设置移动式照明灯具。

3）照明灯具垂直下方与储存物品水平间距离不得小于0.5m。

4）仓库内铺设的配电线路，需穿金属管或用非燃硬塑料管保护。

5）仓库内不准使用电炉、电烙铁、电熨斗等电热器具和电视机、电冰箱等家用电器。

6）设置防雷装置，并定期检测，保证有效。

7）仓库的电器设备，必须由持上岗证的电工进行安装、检查、维修和保养。

2. Ⅱ号仓库防电检查

为了安全起见，曹璐专门请万通仓储的电工张师傅协助进行了Ⅱ号仓库防电安全检查，自己做好记录，结果如表3-4-7所示。

表3-4-7 Ⅱ号仓库防电检查一览表

序号	防电检查项目	具体检查内容	检查结果
1	线路	插座与线头接口是否牢固	合格，安全
		线路更新是否及时	合格，安全
		临时线路设施是否合理	合格，安全
		保险装置是否有效	合格，安全
		电闸箱是否完好	合格，安全
2	灯具	白炽灯使用寿命是否良好	合格，安全
		应急灯状态是否良好	合格，安全
3	电路设置	主电路设置是否合理	合格，安全
		作业设备的电路设置是否符合要求	合格，安全
		照明设备的电路设置是否合理	合格，安全
		风扇的电路设置是否合理	合格，安全
		预警线路连接是否正确	合格，安全
		备用线路状态是否良好	合格，安全
4	开关	主闸设置是否合理	合格，安全
		区域电闸的设置是否合理	合格，安全
		单个开关设置是否合理	合格，安全
5	防静电作业	每日工作前是否接受静电检查	合格，安全
		每日工作时是否佩戴防静电腕带	合格，安全
		进入工作室时是否穿防静电服	合格，安全
		易产生静电的地方是否粘贴、悬挂防静电标志	合格，安全
		车辆打火时是否到指定区域进行	合格，安全
		车辆作业时是否悬挂搭地铁链	合格，安全
		地面是否防静电	合格，安全
		作业时是否使用非金属材料工具	合格，安全

从检查的结果来看，Ⅱ号仓库此次防电检查合格；后续需要定期进行防电检查，一旦发现异常，务必做好断电、隔离，请专业人员来处理并及时上报仓储主管。

任务评价

组　别			组　员			
任务名称		仓库安全作业				
考核内容		评价标准	参考分值	考核得分		
				自评得分	互评均分	教师评分
职业素养	1	有较强的沟通能力和团队合作精神	10			
	2	能够按时完成任务	10			
理论素养	1	掌握仓库安全管理的意义	15			
	2	掌握仓库安全防盗基本要求	15			
	3	掌握仓库防火、防水、防电检查的基本项目	15			
职业技能	1	能够熟悉仓库的防盗、防火方法，掌握防盗、防火技能	15			
	2	能够熟悉仓库的防水、防电方法，掌握防水、防电技能	20			
小　计			100			
合计=自评得分×20%+互评均分×40%+教师评分×40%					教师签字	

任务拓展

撰写心得体会：请同学们以小组为单位，搜集仓库安全类的新闻，根据调查资料，撰写“仓库安全作业心得体会”。

任务五　ABC分类库存管理

任务目标

1）掌握ABC分类库存管理的概念及其基本原理。

2）掌握ABC分类库存管理的实施步骤。

3）了解A、B、C各类物资的库存管理策略。

4）能够对库存物品进行ABC分类。

5）能够对A、B、C各类物资制定不同的库存管理策略。

任务发布

2019年8月18日，远通仓储配送中心接到物美超市采购部张经理的电话，要求对仓库中的10种商品进行ABC分类（见表3-5-1），对A类商品，实行重点管理；对B类商品，根据需要实行重点管理或一般管理；对C类商品实行一般管理。李宁作为仓库的仓管员，他该如何完成此次ABC分类工作呢？

表3-5-1　商品明细表

序　号	名　称	数量/个	单价/元
1	伞	20	20
2	纸巾	20	10
3	水桶	20	10
4	微波炉	10	680
5	保温杯	12	100
6	毛巾	10	20
7	浴巾	25	20
8	钥匙扣	15	10
9	搓澡巾	30	5
10	书	20	10

任务资讯

一、ABC分类库存管理的概念及基本原理

ABC分类库存管理法又称ABC分析法或重点管理法，是由意大利经济学家帕累托首创的，它是“关键的少数和次要的多数”的帕累托原理在仓储管理中的应用。ABC库存管理法就是强调对物资进行分类管理，根据库存物资的不同价值而采取不同的管理方法。基本点是将企业的物资分为A、B、C三类，将库存物资按品种和占用资金的多少分为非常重要的物资（A类）、一般重要的物资（B类）和不太重要的物资（C类），然后针对不同重要级别分别进行管理与控制。其核心是“分清主次，抓住重点”。

ABC库存分类法的基本原理是：由于各种库存物资的需求量和单价各不相同，其年耗用金额也各不相同。那些年耗用金额大的库存物资，由于其占压企业的资金较大，对企业经营的影响也较大，因此需要进行特别的重视和管理。ABC库存分类法就是根据库存物资的年耗用金额的大小，把库存品划分为A、B、C三类。A类库存物资：其年耗用金额占总库存金额的60%～80%，其品种数却只占总库存品种数的5%～15%；B类库存物资：其年耗用金额占总库存金额的20%～30%，其品种数占总库存品种数的20%～30%；C类库存物资：其年耗用金额占总库存金额的5%～15%，其品种数却占总库存品种数的60%～80%。ABC分类标准如表3-5-2所示。

表3-5-2　ABC分类标准表

类　别	物资品种数占总物资品种数的比重	年耗用资金占总库存资金的比重
A	5%～10%	60%～80%
B	20%～30%	20%～30%
C	60%～80%	5%～15%

二、ABC库存分类管理法的实施步骤

1. 收集数据

按分析对象和分析内容，收集有关数据。拟对库存物品的平均资金占用额进行分析，以了解哪些物资占用资金多，以便实行重点管理。应收集的数据包括每种库存物资的平均库存量、每种物资的单价等。

2. 处理数据

对收集来的数据资料进行整理，按要求计算和汇总。

3. 制ABC分析表

ABC分析表即对收集的数据进行加工，分别按照物品名称、数量、单价、库存金额、库存数量百分比、库存数量累计百分比、库存金额百分比、库存金额累计百分比、分类结果进行制表分析。ABC库存分析表如表3-5-3所示。

表3-5-3 ABC库存分析表

物品名称	数量	单价	库存金额（元）	库存数量百分比（%）	库存数量累计百分比（%）	库存金额百分比（%）	库存金额累计百分比（%）	分类结果
合计								

4. 根据ABC分析表确定分类

根据ABC分析表确定分类。按ABC分析表，将库存数量累计百分比为5%～15%而库存金额累计百分比为60%～80%左右的物品，确定为A类；将库存数量累计百分比为20%～30%，而库存金额累计百分比也为20%～30%的物品，确定为B类；其余为C类，C类情况正和A类相反，其库存数量累计百分比为60%～80%，而库存金额累计百分比仅为5%～15%。

5. 绘ABC分析图

以库存数量累计百分比为横坐标，以库存金额累计百分比为纵坐标，在坐标图上取点，并连结各点，则绘成图3-5-1所示的ABC曲线。按ABC分析曲线对应的数据，确定A、B、C三个类别，在图上标明A、B和C，则制成ABC分析图。

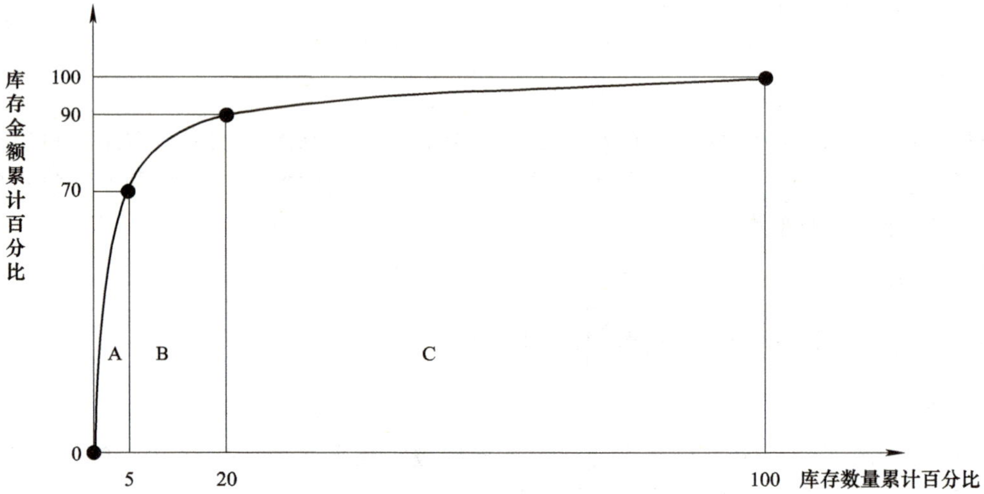

图3-5-1 ABC库存分析示例图

三、A、B、C各类物资不同的管理策略

ABC分析的结果，明确了物资的类型。但是，ABC分析主要目的在于解决问题，因此，在分析的基础上必须提出物资管理策略，才真正达到ABC分析的目的。

1. A类物资管理策略

A类物资库存数量少，但占用库存金额多，是企业非常重要的物资，要重点管理。

1）按照需求、小批量、多批次地采购入库，最好能做到准时制管理。

2）与供应商建立良好的合作关系，力求供应商供货平稳，降低物资供应变动，保证物资及时供给。

3）科学设置最低定额、安全库存和订货点报警点，防止缺货的发生。

4）严格执行物资盘点制度，定期检查，严密监控，尽可能提高库存物资精度。货位处于物流出口。

5）加强物资维护和保管，保证物资的使用质量。

2. B类物资管理策略

B类物资库存数量和库存金额都处于A类与C类之间，是企业一般重要的物资，可以采取比A类物资相对简单而比C类物资相对复杂的管理方法，即常规管理方法。

采用定量订货方式，但对前置时间较长，或需求量有季节性变动趋势的物资宜采用定期订货方式，每二或三周盘点一次，中量采购。

3. C类物资管理策略

C类物资库存数量多，但库存资金额少，是企业不太重要的物资，可以采取粗放管理的方法。

1）大量采购，获得价格上的优惠。由于所消耗金额非常小，即使多储备，也不会增加太多金额。

2）减少物资的盘点次数，对部分数量很大、价值很低的物资不纳入日常盘点范围，并规定物资最少出库的数量，以减少物资出库次数。对于积压物资和不能发生作用的物资，应该每周向公司决策层通报，及时清理出仓库。

3）为避免缺货现象，可以适当提高物资库存数量，减少订货次数，增加订货批量和安全库存量，减少订货费用。

按ABC分析结果，再权衡管理力量与经济效果，对三类库存物资进行有区别的管理，ABC三类物资库存管理策略如表3-5-4所示。

表3-5-4 ABC三类物资库存管理策略

类别	A类物资	B类物资	C类物资
价值	高	中	低
管理重点	1. 准确的需求预测和详细的采购计划 2. 严格的库存控制 3. 严格的物流控制和后勤保障 4. 对突发事件的准备 5. 供应商的合作	1. 供应商的选择 2. 建立采购优势 3. 目标价格管理 4. 订购批量优化 5. 保持最小库存 6. 供应商的竞争与合作	1. 物资标准化 2. 订购批量优化 3. 库存优化 4. 提高业务效率 5. 供应商的竞争与合作
订货量	少	较多	多
订货方式	定期、定量、小批量订货	定量订货	按经验订货，可采用双堆法管理库存
检查方式	经常检查和盘存	一般检查和盘存	按年度或季度检查和盘存
记录	最准确、最完整	正常记录	简单记录
统计方法	按品种规格等细项进行统计	按大类进行统计	按金额进行统计
保险储备量	较大	允许较高	低

想一想

阅读文档“ABC-VED管理法，让医院物资库存管理更加精细化！”（见教学资源），并回答下列问题：

1）分析案例，描述库存关键指标有哪些？

2）简述ABC-VED管理法和ABC管理法的区别。

任务操作

步骤一：处理数据

计算每种商品的总价值表，如表3-5-5所示。

表3-5-5　每种商品的总价值表

商品序号	商品总价值	商品序号	商品总价值
1	20×20=400元	6	10×20=200元
2	20×10=200元	7	25×20=500元
3	20×10=200元	8	15×10=150元
4	10×680=6 800元	9	30×5=150元
5	12×100=1 200元	10	20×10=200元

采购商品总金额为：

400+200+200+6 800+1 200+200+500+150+150+200=10 000元。

步骤二：制ABC分析表

计算10种库存商品的库存数量百分比、库存数量累计百分比、库存金额百分比和库存金额累计百分比，在商品采购明细表的基础上，绘制库存商品数据整理表（见表3-5-6）。在绘制表时，要按照商品总价从高到低排序；当总价相等时，再由商品单价从高到低排序。

表3-5-6　库存商品数据整理表

商品序号	数量	单价	库存金额（元）	库存数量百分比（%）	库存数量累计百分比（%）	库存金额百分比（%）	库存金额累计百分比（%）
4	10	680	6 800	5.5	5.5	68	68
5	12	100	1 200	6.6	12.1	12	80
7	25	20	500	13.7	25.8	5	85
1	20	20	400	11	36.8	4	89
6	100	20	200	5.5	42.3	2	91
2	20	10	200	11	53.3	2	93
3	20	10	200	11	64.3	2	95
10	20	10	200	11	75.3	2	97
8	15	10	150	8.2	83.5	1.5	98.5
9	30	5	150	16.5	100	1.5	100
合计	182	-	10 000	100	-	100	-

步骤三：进行ABC分类

根据库存商品ABC分类表中库存数量累计百分比和库存金额累计百分比，参考A类、

B类、C类商品的分类原则，对物美超市所要求的库存10种商品进行分类，ABC分类表如表3-5-7所示。

表3-5-7　ABC分类表

商品序号	数量	单价（元）	库存金额（元）	库存数量百分比（%）	库存数量累计百分比（%）	库存金额百分比（%）	库存金额累计百分比（%）	分类结果
4	10	680	6 800	5.5	5.5	68	68	A
5	12	100	1 200	6.6	12.1	12	80	A
7	25	20	500	13.7	25.8	5	85	B
1	20	20	400	11	36.8	4	89	B
6	100	20	200	5.5	42.3	2	91	C
2	20	10	200	11	53.3	2	93	C
3	20	10	200	11	64.3	2	95	C
10	20	10	200	11	75.3	2	97	C
8	15	10	150	8.2	83.5	1.5	98.5	C
9	30	5	150	16.5	100	1.5	100	C
合计	182	-	10 000	100	-	100	-	-

步骤四：绘制ABC库存分析图

根据以上计算的数据以及进行的分类，绘制ABC库存分析图如图3-5-2所示。

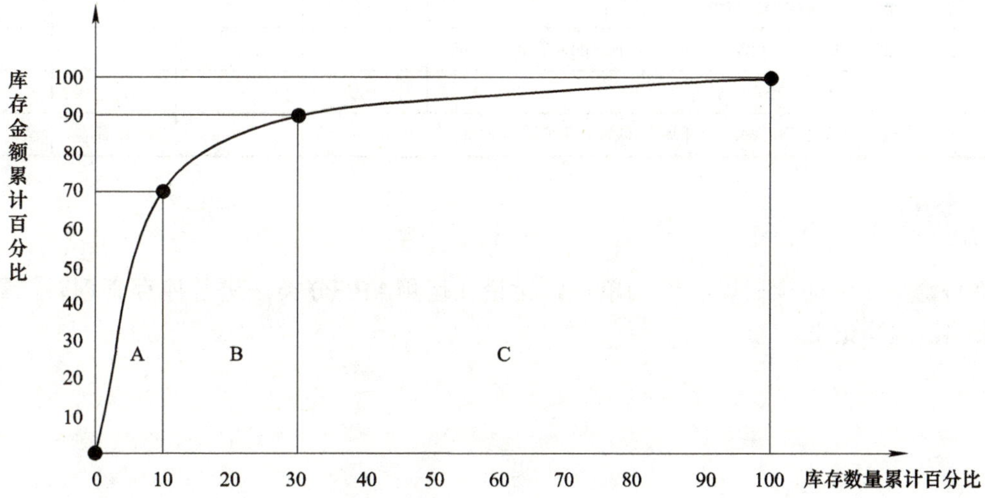

图3-5-2　ABC库存分析图

步骤五：制定ABC管理策略

根据ABC分析结果，再权衡管理力量与经济效果，对三类库存商品进行有区别的管理，具体方法如表3-5-8所示。

表3-5-8　不同库存商品的管理策略

库存类型	管理方法
A	进行重点管理。应严格控制其库存储备量、订货数量、订货时间。在保证需求的前提下，尽可能减少库存，节约流动资金。现场管理要更加严格，应放在更安全的地方；为了保持库存记录的准确，要经常进行检查和盘点；预测时要更加精细
B	进行次重点管理。现场管理不必投入比A类更多的精力；库存检查和盘点的周期可以比A类长一些
C	只进行一般管理。现场管理可以更粗放一些；但是由于品种多，差错出现的可能性比较大，因此也必须定期进行库存检查和盘点，周期可以比B类长一些

任务评价

组别			组员			
任务名称		ABC分类库存管理				
考核内容		评价标准	参考分值	考核得分		
				自评得分	互评均分	教师评分
职业素养	1	有较强的沟通能力和团队合作精神	10			
	2	能够按时完成任务	10			
理论素养	1	掌握ABC分类库存管理的概念及其基本原理	15			
	2	掌握ABC分类库存管理的实施步骤	15			
	1	了解A、B、C各类物资的库存管理策略	15			
职业技能	2	能够对库存物品进行ABC分类	15			
	3	能够对A、B、C各类物资制定不同的库存管理策略	20			
小　计			100			
合计=自评得分×20%+互评均分×40%+教师评分×40%					教师签字	

任务拓展

撰写论文：请同学们以小组为单位，讨论在运用ABC分类法进行库存管理时，需要注意的事项，撰写论文。

项目内容

项目四　出库作业实务

任务一　出库订单处理

任务目标

1）掌握出库单的概念。
2）掌握出库单证的流转。
3）掌握出库作业的基本要求。
4）能够在物流综合业务系统中录入出库订单。
5）能够在物流综合业务系统中生成作业计划并打印出库单。

任务发布

2019年4月30日上午，新华电子贸易有限公司以电话的形式通知万通仓储的仓储主管冯丹，下午19:30之前准备好出库20箱吸尘器，收货人国美电器（代码：SHR501829）的提货员会来库房提货。

冯丹根据客户的提货申请填写了《出库通知单》，如表4-1-1所示。

表4-1-1　出库通知单

仓库名称：Ⅱ号仓库　　　　2019年4月30日

批次		14015					
采购订单号		20190430001					
客户指令号		2019043001		订单来源	电话		
客户名称		新华电子贸易有限公司		质量	正品		
出库方式		客户自提		出库类型	正常		
序号	条码	名称	单位	规格（mm）	申请数量	实收数量	备注
1	9787799912707	吸尘器	箱	450×300×200	20		
合计					20		

（备注：第一联仓库留存；第二联财务留存；第三联仓库记账）

提货员：　　　　仓管员：

冯丹要求曹璐根据《出库通知单》先完成该客户自提业务的出库订单处理并打印《出库单》以备出库理货、出库交接使用。曹璐该如何完成本次任务呢？

任务资讯

一、出库单概述

仓库发货环节主要通过出库单记录和管理数据。出库单可以分成销售出库单、材料出库单、其他出库单等，如图4-1-1所示。销售出库单是指对外发生销售业务，将货物发送给客户方时所填制的出库单据。材料出库单是指生产领用材料时所填制的出库单据。其他出库单通常是处理销售和生产领料以外的其他事项，如行政部门领用非生产、非销售用材料等。

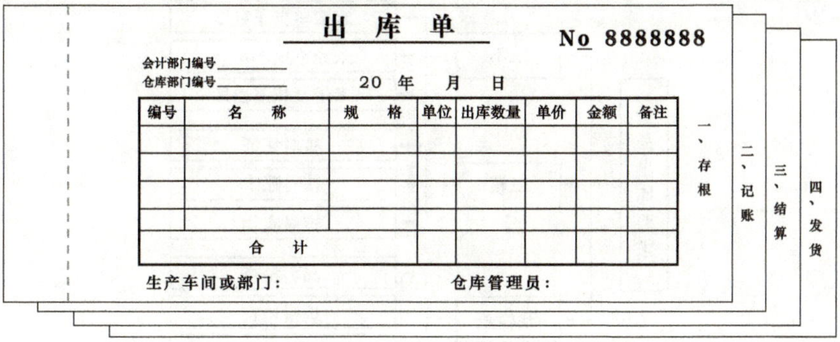

出库单　No 8888888

会计部门编号____
仓库部门编号____　20　年　月　日

编号	名　称	规　格	单位	出库数量	单价	金额	备注
合　计							

生产车间或部门：　仓库管理员：

一、存根　二、记账　三、结算　四、发货

图4-1-1　出库单

二、出库单证的流转

出库单证主要是指提货单，它是向仓库提取货品的正式凭证。在仓储企业中，货品出库的主要有用户自提和送货两种不同方式。

1. 自提方式下的出库单证流转

自提是提货人持提货单来仓库提货的出库形式。账务人员在收到提货单后，经审核无误，向提货人开具货品出门证，出门证上列有每张提货单的编号。出门证的第一联交给提货人，账务人员将根据出门证的另一联和提货单在货品明细账的出库记录栏内登账，并在提货单上签名，批注出仓吨（件）数和结存吨（件）数，将提货单传给仓管员发货。提货人凭出门证向发货员领取所提商品，待货付讫，仓管员应盖付讫章并签名，同时将提货单返回账务人员。提货人凭出门证提货出门，并将出门证交给门卫。

2. 送货方式下的出库单证流转

在送货方式下，一般是采用先发货后记账的形式。提货单随同送货单经内部流转到仓库后，一般是直接送给理货员，而不先经过账务人员。理货员接单后，经过理单、编写储区代号，分送给仓管员发货，待货发讫后再交给账务人员记账。其他出库方式的单证流转与账务处理过程也基本相同。

想一想

阅读文档“出库单及增值税发票的认定”（见教学资源），并简述案例中主要争议的内容。

三、出库作业的基本要求

货品出库依据货主开的《货品调拨通知单》进行。不论在任何情况下，仓库都不得擅自动用、变相动用或外借货主的库存商品。《商品调拨通知单》的格式不尽相同，不论采用何种形式，都必须是符合财务制度要求的、有法律效力的凭证。应避免凭信誉或无正式手续的发货。货品出库要求见图4-1-2。

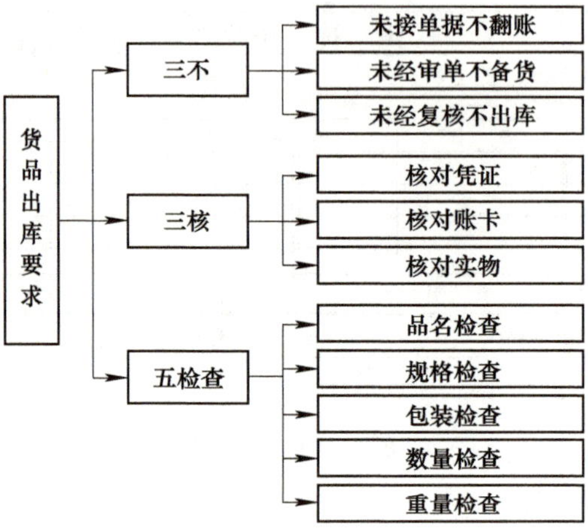

图4-1-2　货品出库要求

1. 凭证发货

货品出库必须按规定程序进行，领料提货单据必须符合要求。“收有据、出有凭”是货品收发的重要原则，凭证发货就是指货品出库必须凭正式单据和手续。

2. 坚持先进先出原则

在保证货品使用价值不变的前提下，坚持先进先出原则。同时要做到保管条件差的先出；包装简易的先出；容易变质的先出；有保管期限的先出；回收复用的先出。

3. 做好发放准备

为使货品得到合理使用，及时投产，必须快速、准确发放。为此，必须做好发放的各项准备，如化整为零、备好包装、复印资料、组织搬运人力、准备好设备工具等。

4. 及时记账

货品发出后，应随即在货品保管账上核销，并保存好发料凭证。

5. 保证安全

在货品出库作业时，要注意安全操作，防止损坏包装和震坏、压坏、摔坏货品。要保证运输安全，做到货品包装完整，捆扎牢固，标志正确清楚，性能不互相抵触，避免运输差错和损坏货品的事故。同时也要保证货品质量安全。仓库人员必须经常注意货品的安全保管期限等，对已变质、已过期失效、已失去原使用价值的货品不允许分发出库。

任务操作

步骤一：登录信息系统

曹璐登录到“物流综合业务系统”下的“订单管理系统”，如图4-1-3所示。

图4-1-3　物流综合业务系统

进入“订单管理系统”，订单处理主要操作功能按钮如图4-1-4所示。

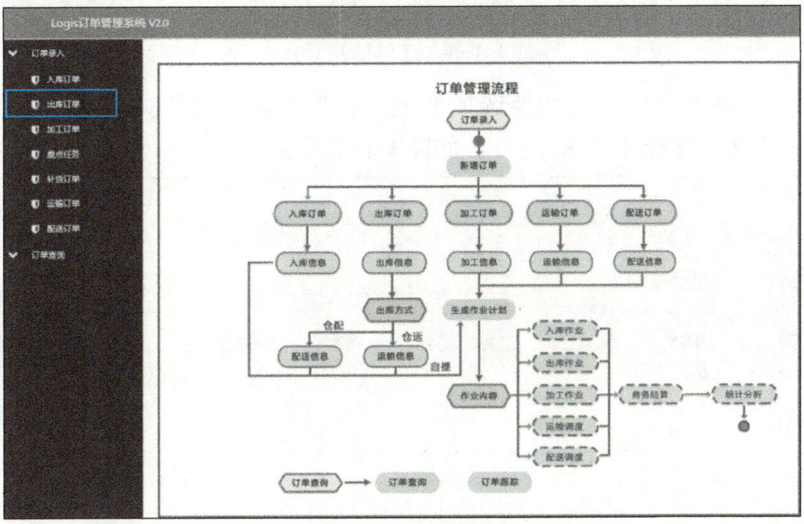

图4-1-4　订单处理主要操作功能按钮

步骤二：录入出库订单

曹璐点击图4-1-4中的【出库订单】，进入图4-1-5所示界面。

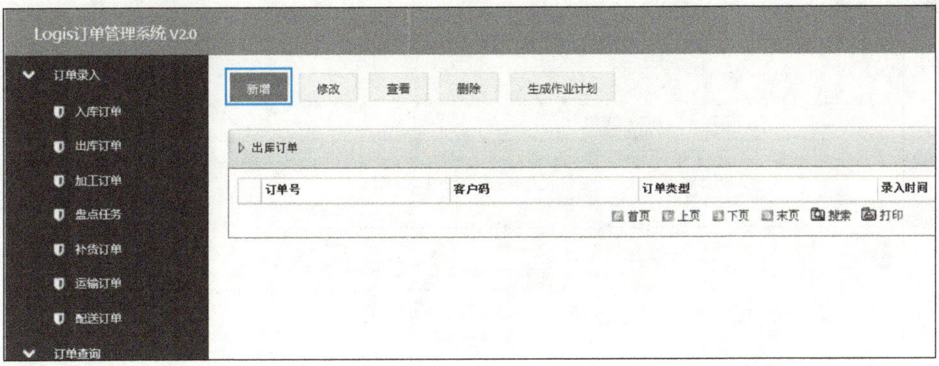

图4-1-5　新增出库订单

点击图4-1-5中的【新增】按钮，进入“出库订单维护”界面。在“订单信息”选项卡中，录入“客户码”“采购订单号”“客户指令号”“客户收货人”等信息，如图4-1-6所示。

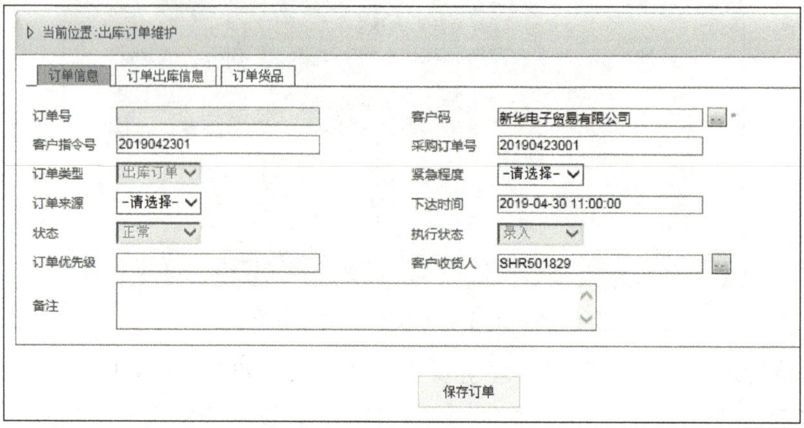

图4-1-6　订单信息录入

“订单信息”录入完毕后，切换选项卡至“订单出库信息”，录入“库房”“出库方式”“出库类型”和“预计出库时间”，如图4-1-7所示。

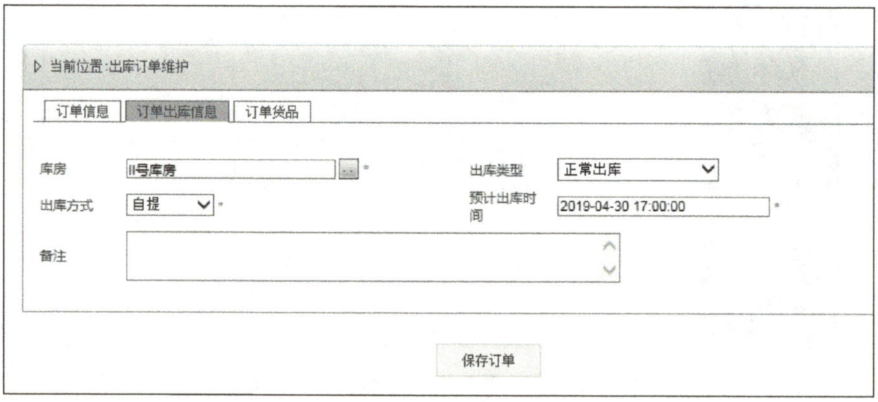

图4-1-7　订单出库信息录入

“订单出库信息”录入完毕后，切换到“订单货品”选项卡，录入出库商品的具体信息，如图4-1-8所示。

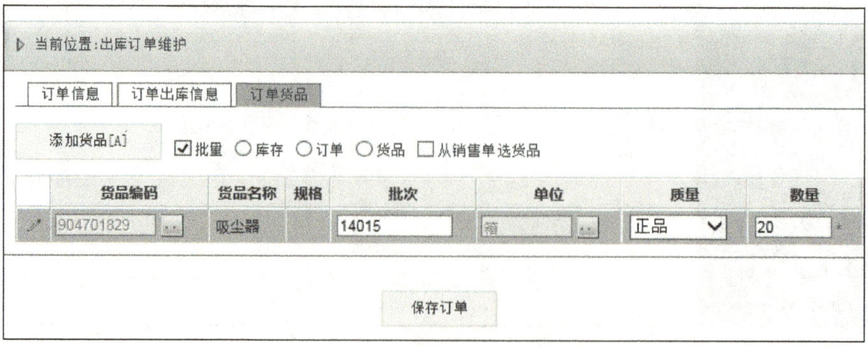

图4-1-8　订单货品信息录入

“订单货品”录入完毕之后，点击图4-1-8中的【保存订单】按钮，至此出库订单录入完毕。

步骤三：生成出库作业计划

出库订单录入完毕后，曹璐进入图4-1-9所示界面。

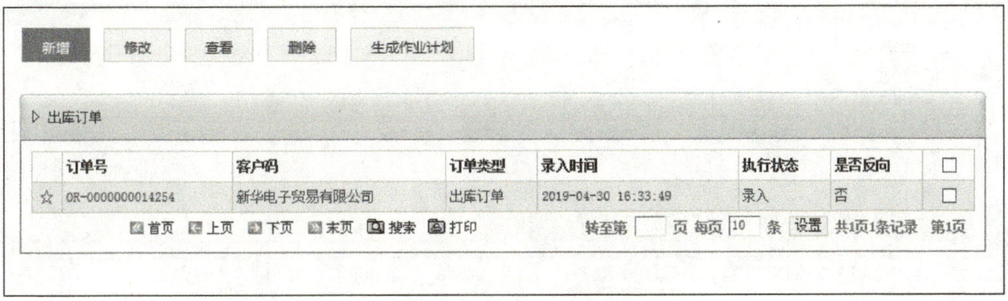

图4-1-9　生成出库作业计划

点击图4-1-9中【生成作业计划】按钮，进入图4-1-10所示界面，点击【确认生成】按钮。

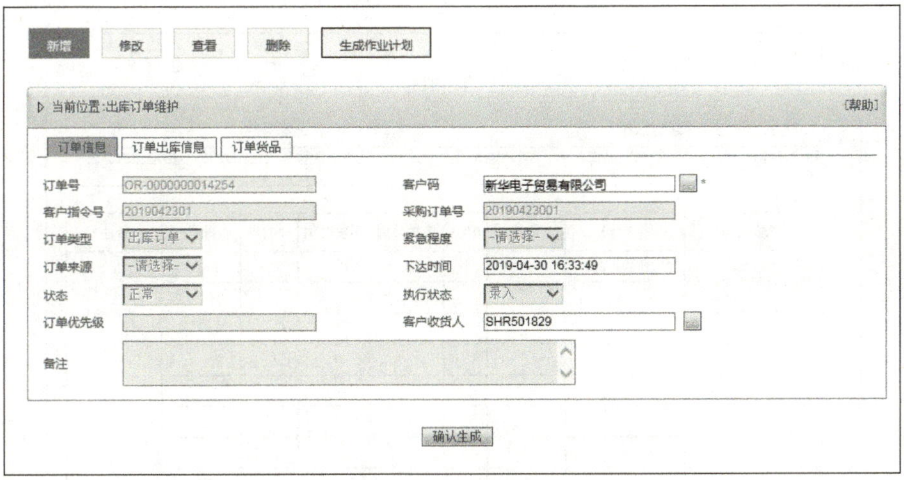

图4-1-10　生成出库作业

步骤四：打印出库单

生成出库作业计划后，曹璐切换到“仓储管理系统”主界面，点击“出库作业”下的【出库预处理】按钮，进入图4-1-11所示界面。

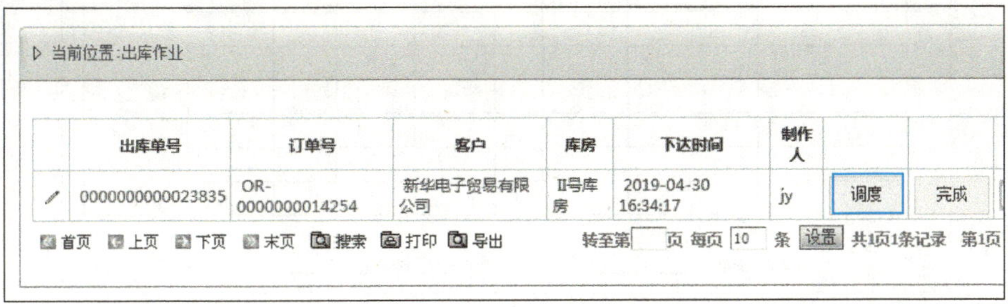

图4-1-11　出库预处理

在图4-1-11中，点击【调度】按钮，弹出图4-1-12所示界面。

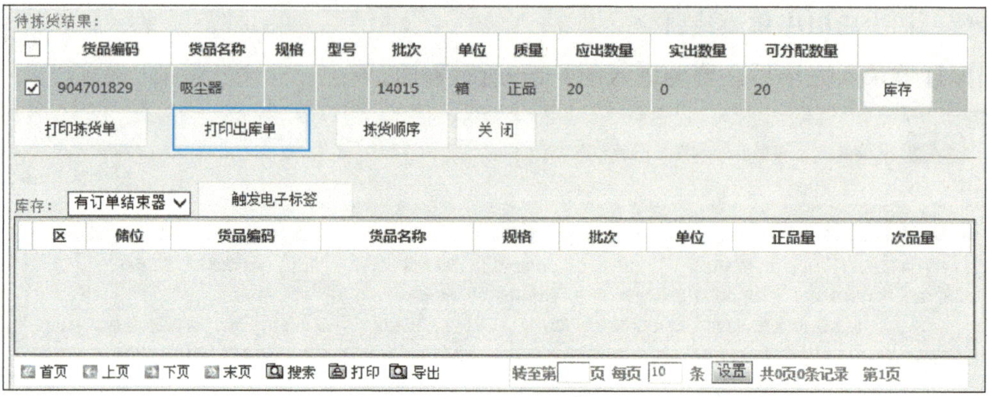

图4-1-12　打印出库单

在图4-1-12中勾选新添加的订单，点击下方的【打印出库单】按钮，进入图4-1-13所示界面。

打印

出 库 单

作业计划单号 0000000000023835

iv 配货中心 II号库房仓库　　应发总数：20.0 实发总数：

客户名称：新华电子贸易有限公司　客户编号:WM1001829　客户指令号： 2019042301　日期:2019-04-30

产品名称	条形码	规格	单位	应发数量	实发数量	货位号	批号	备注
吸尘器	9787799912707	1×1	个	20			14015	

仓管员(签字)：________　　收货人(签字)：________

图4-1-13　出库单

在图4-1-13中，点击【打印】按钮，即可打印纸质出库单。

至此，曹璐完成了新华电子贸易有限公司提货业务（出库）订单处理。

任务评价

组　别			组　员			
任务名称		出库订单处理				
考核内容		评价标准	参考分值	考核得分		
				自评得分	互评均分	教师评分
职业素养	1	有较强的沟通能力和团队合作精神	10			
	2	能够按时完成任务	10			
理论素养	1	掌握出库单的概念	15			
	2	掌握出库单证的流转	15			
职业技能	1	掌握出库作业的基本要求	15			
	2	能够在订单管理系统中录入出库订单	15			
	3	能够在仓库管理系统中打印出库单	20			
小　计			100			
合计=自评得分×20%+互评均分×40%+教师评分×40%					教师签字	

任务拓展

撰写论文：请同学们以小组为单位，讨论在进行出库订单处理过程中遇到的问题，并提出解决方案，撰写论文。

任务二　出库理货作业

任务目标

1）掌握出库准备的基本内容。

2）掌握出库核单的要求。

3）掌握出库备货的注意事项。

4）掌握出库理货的作业流程。

5）能够利用手持终端完成出库理货作业。

任务发布

2019年4月30日18:30，在完成了新华电子贸易有限公司要求的自提货物（由国美电器自提的20箱吸尘器）的出库订单处理并打印了《出库单》后，按照仓储主管冯丹的要求，曹璐还需要在19:30之前完成该批货物的出库理货。

该任务需要曹璐协调并指导Ⅱ号仓库的仓管员程大功利用手持终端、叉车等设备完成20箱吸尘器的拣货下架作业，并将拣选完成的货物从托盘货架交接区搬运至发货理货区。搬运设备在主通道的单程行驶路线如图4-2-1中带箭头的实线所示。

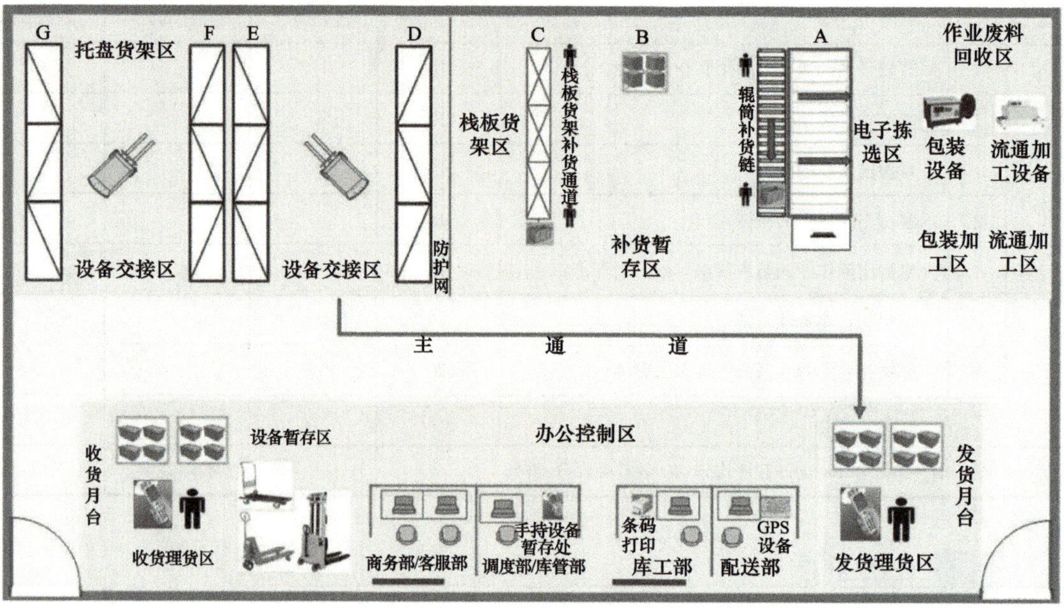

图4-2-1 单程行驶路线

曹璐与程大功应如何完成此次出库理货作业呢？

任务资讯

一、出库准备

由于出库作业非常复杂，工作量大，因此要事先对出库作业加以合理组织，安排好作业人力，保证各个环节紧密衔接。出库准备具体包括以下几个方面的工作。

1）制订工作计划。根据需货方提出的出库计划或要求，事先做好物资出库的安排，包括货场货位、机械搬运设备、工具和作业人员等的计划和组织，提高人、财、物的利用率。

2）做好出库物品的包装。出库发运外地的货物，包装要符合运输部门的规定，以便于搬运装卸。出库货物大多数是原件分发的，由于经过运输，多次中转装卸、堆码及翻仓倒垛或拆件验收，部分物品包装不能再适应运输的要求，所以，仓库必须根据情况整理加固或改换包装。

想一想

阅读文档“带你分分钟了解物流仓库中的包装技术！”（见教学资源），并回答下列问题：

1）结合案例，物流仓库包装防护技术主要分为哪两大类？

2）简述整个物流环节。

3）对于经常需要拆件发零的货物，应事先准备一定数量和不同品种的物品，发货后，要及时补充，避免临时再拆整取零，延缓付货。拼箱物品一般要做好挑选、分类、整理等准备工作。有的物品可以根据要求事先进行分装。

4）对于有装箱、拼箱、改装等业务的仓库，在发货前应根据物品的性质和运输部门的要求，准备包装材料及相应衬垫物。还要准备刷写包装标志的用具、标签、颜料、钉箱等。

5）出库货物从办理托运到出库的付运过程中，需要安排一定的仓容或站台等作为理货场所，需要调配必要的装卸机具。提前集中付运的物品，应按物品运输流向分堆，以便于运输人员提货发运，及时装载物品，加快发货速度。

二、出库核单

货物的出库凭证是指《出库单》或《调拨单》，均应由主管分配的业务部门签章。

出库凭证应包括以下内容：收货单位名称；发料方式（自提、送料、代运）；货物名称、规格、数量、单价、总价、用途或调拨原因；调拨单编号；有关部门和人员签章；付款方式及银行账号。

仓库接到出库凭证后，由业务部门审核出库凭证上的印鉴是否齐全相符，有无涂改。审核无误后，按照出库凭证上所列的物资品名、规格、数量与仓库料账再做全面核对。核对无误后，在料账上填写预拨数，将出库凭证移交给仓库保管员。保管员复核料卡无误后，即可做货物出库的准备工作。凡在出库凭证核对中，货物名称、规格不对，印签不齐全、数量有涂改、手续不符合要求的，均不能发料出库。

三、出库备货

货物保管人员按照出库凭证上的品名、规格查对实物保管卡，注意规格、批次和数量，规定有发货批次的，按规定批次发货，未规定批次的，按先进先出的原则发货，利用计算机等设备对在库和出库的货位进行查询处理，并打印《出货指示一览表》和《出货明细表》。

备货有两种方式：一种是在原货位上备货，无须“上线”集中，这种方式多用于大宗物资出库；第二种备货方式是备货出库上线就位，即将出库物资按出库凭证上所列的品名、规格和数量，经过搬卸运输作业，送到指定的待运场所集中。这种方法多用于小批量或不是整车发运数量而是需要集中配装的出库物资。

具体出货时，若是用计算机管理的自动化仓库，其通用的流程如下：

1）按堆垛机号打印出的应取货的《出货指示一览表》进行发货。发货记录票上记载机号、货位号、托盘号、出货单号和数量等数据。按照出货计划文件，计算机向管理控制台发出出货指令。自动化仓库作业流程如图4-2-2所示。

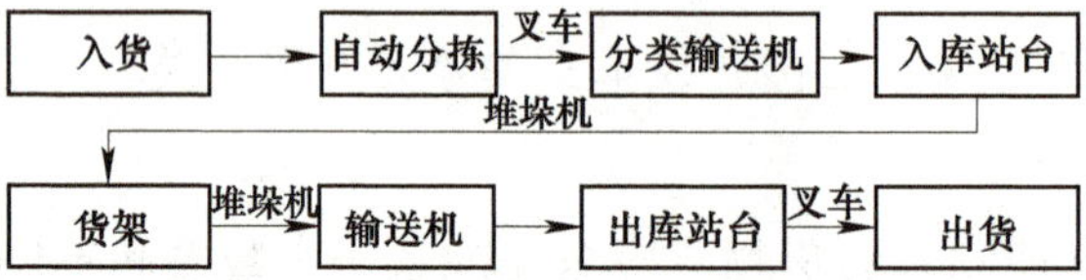

图4-2-2　自动化仓库作业流程图

2）管理控制台对堆垛机的地上控制盘发出出货指令。

3）堆垛机从指定的货位取出托盘，并搬运到移动台车上。

4）移动台车自动行走。此时出货终端显示出货单号和其他相关项目。

四、出库复核

货物备好后，为了避免和防止备料过程中可能出现的差错，应再做一次全面的复核查对。要按照出库凭证上所列的内容进行逐项复核。核查的具体内容有：

1）包装能否承受装载物的重量，能否保证在物资运输装卸中不致破损，保证物资完整。

2）组合包装是否便于装卸搬运作业。

3）怕震、怕潮等物资，衬垫是否稳妥，密封是否严密。

4）收货人、到站名、箱号、危险品或防震、防潮等标志是否正确、明显。

5）每件包装是否有装箱单（如图4-2-3所示），装箱单上所列各项目是否与实物、凭证等相符。

装箱单

毛重：　　　净重：　　　箱号：

发货凭证号	品名规格	单位	数量	备注

装箱日期：　年　月　日　　　　装箱人：

图4-2-3　装箱单

货物出库的复核查对形式应视具体情况而定，可以由保管员自行复核，也可以由保管员相互复核，还可以设专职出库物资复核员进行复核或由其他人员复核等。

如经反复核对确实不符时，应该立即调换，并将原错备物品上的标记除掉，退回原库房；复核结余物品数量或重量是否与保管账目、商品保管卡片结余数相符，发现不符应立即查明原因。

任务操作

步骤一：进入出库理货界面

曹璐登录手持终端后，进入手持终端主功能界面，如图4-2-4所示。

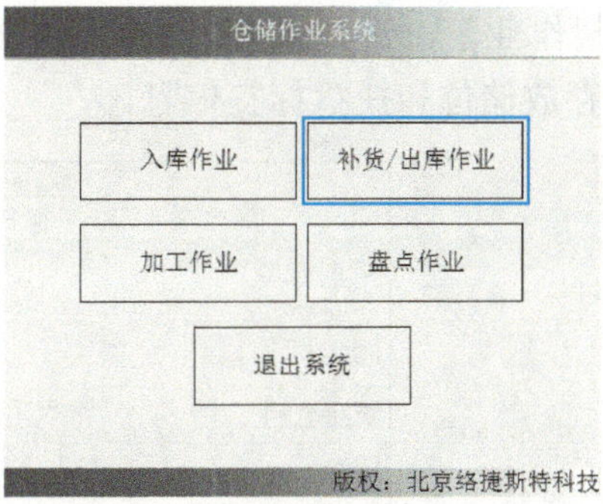

图4-2-4　手持终端主功能界面

在图4-2-4中，点击【补货/出库作业】按钮，进入图4-2-5所示界面。

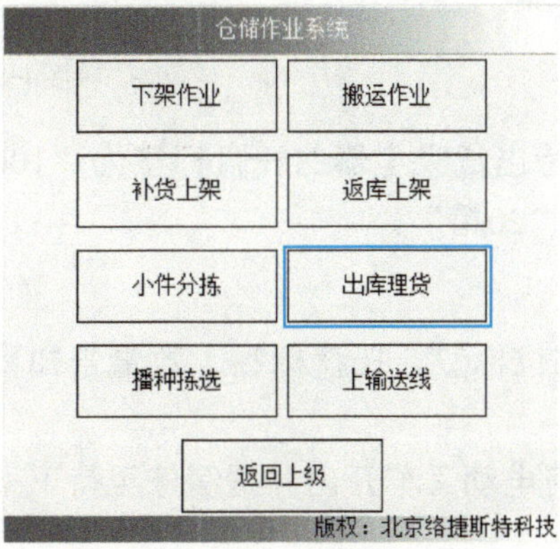

图4-2-5　补货/出库作业界面

在图4-2-5中，点击【出库理货】按钮，进入图4-2-6所示界面。点击【开始】按钮，启动出库理货作业。

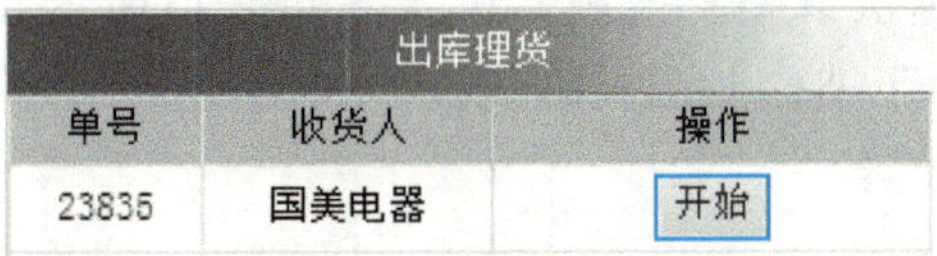

图4-2-6　出库理货开始

点击【开始】按钮后，按钮会变成【完成】，如图4-2-7所示，这表示出库理货作业已经启动。

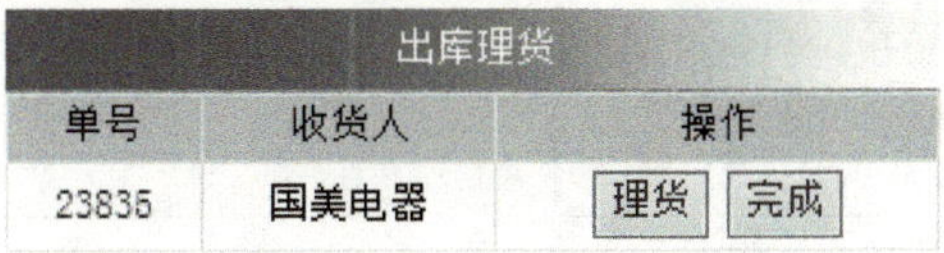

图4-2-7　出库理货

步骤二：读取下架信息

完成步骤一的操作后，曹璐返回“补货/出库作业”界面，如图4-2-8所示：

在图4-2-8中，点击【下架作业】，进入图4-2-9所示界面。手持终端屏幕下方显示待下架的货物名称、下架数量、存放储位和托盘标签信息。

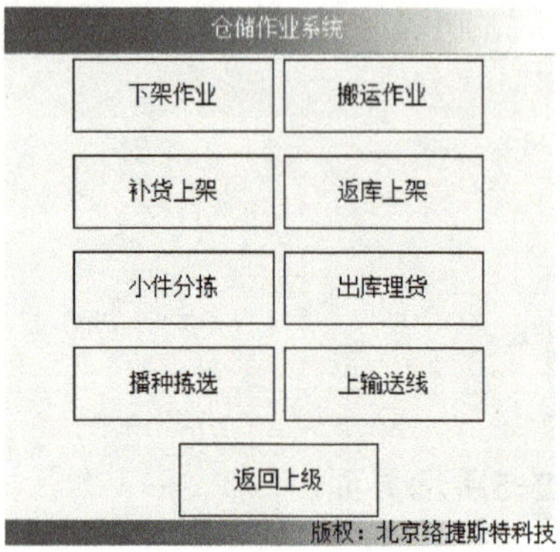

图4-2-8　补货/出库作业界面

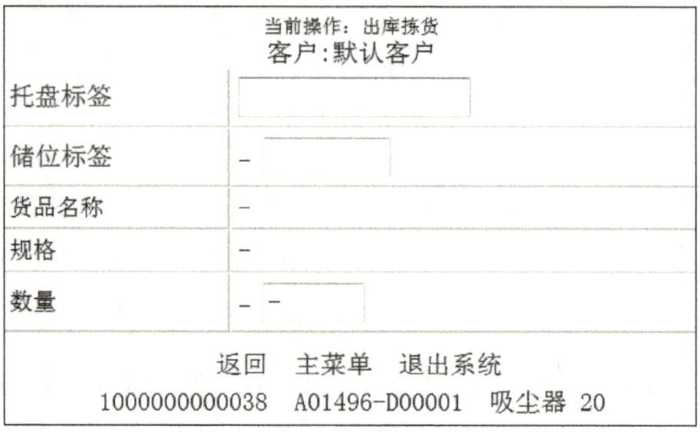

图4-2-9　出库下架

从图4-2-9中可以看出该待出货吸尘器的托盘标签为“1000000000038”；储位标签为“A01496-D00001”；数量为“20箱”。

步骤三：下架操作

曹璐将待下架吸尘器的储位标签、托盘标签、数量告知程大功，接下来两人将一起完成该批货物的下架操作。

1）程大功从设备暂存区将电动叉车开出并缓缓停至待下架托盘货物的货架（A01496）前。

2）曹璐登录手持终端系统，进入图4-2-9所示界面之后，利用手持终端采集“托盘标签”（1000000000038）和“储位标签”（A01496-D00001）信息，信息采集成功后，手持终端系统将自动显示默认拣货数量，如图4-2-10所示。

在图4-2-10中点击【确认下架】按钮，进入图4-2-11所示界面，此时手持终端下方没有操作信息，表示当前出库下架作业已经确认。

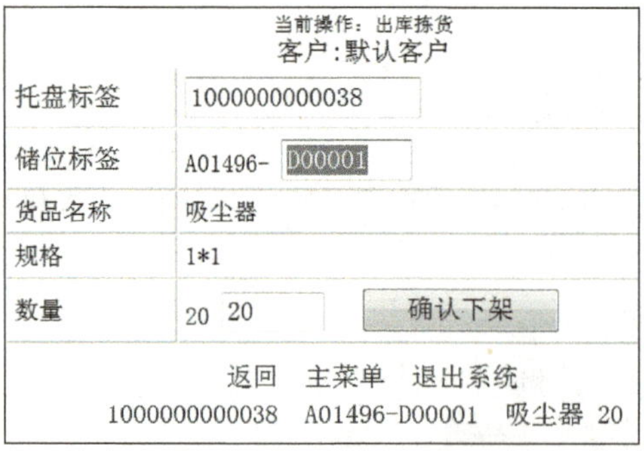

图4-2-10　确认下架

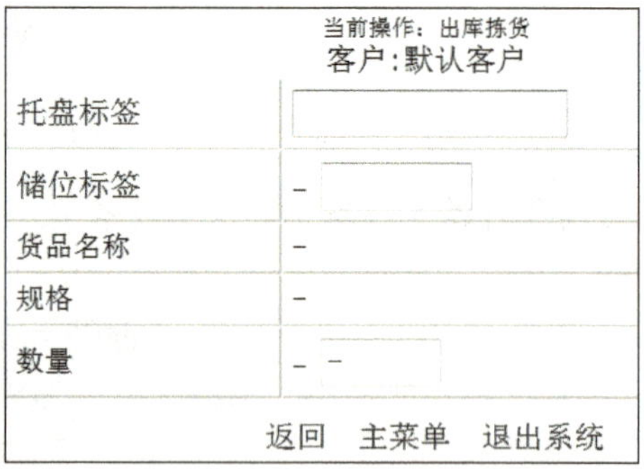

图4-2-11　出库下架完成

3）程大功利用电动叉车将托盘标签为1000000000038的托盘（20箱吸尘器）从货位（A01496-D00001）进行下架，如图4-2-12所示。

下架完成后，程大功使用电动叉车将货物搬运至托盘货架交接区。

图4-2-12　货物下架操作

步骤四：读取搬运信息

曹璐进入手持终端主功能界面，点击【补货/出库作业】按钮后，进入图4-2-13b所示界面。

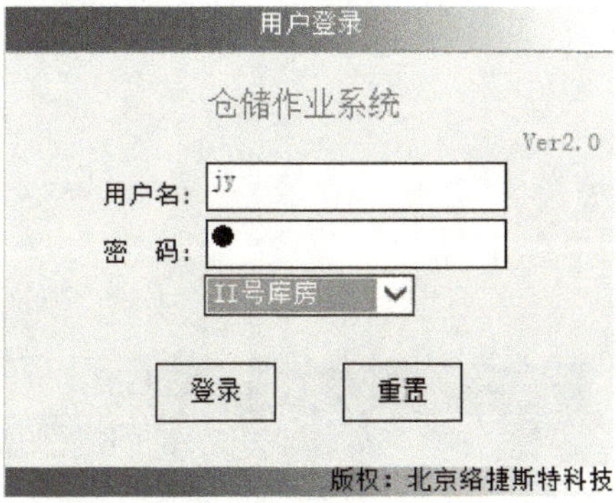

a）

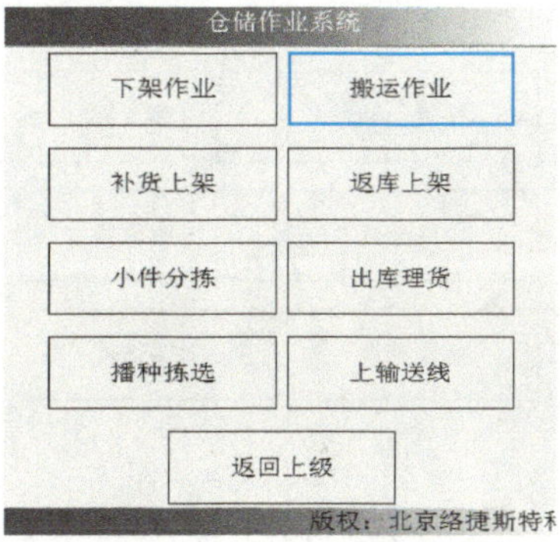

b）

图4-2-13　补货/出库作业界面

在图4-2-13b中点击【搬运作业】，进入图4-2-14所示界面。

曹璐利用手持终端在托盘货架交接区采集已经下架“托盘标签”（1000000000038）信息，信息采集成功后，手持终端系统自动提示待搬运的“货品名称”“数量”及“到达地点”等信息，如图4-2-15所示。

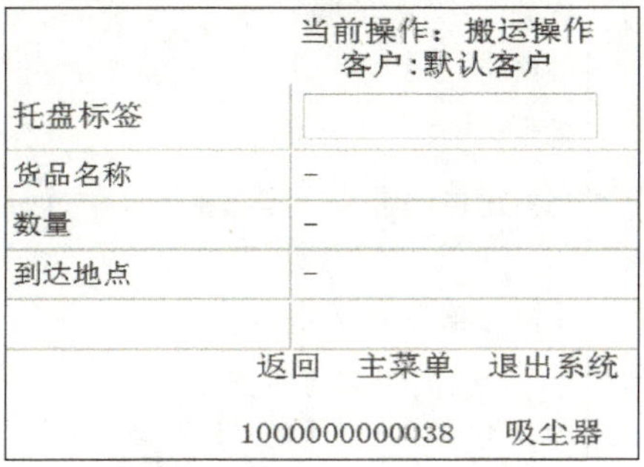

图4-2-14　搬运操作界面

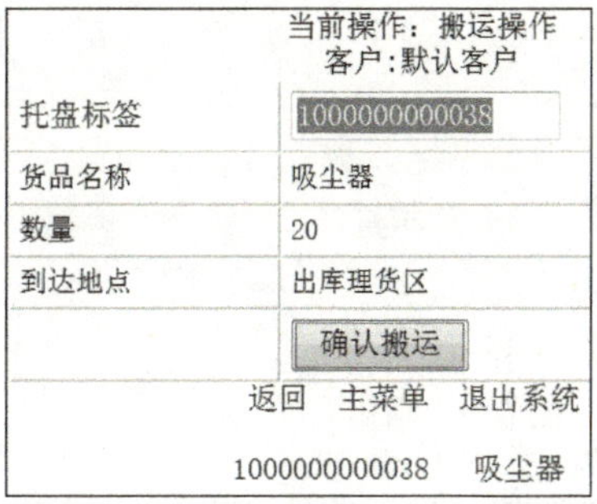

图4-2-15　采集托盘标签信息

步骤五：搬运操作

当曹璐完成了该批吸尘器在手持终端系统中搬运信息的读取后，点击图4-2-15中【确认搬运】按钮。程大功利用电动叉车将一托盘（1000000000038）吸尘器从托盘货架交接区搬运至出库理货区。

完成了该批货物的搬运操作后，程大功驾驶电动叉车回到设备暂存区。

步骤六：出库理货确认

曹璐在出库理货区对程大功从货架上下架、搬运来的一托盘吸尘器进行的实物再次进行检查核对：20箱吸尘器，正品，客户自提，提货客户为国美电器（代码：SHR501829），提货时间为2019年4月30日19:30。

实物核对无误后，曹璐登录手持终端“补货/出库作业”界面，如图4-2-16所示。

在图4-2-16中，点击【出库理货】按钮，进入图4-2-17所示界面。

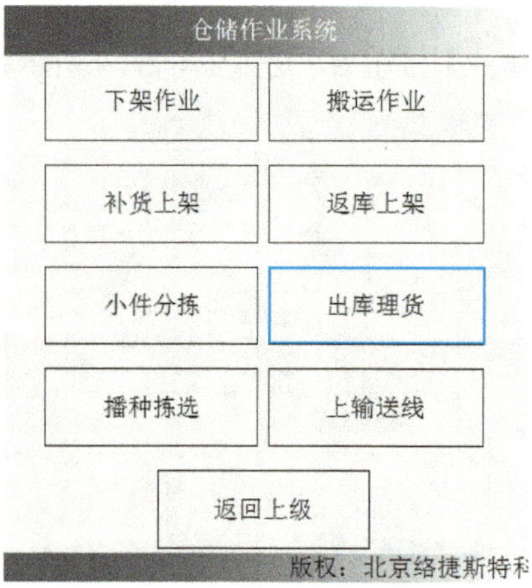

图4-2-16 补货/出库作业界面

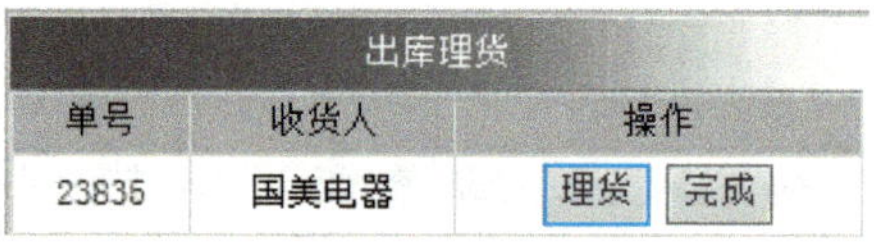

图4-2-17 出库理货界面

在图4-2-17中，点击【理货】按钮，进入图4-2-18所示界面。

在图4-2-18中，点击待理货的货物名称，此时手持终端系统自动显示默认理货数量，如图4-2-19所示。

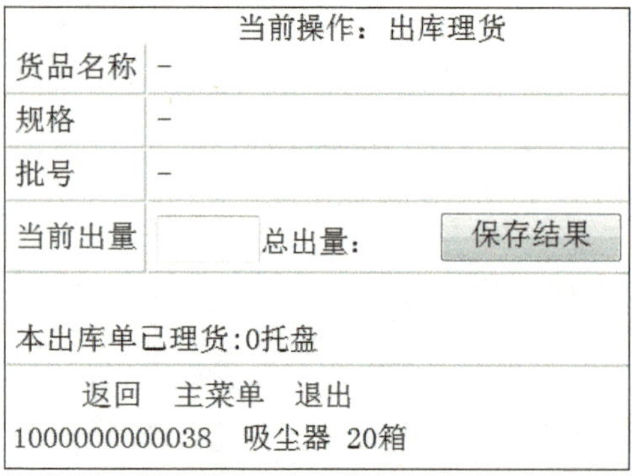

图4-2-18 出库理货

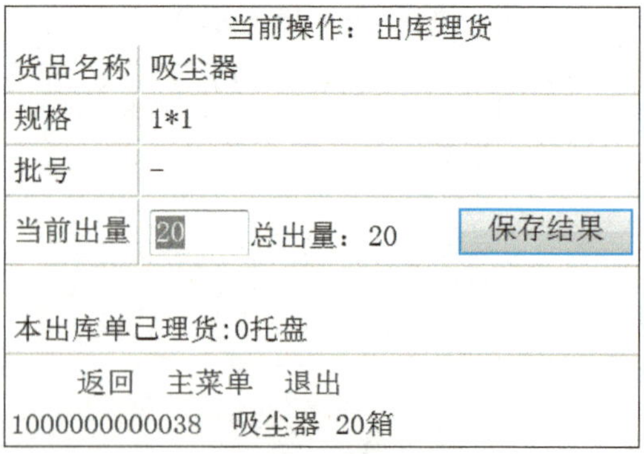

图4-2-19 出库理货确认

在图4-2-19中，确认理货数量正确无误后，点击【保存结果】按钮，进入图4-2-20所示界面。

然后，返回到“补货/出库作业”界面，如图4-2-21所示。

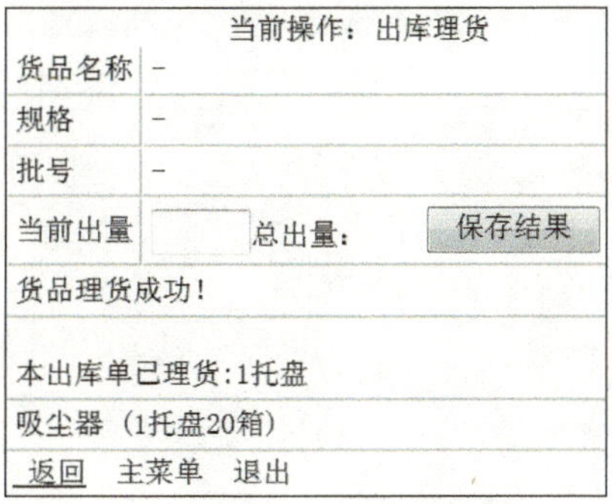

图4-2-20　出库理货完成

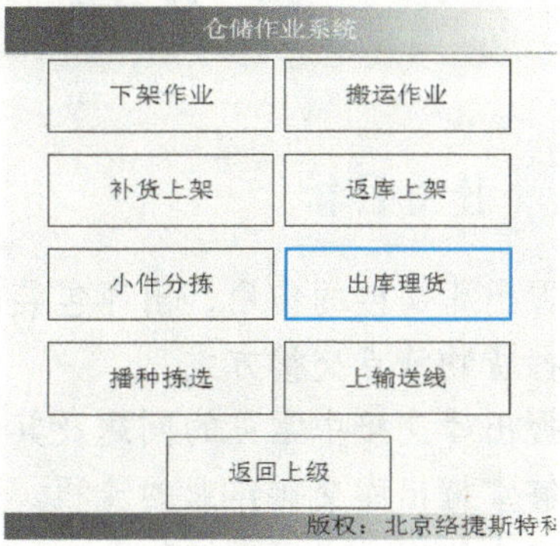

图4-2-21　补货/出库作业界面

在图4-2-21中，点击【出库理货】按钮，进入图4-2-22所示界面。

图4-2-22　出库理货确认

在图4-2-22中，点击【完成】按钮，至此，出库理货确认已经完成。

任务评价

组　别			组　员			
任务名称		出库理货作业				
考核内容		评价标准	参考分值	考核得分		
				自评得分	互评均分	教师评分
职业素养	1	有较强的沟通能力和团队合作精神	10			
	2	能够按时完成任务	10			
理论素养	1	掌握出库准备的基本内容	15			
	2	掌握出库核单的要求	15			
职业技能	1	掌握出库备货的注意事项	15			
	2	掌握出库理货的作业流程	15			
	3	能够利用手持终端完成出库理货作业	20			
小　计			100			
合计=自评得分×20%+互评均分×40%+教师评分×40%					教师签字	

任务拓展

撰写论文：请同学们以小组为单位，讨论在进行出库理货作业过程中遇到的问题，并提出解决方案，撰写论文。

任务三　出库交接作业

任务目标

1）掌握出库交接的作用、出库包装的要求。
2）掌握货物清点交接方式。
3）掌握出库交接中常见的问题及其处理方式。
4）能够掌握出库交接作业的流程。
5）能够合作完成出库交接作业。

任务发布

2019年4月30日下午19:30，国美电器的提货员张永到Ⅱ号仓库来提取上午新华电子贸易有限公司通知的20箱吸尘器。《提货单》如表4-3-1所示。

表4-3-1　提货单

提货单位：国美电器
日期：2019年4月30日　　　　编号：LS002548001

货品名称	质量	数量	SKU包装单位	备注
吸尘器	正品	20	箱	

提货人（签字）：　　　　发货人（签字）：

经过上午、下午对于该批次货物出库订单的处理以及出库理货的准备，曹璐同仓管员程大功接下来就要完成该批货物的出库交接。

曹璐和程大功该如何完成出库交接任务呢？

任务资讯

一、出库交接的作用

出库交接时应当面点清，与提货人的交接清点是仓库和提货人划分责任的必要手段。品种多时，分单品核对。不能仅与提货人核对种数，将所有货物卸下来重新清点。最后签收完成出库作业。

二、出库包装的要求

1）根据物品的特点和运输部门的规定，选择包装材料，确定包装的大小和形状。包装应牢固，便于装卸，如图4-3-1所示。

2）应充分注意物品在运输中的安全。根据物品的特点，装紧装好，内衬稳妥。怕潮物品应垫防潮纸，易碎物品应垫软质物，包装外部应有明显的标志，表明对装卸的要求。特别是危险品，必须按危险品的要求进行包装，并加危险品的标志。此外，危险品必须单独包装。如图4-3-1所示：

图4-3-1　出库货物包装

3）绝对禁止性能不同、相互有影响的物品混合包装。

想一想

阅读文档“物流包装还能这么用？京东物流颠覆你的环保观！”（见教学资源），查阅网上资料，并回答下列问题：

绿色物流的概念是什么？

三、货物清点交接方式

准备出库的货物，经过全面复核查对无误之后，即可办理清点交接手续。交接主要有以下三种方式：

1. 用户自提方式

将货物和凭证向提货人当面点清，办理交接手续。清点后，保管员应在《出库单》上填写实发数、发货日期等内容，并签名。然后将《出库单》连同有关凭证资料及时交给货主，以便货主办理货款结算。

2. 代运方式

代运方式应办理内部交接手续。即由货物保管人员向运输人员或包装部门的人员点清交接，由接收人签章，以划清责任。

运输人员根据货物的性质、重量、包装、收货人地址和其他情况选择运输方式后，应对箱件进行清点，做好标记，整理发货凭证、装箱单等运输资料，向承运单位办理委托代运手续。对于超高、超长、超宽和超重的物资，必须在委托前说明，以便承运部门计划安排。

承运单位同意承运后，运输人员应及时将货物从仓库安全无误地交给承运单位，并办理结算手续。运输人员应向承运部门提供发货凭证样本、《装箱单》，以便和《运单》一起交给收货人。《运单》底联应由运输人员交财务部门作为货物结算资料。

3. 专用线装车

运输人员应在装车后检查装车质量，并向车站监装人员履行交接手续，货物点交清楚，出库发运之后，该货物的仓库保管业务即告结束，货物仓库保管人员应做好清理工作，及时注销账目、料卡，调整货位上的吊牌，以保持物资的账、卡、物一致，及时准确地反映货物进出、存取的动态。

四、出库常见问题的处理

1. 出库凭证（提货单）上的问题

1）凡出库凭证超过提货期限，用户前来提货，必须先办理手续，按规定缴纳逾期仓储保管费，然后方可发货。任何白条都不能作为发货凭证。提货时，用户发现规格开错，保管员不得自行调换规格发货，必须通过制票员重新开票方可发货。

2）凡发现出库凭证有疑点，或者情况不清楚，以及出库凭证发现有假冒、复制、涂改等情况时，及时与仓库保卫部门以及出具出库单的单位或部门联系，妥善处理。

3）货物进库未验收，或者期货未进库的出库凭证，一般暂缓发货，并通知货主，待货到并验收后再发货，提货期顺延，保管员不得代验。

4）如客户因某种原因将出库凭证遗失，客户应及时与仓库发货员和账务人员联系挂失；如果挂失时货已被提走，保管人员不承担责任，但要协助货主单位找回商品；如果货还没有提走，经保管人员和账务人员查实后，做好挂失登记，将原凭证作废，缓期发货。

2. 提货数与实存数不符

若出现提货数量与商品实存数不符的情况，一般是实存数小于提货数。造成这种问题的原因（见图4-3-2）主要有：

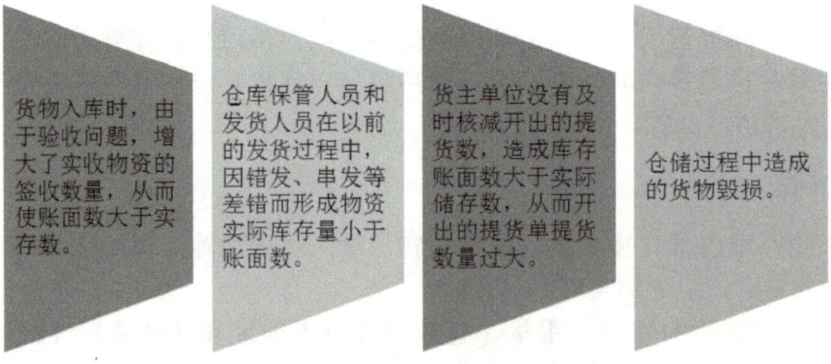

图4-3-2　提货数量与商品实存数不符的原因

当遇到提货数量大于实际商品库存数量时，无论是何种原因造成的，需要与仓库主管部门以及货主单位及时联系后再做处理。

1）如果属于入库时错账，则可以采用报出报入方法进行调整，即先按库存账面数开具物资出库单销账，然后按实际库存数重新入库登账，并在入库单上签明情况。

2）如果属于仓库保管员串发、错发而引起的问题，应该由仓库方面负责解决库存数与提单数间的差数。

3）如果属于货主单位漏记账而多开出库数，应该由货主单位出具新的提货单，重新组织提货和发货。

4）如果属于仓储过程中的损耗，需要考虑该损耗数量是否在合理的范围内，并与货主单位协商解决，合理范围内的损耗，应由货主单位承担，而超过合理范围之外的损耗，则由仓储部门负责赔偿。

3. 串发和错发货

串发和错发货是指发货人员在对商品种类规格不够熟悉的情况下，或者由于工作疏漏，把错误规格、数量的商品发出库的情况。如提货单开具某种商品的甲规格出库，而在发货时错把该种商品的乙规格发出，造成甲规格账面数小于实存数，乙规格账面数大于实存数。在这种情况下，如果商品尚未离库，应该立即组织人力，重新发货。

如果物资已经提出仓库，保管人员要根据实际库存的情况，如实向仓库主管部门和货主单位讲明串发和错发货的品名、规格、数量、提货单位等情况，会同货主单位和运输单位共同协商解决。在无直接经济损失的情况下，由货主单位重新按实际发货数冲单（票）解决。如果造成直接经济损失，应按赔偿损失单据冲转调整保管账。

4. 包装破漏

包装破漏是指在发货过程中，因商品外包装破散等现象引起的商品渗漏、裸露等问题，如图4-3-3所示。这是由于在储存过程中因堆垛挤压、发货装卸操作不慎等情况引起的，发货时应经过整理或更换包装，方可出库，否则损失应由仓储部门承担。

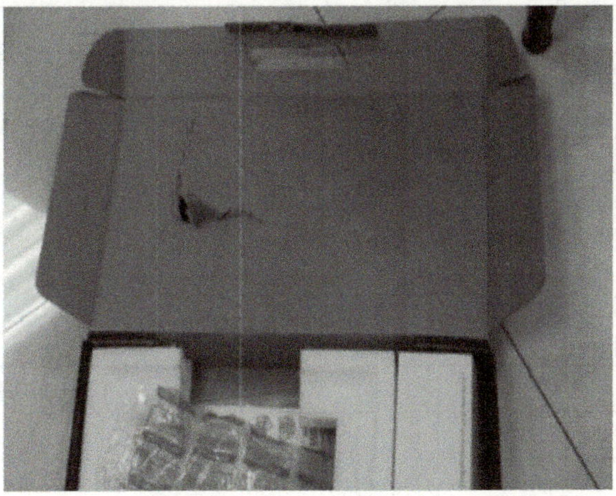

图4-3-3　外包装箱破损

5. 漏记账和错记账

漏记账是指在物资出库作业中，由于没有及时核销商品明细账而造成账面数量大于或小于实存数的现象。错记账是指在物资出库后核销明细账时没有按实际发货出库的物资名称、数量等登记，造成账实不符。无论是漏记账还是错记账，一经发现，除及时汇报外，还应根据原出库凭证查明原因调整保管账，使之与实际库存一致。如果由于漏记账和错记账给货主单位、运输单位和仓储部门造成了损失，应予以赔偿，同时追究相关人员的责任。

任务操作

步骤一：检查出库货物

国美电器的提货员张永根据提货单核查货物，核查时仓管员程大功在一旁监察。张永主要核查的内容包括货物名称、数量是否正确，检查外包装是否完好或者是否倒置。

经核查，张永发现万通仓储Ⅱ号仓库出货理货区准备好的货物为20箱吸尘器，均为正品，货物的外包装完好无损；同提货单、出库单的数量一致。

检查无误后，张永示意程大功出库实物检查完成，双方可以进行下一步工作。

步骤二：单据交接

货物核查完毕后，仓管员程大功根据实际出库情况填写出库单实发数量并签上自己的名字，然后主动与提货员张永进行交接，要求提货员张永在出库单相应位置签字确认，填写后的《出库单》如表4-3-2所示。

表4-3-2　万通仓储Ⅱ号仓库的出库单

作业计划单号：0000000000023371

仓库名称：万通仓储Ⅱ号仓库　　日期：2019年4月30日

客户名称：国美电器　　客户代码：SHR501829　　客户指令号：2019042301

序号	商品名称	条形码	规格（mm）	单位	应发数量	实发数量	货位号	批次号	备注
1	吸尘器	9787799912707	450×300×200	箱	20	20	A01496-D00001	14015	

仓管员（签字）：程大功　　收货人（签字）：张永

同时，仓管员按照提货员的要求在提货单相应位置签字确认，填写后的《提货单》如表4-3-3所示。

表4-3-3　提货单

提货单位：国美电器

日期：2019年4月30日　　编号：LS002548001

货品名称	质量	数量	SKU包装单位	备注
吸尘器	正品	20	箱	

提货人（签字）：张永　　发货人（签字）：程大功

单据交接完毕后，程大功协助张永完成了货物的出库以及装车。

步骤三：库内清理

出库完毕后，仓管员程大功及时整理出库单据，核对结存数，做到单货相符、单单相符，并将最终整理好的出库单据汇总到曹璐那里。

同时，程大功进行了发货现场的清理，收集使用完毕的托盘、装卸搬运工具、存储设备和包装材料，将其运到Ⅱ号仓库的设备暂存区，妥善保管，以待后续的循环使用。

至此，曹璐和程大功完成了出库交接作业。

任务评价

组　别			组　员			
任务名称		出库交接作业				
考核内容		评价标准	参考分值	考核得分		
				自评得分	互评均分	教师评分
职业素养	1	有较强的沟通能力和团队合作精神	10			
	2	能够按时完成任务	10			
理论素养	1	掌握出库交接的作用、出库包装的要求	15			
	2	掌握货物清点交接方式	15			
职业技能	1	掌握出库交接中常见的问题及其处理方式	15			
	2	能够掌握出库交接作业的流程	15			
	3	能够合作完成出库交接作业	20			
小　计			100			
合计=自评得分×20%+互评均分×40%+教师评分×40%					教师签字	

任务拓展

撰写论文：请同学们以小组为单位，讨论在进行出库交接作业过程中遇到的问题，并提出解决方案，撰写论文。

任务四　出库发运作业

任务目标

1）掌握车辆调度的概念。
2）掌握车辆调度的工作内容及原则。
3）掌握班车与非班车的发运业务流程。
4）能够掌握出库发运作业的流程。
5）能够与小组合作完成出库发运作业。

任务发布

2019年4月30日下午19:50，国美电器的提货员张永与万通仓储Ⅱ号仓库仓管员完成了20箱吸尘器的出库交接工作，接下来需要进行出库发运作业，该如何完成呢？

任务资讯

一、车辆调度

1. 车辆调度的概念

车辆调度是指制定行车路线，使车辆在满足一定的约束条件下，有序地通过一系列装货点和卸货点，达到路程最短、费用最小、耗时最少等目标。

2. 车辆调度的工作内容

车辆调度工作内容由计划、监督（控制）与统计分析三大部分构成。

1）科学地组织运输活动。合理安排配送车辆，保证配送工作的有序进行；优化配送线路，在保证配送任务按期完成的前提下实现最小的运力投入。

2）监督、领导运输工具的安全运行。不断了解和分析计划执行过程中各配送因素的变动情况，及时协调各环节的工作，并提出作业调整措施。

3）及时了解配送任务的执行情况，进行配送活动的统计与分析工作。据此提出改进工作的意见和措施，从而提高运输工具的工作效率和营运效果，保证完成和超额完成运输计划。

想一想

阅读文档“辽宁将规划快递配送车辆专用临时停车位”（见教学资源），并回答下列问题：

1）阅读全文，说说专用临时停车位是什么？

2）结合案例分析，《方案》的推出具有什么意义？

3. 车辆调度工作原则

车辆调度需制订车辆运行计划。车辆运行计划在组织执行过程中常会遇到一些难以预料的情况，如客户需求发生变化、装卸机械发生故障、车辆运行途中发生技术障碍、临时性路桥阻塞等。针对不同情况，需要调度部门要有针对性地加以分析和解决，随时掌握货物状况、车况、路况、气候状况、驾驶员状况、行车状况等，确保车辆运行作业计划顺利进行。车辆调度工作应贯彻以下原则：

（1）坚持从全局出发，局部服从全局的原则

在编制运行作业计划和实施运行作业计划过程中，要从全局出发，保证重点、统筹兼顾，运力安排应贯彻“先重点、后一般”的原则。

（2）安全第一、质量第一原则

在配送运输生产过程中，要始终把安全工作和质量管理放在首要位置。

（3）计划性原则

车辆调度工作要根据客户订单要求认真编制车辆运行计划，并以车辆运行计划为依据，监督和检查运行作业计划的执行情况。

（4）合理性原则

车辆调度工作要根据货物性能、体积、重量、车辆技术状况、道路桥梁通行条件、气候变化、驾驶员技术水平等因素合理调派车辆。在编制车辆运行计划时，应科学合理地安排车辆的运行路线，有效地降低运输成本。

二、发运业务流程

1. 班车发运业务流程

班车发运业务流程，如图4-4-1所示。

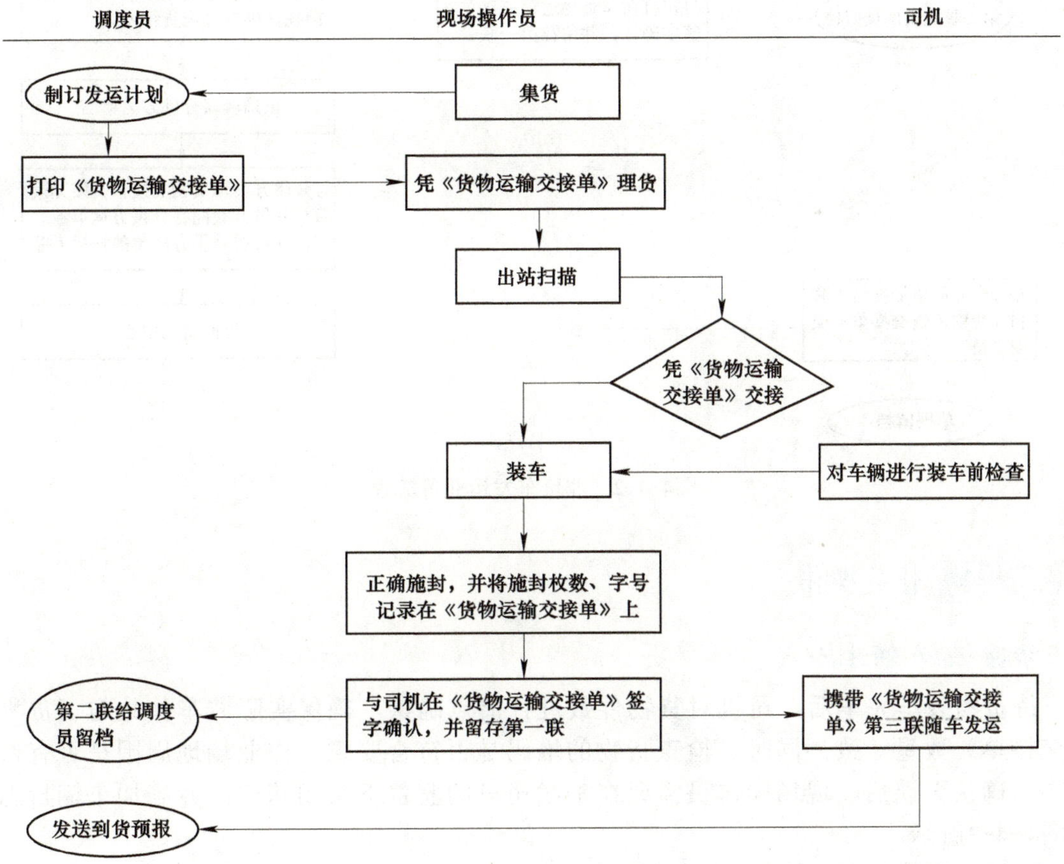

图4-4-1　班车发运业务流程

2. 非班车发运业务流程

非班车发运业务流程，如图4-4-2所示。

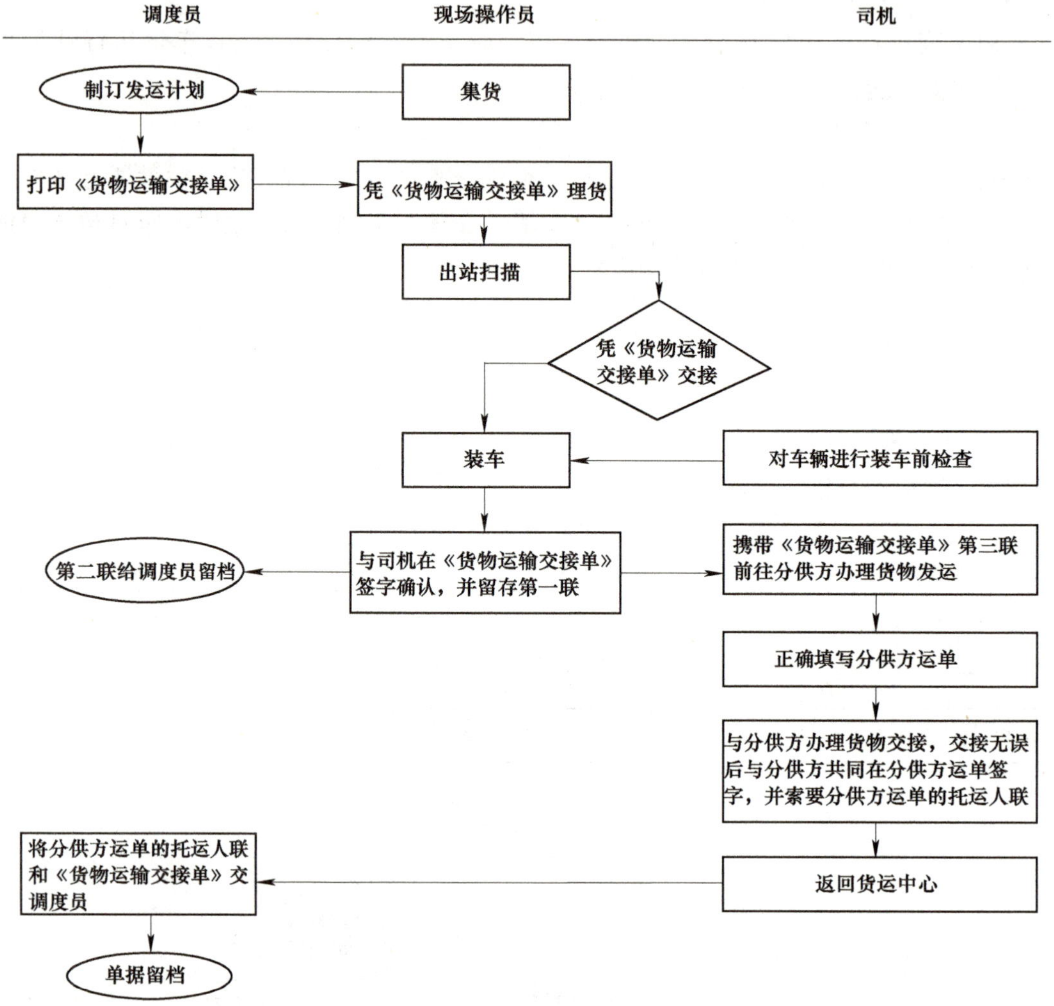

图4-4-2　非班车发运业务流程

任务操作

步骤一：车辆封志

待货物装车完毕后，司机对货物件数进行清点确认，确保实际装车件数与《货物运输交接单》数量一致。同时，检查货物的堆码是否符合要求，作业场地周围是否有遗漏货物。确认无误后，现场操作员需要在干线司机的监督下关闭箱门，并施加车辆封志，如图4-4-3所示。

现场操作员将车辆封志加封在车门指定位置，将车辆封志插入车厢后门锁孔中，并锁紧。施封时需要将塑料条码封条尾部插入车辆锁孔中，再穿入条码封条顶部的扣眼中，用力收紧，并检查施封是否完好，如图4-4-4所示。施封过程中，要保证条形码的完好无损。

图4-4-3　施加车辆封志

异常情况

封车时，如果车辆封志损坏，装车人员必须拿损坏的封志和路单到封志管理人员处更换，否则不能领取；更换封志时，必须同时更改路单上的封志号码，确保路单号和车门封志号码相对应。

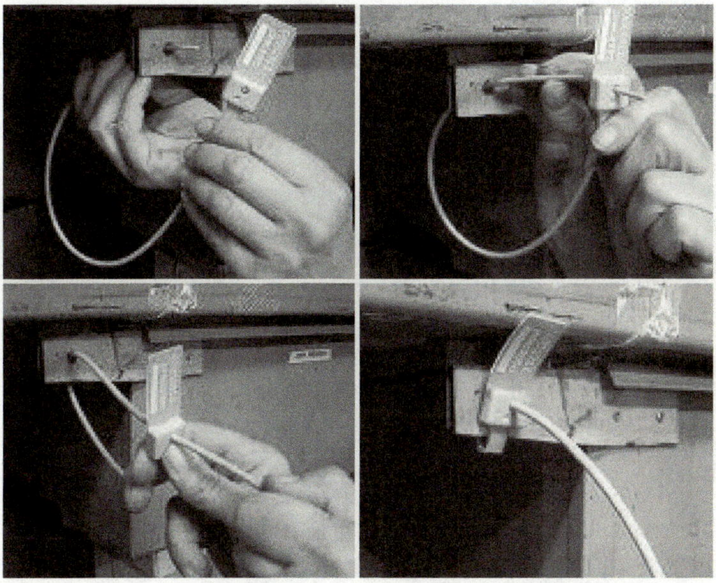

图4-4-4　车辆封志

施封完毕后，由现场操作员和司机共同检查封志是否牢固，封志编号是否完好无损，如图4-4-5所示。

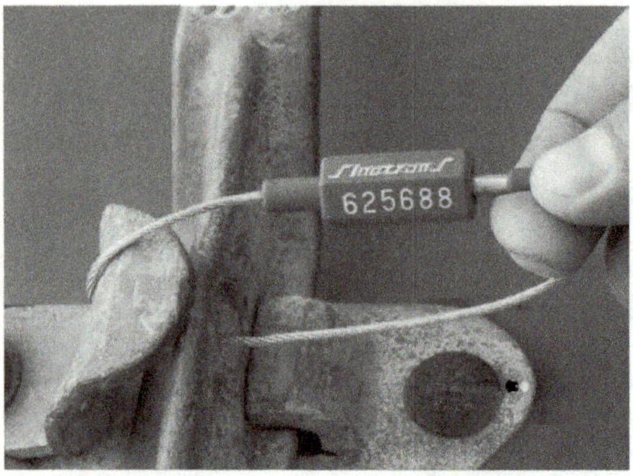

图4-4-5　检查车辆封志

注意事项

有以下情况出现时，需重新进行车辆封志。

（1）使用铅封的封志印志不清或铅志有撬动的痕迹，绳扣有接头或太松，能捋下。

（2）带条码的塑料封志反扣松动，能被拉开。

步骤二：班车发运

司机按照班车时刻表准点发车，现场操作员引导车辆安全离开。车辆进出大门时，司机应配合保安人员检查车辆封志号和《货物运输交接单》上的填写内容是否一致，并检查车辆封志是否锁好。

步骤三：出库信息反馈

货物出库作业完成后，曹璐需要在“物流综合业务系统”中的反馈出库信息。

曹璐登录系统后，依次点击【仓储管理系统】【出库作业】【出库反馈】，系统显示已经调度完成的单据，如图4-4-6所示。点击【完成】按钮，即完成出库反馈。

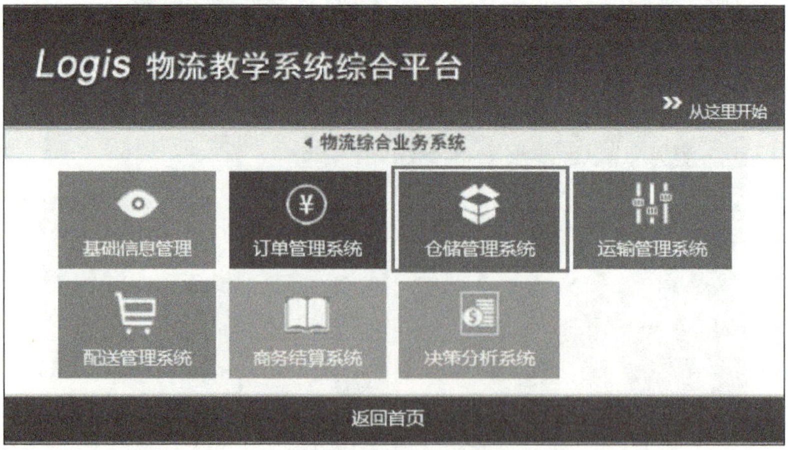

a）

图4-4-6　出库信息反馈

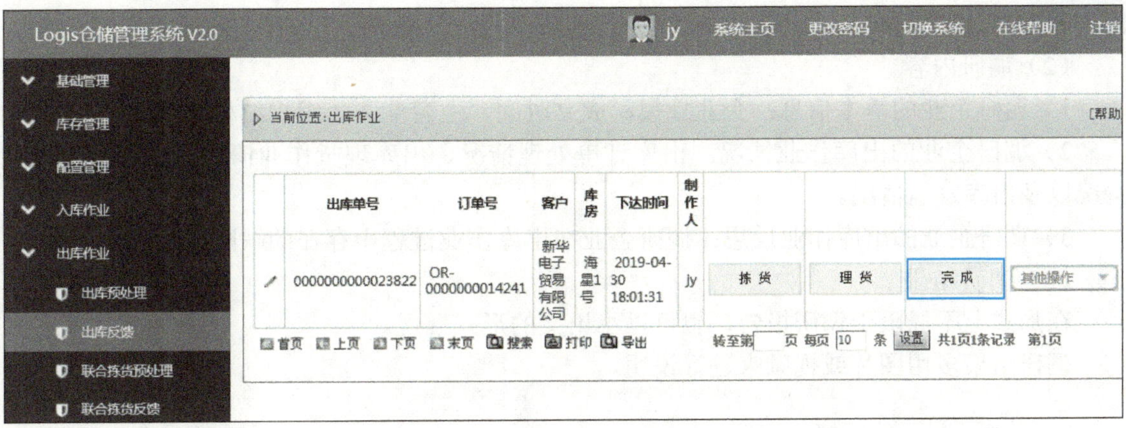

b）

图4-4-6　出库信息反馈（续）

至此，出库作业完成。

任务评价

组　别			组　员			
任务名称		出库发运作业				
考核内容		评价标准	参考分值	考核得分		
				自评得分	互评均分	教师评分
职业素养	1	有较强的沟通能力和团队合作精神	10			
	2	能够按时完成任务	10			
理论素养	1	掌握车辆调度的概念	15			
	2	掌握车辆调度的工作内容及原则	15			
职业技能	1	掌握班车与非班车的发运业务流程	15			
	2	能够掌握出库发运作业的流程	15			
	3	能够与小组合作完成出库发运作业	20			
小　计			100			
合计=自评得分×20%+互评均分×40%+教师评分×40%					教师签字	

任务拓展

实地调研：选择当地一家具有代表性的物流企业进行实地走访调研，记录企业出库作业的过程，撰写物流企业出库调研报告。

（1）调研要求

调研企业要有一定的代表性，调研的内容要尽量具体，注意所得材料的真实性、可靠性和时效性。

（2）调研内容

1）调研企业的基本信息：企业规模、成立时间、主营业务、组织结构图等。

2）调研企业的出库作业情况：出库订单处理情况、出库理货作业情况、出库交接作业情况以及出库发运情况。

3）调研企业的出库作业反思：调研企业在出库作业过程中存在的缺陷以及改善措施。

（3）调研结果

在形式上不局限于调研报告，也可以小论文的形式展现。

调研结果多用图片或视频来进行说明。

项目内容

项目五　仓储技术应用

任务一　RFID技术

任务二　自动化立体仓库认知

项目五　仓储技术应用

任务一　RFID技术

任务目标

1）掌握无线射频技术的概念。
2）掌握无线射频识别系统的组成与分类。
3）掌握无线射频识别技术的特点与应用。
4）能够掌握RFID的工作原理。
5）能够利用RFID技术合作完成出入库作业。

任务发布

伴随着物流信息技术的进一步发展，RFID技术在物流领域中的应用日趋广泛，长风物流海星1号仓库是一家奢侈品交易公司的货物存放仓，由于单件商品价值极高，因此在实际工作中均采用高频RFID标签对库存信息进行出入库管理。

刘力扬是该企业的实习员工，正逢有批货物在该仓库进行出入库流转，他该如何利用高频RFID系统完成该批货物的出入库业务呢？

任务资讯

一、无线射频技术的概念

射频识别即RFID（Radio Frequency Identification），又称无线射频识别，是一种非接触式的自动识别技术，可利用射频信号及空间耦合和传输特性实现对静止或移动物体的自动识别及数据交换，而无须在识别系统与特定目标之间建立机械或光学接触。

资讯快报

RFID技术和条码技术的区别与联系

从概念上来讲，RFID类似于条码扫描，对于条码技术而言，它是将已编码的条形码附着于目标物并使用专用的扫描读写器利用光信号将信息由条形码传送到扫描读写器；而RFID则使用专用的RFID读写器及专门的可附着于目标物的RFID标签，利用频率信号将信息由RFID标签传送至RFID读写器。

想一想

观看视频“RFID技术展示”（见教学资源），并谈一谈自己的理解和想法。

二、无线射频识别系统的组成

无线射频识别系统是由标签、读写器、天线三部分组成，如图5-1-1所示。标签由耦合元件及芯片组成，每个标签具有唯一的电子编码，高容量标签具有用户可写入的存储空间，附着在物体上标识目标对象；读写器是读取（有时还可以写入）标签信息的设备，可设计为手持式或固定式；天线在标签和读取器间传递射频信号。

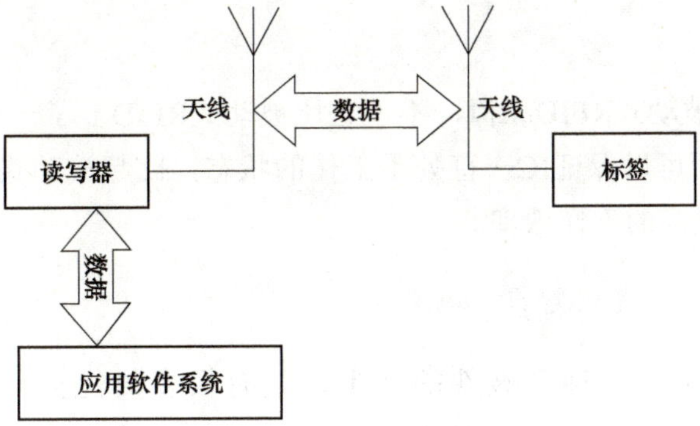

图5-1-1　无线射频识别系统

三、无线射频识别系统的分类

RFID按照应用频率的不同分为低频（LF）、高频（HF）、超高频（UHF）和微波（MW），相对应的代表性频率分别为低频125kHz～135kHz、高频13.56MHz、超高频860MHz～960MHz、微波2.4GHz～5.8GHz。

根据RFID系统完成的功能不同，可以粗略地把RFID系统分成四种类型: EAS系统、便携式数据采集系统、网络系统和定位系统。

RFID按照能源的供给方式分为无源RFID、有源RFID以及半有源RFID。无源RFID（见图5-1-2）读写距离近，价格低；有源RFID（见图5-1-3）可以提供更远的读写距离，但是需要电池供电，成本要更高一些，适用于远距离读写的应用场合。

图5-1-2　无源读写器

图5-1-3　有源读写器

RFID技术一般包括主动式、被动式和半主动式三种。

1. 主动式RFID

主动式RFID自身集成有内部电源供应器，用以供应内部IC所需的电能，同时还可以产生对外的信号。一般来说，主动式RFID拥有较大的记忆体容量和较长的读取距离。

2. 被动式RFID

被动式RFID内部没有相应的供电电源，它是依靠内部集成电路接收到由RFID读取器发出的电磁波进行驱动的。由于被动式标签具有体积小巧、无须电源、价格低廉的优点。目前市场的RFID主要是采用被动式的。

3. 半主动式RFID

半主动式RFID与被动式RFID相似，不过它比被动式RFID多了一个小型的电池，其电力用来驱动标签IC，从而可以保证IC一直处于工作的状态，比起被动式RFID，半主动式RFID有更快的反应速度和更高的工作效率。

四、无线射频识别技术的特点

无线射频识别技术是一种突破性的技术，具有很多的优势和特点，具体的特点表现在：

1）RFID以无线方式进行双向通信，无需接触，可实现批量数据的读取和远程读取；

2）可同时识别多张不同号码的射频卡；

3）没有对人体有伤害的高频电磁污染；

4）识别区域无方向性、无盲区；

5）信号穿透力和绕射力强；

6）信息的安全性和保密性能高；

7）集成度高，兼容性好，通信简单快捷。

五、无线射频识别技术的应用

无线射频识别技术主要适应的领域包括生产制造和装配、航空行李处理、邮件、快递包裹处理、物流和供应管理、文档追踪、图书馆管理动物身份标识、运动计时、门禁控制、电子门票、道路自动收费等。

在运输管理方面，采用射频识别技术，只需要在货物的外包装上的安装电子标签，在运输检查站或中转设置阅读器，就可以实现资产的可视化管理。在运输过程中，阅读器将电子标签的信息通过卫星或电话线传输到运输部门的数据库，电子标签每通过一个检查站，数据库的数据就得到更新，当电子标签到达终点时，数据库关闭。与此同时，货主可以根据权限，访问在途货物的可视化网页，了解货物的具体位置，这对提高物流企业的服务水平有着重要意义。

在生活中，RFID标签也可以说是无处不在，身份证、公交卡及各类会员卡均体现了RFID识别技术对人们生活质量的改善与提高。ETC不停车电子收费系统也是RFID技术中的典型应用，通过安装在车辆挡风玻璃上的车载电子标签与在收费站 ETC 车道上的微波天线之间的微波专用短程通讯，利用计算机联网技术与银行进行后台结算处理，从而达到车辆通过路桥收费站不需停车而能交纳路桥费的目的，为人们的出行提供了极大便利，减少了高速公路通过时间。

想一想

阅读文档“RFID技术在昆明烟草物流配送中的应用”（见教学资源），并回答下列问题:

1）简述RFID技术的内容。

2）简述RFID技术原理。

3）简述RFID技术的运行效果。

任务操作

步骤一：明确RFID工作原理

首先，刘力扬需要清楚RFID的工作原理（见图5-1-4），这样才能更好地完成任务。

无线射频识别技术的工作原理并不复杂，标签进入磁场后，接收解读器发出的射频信号，凭借感应电流所获得的能量发送出存储在芯片中的产品信息（Passive Tag，无源标签或被动标签），或者主动发送某一频率的信号（Active Tag，有源标签或主动标签）；解读器读取信息并解码后，送至中央信息系统进行有关数据处理。

在RFID系统中完成信息写入和读取功能主要依靠阅读器与标签，阅读器作为RFID系统的控制与处理中心，通常由耦合模块、读写模块、控制模块及接口单元组成。其中，收发模块可以接收射频芯片传输的信号，在对其进行译码后获取所需信息，或者将计划写入标签的信息译码后传给射频模块，完成写入操作。RFID标签又称为射频标签或电子标签，通常由射频模块、存储器、控制模块及天线4个主要部分构成。读写器与标签之间采用无线通信方式，因此均具有无线收发模块及天线。射频标签存储器的内存容量在几个比特到几十个字节之间，可储存永久性或非永久性数据。控制模块则用以完成接收、译码及执行读写器命令，控制读写数据，负责数据安全等功能。

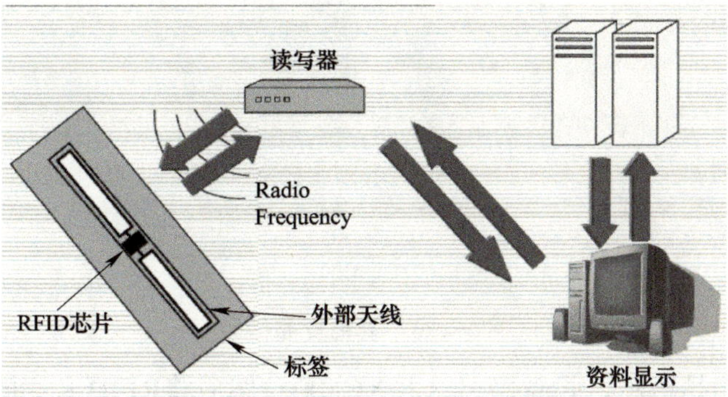

图5-1-4　RFID系统工作原理图

阅读器与射频标签之间通过空气介质，以无线电波的形式完成数据传输。首先，读写器将设定数据的无线电载波信号通过发射天线向外发射；当射频标签进入发射天线的工作区域时，射频标签被激活将自身信息代码通过天线向外界发射；RFID系统的接收天线接收到射频标签发出的载波信号，经过天线的调制器传给读写器，读写器将对接到的信号进行解调解码，送后台计算机控制器；计算机控制器根据逻辑运算判断该射频标签的合法性，针对不同的设定做出相应的处理和控制，并发送指令信号控制执行机构的动作；执行机构按计算机的指令动作。

步骤二：将RFID高频卡写入物品信息

接着，进行入库作业，第一步需要将RFID高频卡写入物品的信息。

进入到“物流综合业务系统”中的“仓储管理系统”，单击界面【配置管理】下拉单中的【RFID配置】，进入图5-1-5所示界面。

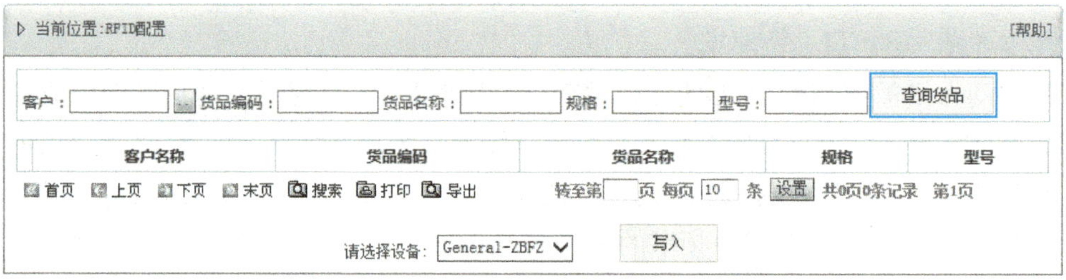

图5-1-5 RFID配置界面

单击图5-1-5中的【查询货品】，系统筛选出所有的物品信息，如图5-1-6所示。

图5-1-6 查询货品信息

选择要入库的物品信息，设备型号选择XC800，然后将RFID卡片放在RFID读写区域范围内，单击图5-1-7中的写入按钮，完成信息的写入。

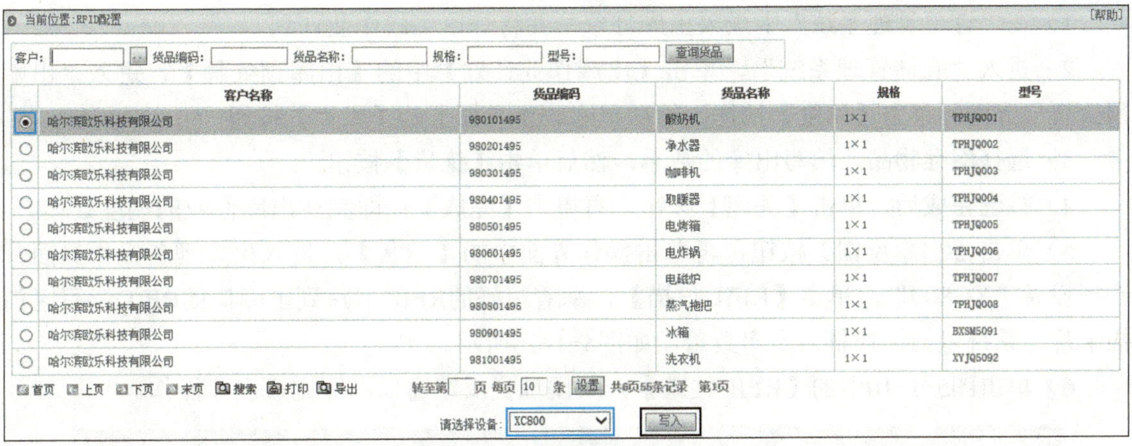

	客户名称	货品编码	货品名称	规格	型号
◉	哈尔滨欧乐科技有限公司	980101495	酸奶机	1×1	TPHJQ001
○	哈尔滨欧乐科技有限公司	980201495	净水器	1×1	TPHJQ002
○	哈尔滨欧乐科技有限公司	980301495	咖啡机	1×1	TPHJQ003
○	哈尔滨欧乐科技有限公司	980401495	取暖器	1×1	TPHJQ004
○	哈尔滨欧乐科技有限公司	980501495	电烤箱	1×1	TPHJQ005
○	哈尔滨欧乐科技有限公司	980601495	电炸锅	1×1	TPHJQ006
○	哈尔滨欧乐科技有限公司	980701495	电磁炉	1×1	TPHJQ007
○	哈尔滨欧乐科技有限公司	980801495	蒸汽拖把	1×1	TPHJQ008
○	哈尔滨欧乐科技有限公司	980901495	冰箱	1×1	BXSM5091
○	哈尔滨欧乐科技有限公司	981001495	洗衣机	1×1	XYJQ5092

图5-1-7　入库物品信息写入

步骤三：物品的入库操作

在RFID高频卡录入物品信息之后，刘力扬需要进行入库操作。

1）在“物流综合业务系统”中“订单管理系统”录入入库订单，并将订单生成作业计划（入库的物品与写入RFID的物品一致）。

2）进入“仓储管理系统”，单击【入库作业】下拉单中的【入库预处理】。

3）在调度的界面为要入库上架的物品选择区储位，完成物品的上架操作。

4）上架完成后，单击【入库反馈】，进入图5-1-8所示界面。在图5-1-8中，单击【理货】，进入图5-1-9所示界面。图5-1-9中，选择设备“XC800”。

	入库单号	订单号	客户	库房	下达时间	制作人				
✎	0000000000023825	OR-0000000014243	哈尔滨欧乐科技有限公司	海星1号	2019-04-24 17:41:32	jy	理　货	上　架	完　成	其他操作

图5-1-8　理货

5）然后单击【RFID扫描】，将写好的RFID卡片送到入库口区域的RFID读写区扫描卡片，系统以扫描数量为入库数量，如图5-1-9所示。

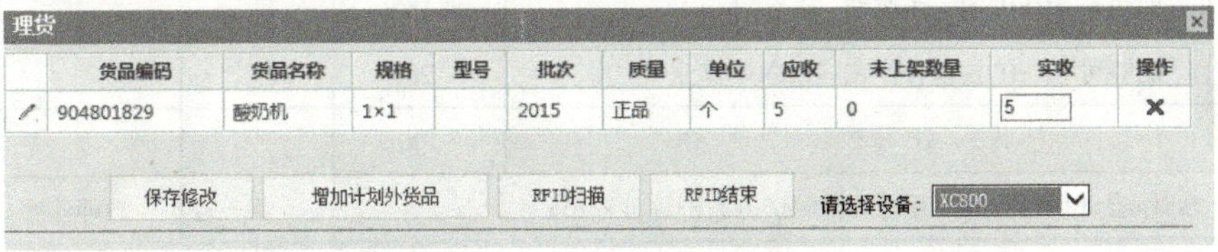

	货品编码	货品名称	规格	型号	批次	质量	单位	应收	未上架数量	实收	操作
✎	904801829	酸奶机	1×1		2015	正品	个	5	0	5	×

图5-1-9　RFID扫描的结果

6）单击【保存】，关闭窗口，单击【完成】，即完成物品的入库作业。

步骤四：物品的出库操作

入库作业完成后，刘力扬接下来需要完成物品的出库作业。

1）在“订单管理系统”中录入出库订单，并将订单生成作业计划。

2）进入“仓储管理系统”，单击【出库作业计划】中的【出库预处理】，进入“出库预处理”界面后单击【调度】按钮，然后单击调度界面上的【库存】按钮。

3）选择库存物品，填写出库的数量，然后单击【拣货】按钮。

4）拣选完成后，单击【关闭】按钮，再单击【完成】，即完成出库作业的调度处理。

5）单击【出库反馈】按钮，再单击操作界面中的【理货】，进入出库理货操作界面，选择设备“XC800”，单击【RFID扫描】，拿着写好的RFID卡片到出库口的RFID读写区扫描卡片，系统以扫描数量为出库数量，如图5-1-10所示。

6）单击图5-1-10中的【RFID结束】，关闭理货反馈窗口，即完成出库操作。

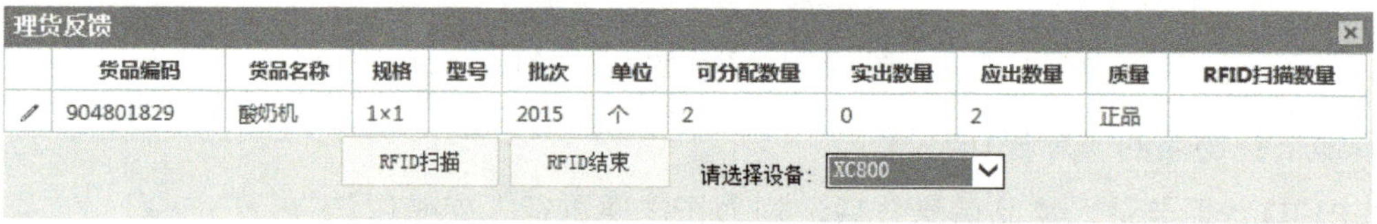

图5-1-10　RFID出库扫描结果

任务评价

组　别			组　员			
任务名称		RFID技术				
考核内容		评价标准	参考分值	考核得分		
				自评得分	互评均分	教师评分
职业素养	1	有较强的沟通能力和团队合作精神	10			
	2	能够按时完成任务	10			
理论素养	1	掌握无线射频技术的概念	15			
	2	掌握无线射频识别系统的组成与分类	15			
职业技能	1	掌握无线射频识别技术的特点与应用	15			
	2	能够掌握RFID的工作原理	15			
	3	能够利用RFID技术合作完成出入库作业	20			
小　计			100			
合计=自评得分×20%+互评均分×40%+教师评分×40%					教师签字	

任务拓展

实际操作：2019年5月11日，长风物流北京2号仓库有一批货物需要进行出入库作业，该批商品需放置在托盘货架区“A00002”货位上，入库商品信息详见表5-1-1。出库商品信息详见表5-1-2。

表5-1-1　入库通知单

长风物流北京2号仓库　　　　　　　　　　　　入库日期：2019-05-11

批次		16002					
采购订单号		201905110001					
客户指令号		20190511001		订单来源	电话		
客户名称		MM电器北京分公司		质　量	正品		
入库方式		送货		入库类型	正常		
序号	货品编号	名称	单位	包装规格（mm）	申请数量	实收数量	备注
1	000050228	微电脑智能电饭煲	箱	600×400×220	15		
合　计					15		

表5-1-2　出库通知单

长风物流北京2号仓库　　　　　　　　　　　　日期：2019-05-11

采购订单号		201905110006					
客户指令号		20190511006		订单来源	E-mail		
客户名称		北京欧乐科技有限公司		质　量	正品		
出库方式		自提		出库类型	正常		
序号	货品编号	名称	单位	包装规格（mm）	申请数量	实发数量	备注
1	980301495	咖啡机	箱	600×400×220	10		
合　计					10		

制单人：李蜜　　　　　　提货人：刘宇宏　　　　　　仓管员：

假如自己是长风物流北京2号仓库的仓管员，该如何利用高频RFID系统完成该批货物的出入库业务呢？

任务二　自动化立体仓库认知

任务目标

1）掌握自动化立体仓库的概念、特点及其效益。

2）掌握自动化立体仓库的分类。

3）掌握自动化立体仓库的组成。

4）能够掌握自动化立体仓库出入库的作业流程。

5）能够掌握自动化立体仓库拣选的作业流程。

任务发布

随着物流领域信息技术的快速发展，自动化立体仓库逐渐被人们了解，在工业生产、物流、商品制造等领域。

现代物流实训基地位于职业技能公共实训中心C座1层，建筑面积970平方米，设备投资1 300万元，配备设备160台（套），涵盖5个职业（工种），可同时容纳40人培训。建有一个库存总容量为1 320个存储单元，吞吐量可达80托盘/小时的自动化立体仓库；可实施储存、装卸、配送、信息处理等现代物流领域领先技术的实训和技术服务。那么自动化立体仓库的出入库作业流程是什么样的呢？

任务资讯

一、自动化立体仓库概述

1. 自动化立体仓库概念

自动化立体仓库又称自动化高架仓库或自动存储系统（AS/RS系统），如图5-2-1所示。它是一种基于高层货架、采用计算机进行控制管理、自动化存取输送设备自动化进行存取作业的仓储系统。自动化立体仓库是实现高效率物流和大容量储藏的关键系统，在现代化生产和商品流通中具有举足轻重的作用。自动化立体仓库是当代货架储存系统发展的最高阶段，它与自动化分拣系统和自动导向车并称为物流技术现代化的三大标志。

广义地说，自动化仓库系统是在不直接进行人工处理的情况下，能自动地存储和取出物料的系统，是一个将毛坯、半成品、配套件或产品、工具等物料自动存取、自动检索的系统，是物流系统的重要组成部分。

自动化立体仓库是指用高层货架储存货物，以巷道堆垛起重机配合周围其他装卸搬运系统进行存取出入库作业，并由计算机全面管理和控制的一种自动化仓库。

自动化立体仓库主要由货架、巷道堆垛起重机、出入库配套机械设施和管理控制系统等部分所组成。

图5-2-1　自动化立体仓库

2. 自动化立体仓库的特点

（1）提高空间利用率

早期立体仓库构想的基本出发点是提高空间利用率，充分节约有限且昂贵的场地。在西方有些发达国家提高空间利用率的观点已有更广泛、深刻的含义，节约土地已与节约能源、保护环境等更多方面联系起来。有些甚至把空间利用率作为考核仓库系统合理性和先进性的重要指标。仓库空间利用率与其规划紧密相连，一般来说，立体仓库的空间利用率为普通仓库的2～5倍。

（2）先进的物流系统提高企业生产管理水平

传统的仓库只是货物的储存场所，保存货物是其唯一的功能，属于静态储存。自动化立体仓库采用先进的自动化物料搬运设备，不仅能使货物在仓库内按需要自动存取，而且还可以与仓库以外的生产环节进行有机地连接，并通过计算机管理系统和自动化物料搬运设备使仓库成为企业物流中的重要环节。企业外购件和自制件进入自动化立体仓库短时储存是整个生产的一个环节，是为了在指定的时间自动输出到下一道工序进行生产，从而形成自动化的物流系统环节，属于动态储存，是当今自动化立体仓库发展的明显技术趋势。以上所述的物流系统又是整个企业生产管理系统（订货、设计和规划、计划编制和生产安排、制造、装配、试验以及发运等）的一个子系统，建立物流系统与企业生产管理系统间的实时连接是目前自动化立体仓库发展的另一个明显技术趋势。

（3）加快货物存取，减轻劳动强度，提高生产效率

建立以自动化立体仓库为中心的物流系统，其优越性还表现在自动化立体仓库具有快速的入出库能力，能妥善地将货物存入立体仓库，及时自动地将生产所需零部件和原材料送达生产线。同时，自动化立体仓库系统减轻了工人综合劳动强度。

（4）减少库存资金积压

某些企业管理手段落后，物资管理零散，生产管理和生产环节的紧密联系难以到位。为了达到预期的生产能力和满足生产要求，企业就必须准备充足的原材料和零部件，这样，库存积压就成为较大的问题。如何降低库存资金积压和充分满足生产需要，已经成为物流企业面对的大问题。自动化立体仓库系统是解决这一问题的最有效手段之一。

（5）现代化企业的标志

现代化企业采用的是集约化大规模生产模式，这就要求生产过程中各环节紧密相连，成为一个有机整体，要求生产管理科学实用，做到决策科学化。建立自动化立体仓库系统是其有力的措施之一。由于采用计算机管理和网络技术使企业领导宏观快速地掌握各种物资信息，且使工程技术人员、生产管理人员和生产技术人员及时了解库存信息，以便合理安排生产工艺，提高生产效率。

3. 自动化立体仓库的效益

1）由于使用高层货架存储货物，存储区可以大幅度地向高空发展，充分利用仓库地面和空间，因此节省了库存占地面积，提高了空间利用率。目前世界上最高的立体仓库已达

70m。立体仓库单位面积的存储量是普通仓库的5～10倍。采用高层货架储存并结合计算机管理，可以实现货物的先入先出，防止货物的自然老化、变质、生锈或发霉。

2）自动化立体仓库使用机械和自动化设备，运行和处理速度快，提高了劳动生产效率，降低了操作人员的劳动强度。同时，能方便地纳入企业的物流系统，使企业物流更趋合理化。

3）计算机控制能够始终准确无误地对各种信息进行存储和管理，减少了货物处理和信息处理过程中的差错。同时，借助于计算机管理还能有效地利用仓库储存能力，便于清点和盘库，合理减少库存积压，加快资金周转，节约流动资金，从而提高仓库的管理水平。

4）自动化立体仓库的信息系统可以与企业的生产信息系统联网，实现企业信息管理的自动化。同时，使用自动化立体仓库，可促进企业的科学管理，减少了浪费，保证均衡生产，从而也提高了操作人员素质和管理人员的水平。

5）自动化立体仓库可提升企业形象，具有巨大的社会经济效益。此外，自动化仓库系统还可以建立仓库网络群，协调区域性甚至全国范围的物流。这样有利于建立和推行国家商品物资仓储标准体系，统一仓库业务流程标准，统一单据格式系统和管理权限，规范操作；有利于实现仓库、生产企业的电子化处理，挖掘仓库结点的物资银行功能等新型业务，利于开展电子商务和物流配送；有利于业务的开展和客户的开发，丰富工作手段，提升企业的形象与竞争力。

4. 自动化立体仓库的应用领域

（1）工业生产领域

1）医药生产：医药生产是最早应用自动化立体仓库的领域之一，1993年广州羊城制药厂建成了中国最早的医药生产用自动化立体仓库。此后，吉林敖东、东北制药、扬子江制药、石家庄制药、上药集团等数十个企业成功应用自动化立体仓库。

想一想

观看视频“三九医药自动化立体仓库”（见教学资源），谈一谈你对自动化立体仓库应用领域的看法。

2）汽车制造：中国最早应用自动化立体仓库的领域之一。中国二汽是最早应用自动化立体仓库的单位。目前中国主要汽车制造企业几乎无一例外的应用自动化立体仓库。

3）机械制造：广泛应用自动化立体仓库的领域之一，如三一重工等。

4）电子制造：联想等电子领域在2000年后开始采用自动化立体仓库系统。

5）烟草制造业：中国采用自动化立体库最普遍的行业，而且大量采用进口设备，如红河、长沙等。

（2）在物流领域

1）烟草配送：广泛采用自动化立体仓库系统。

2）医药配送：为了响应GSP认证，大量的自动化立体仓库被应用到全国医药流通领域。

3）机场货运：较早采用自动化立体仓库的领域。各主要机场均采用立体仓库系统，用于行李处理。

4）地铁：随着中国地铁建设的蓬勃兴起，自动化立体仓库在该领域的应用大面积展开。

（3）商品制造领域

1）服装：服装领域近几年逐步开始应用自动化立体仓库。

2）酒：洋河、牛栏山等企业有应用自动化立体仓库。

3）牛奶：蒙牛、伊利等企业应用了自动化立体仓库。

4）化工：最早应用自动化立体仓库的行业之一。

5）印刷、出版、图书：广泛应用的行业之一。

（4）军事领域

军事领域：应用自动化立体库最普遍的领域之一。后勤、装备等尤为普遍。

（5）其他领域

其他领域：其他很多领域应用了自动化立体库。如岩芯库、轮胎库、教学库等。

二、自动化立体仓库的分类

1. 按照自动化立体仓库高度

可分为低层立体仓库、中层立体仓库和高层立体仓库。

（1）低层立体仓库

低层立体仓库高度在5m以下，主要是在原来老仓库的基础上进行改建的，是提高原有仓库技术水平的手段。

（2）中层立体仓库

中层立体仓库高度在5m到15m之间，由于中层立体仓库对建筑以及仓储机械设备的要求不高，造价合理，是目前应用最多的一种仓库。

（3）高层立体仓库

高层立体仓库的高度在15m以上，由于其对建筑以及仓储机械设备的要求高，造价高，安装难度大，应用较少。

2. 按照货架结构

可分为货格式立体仓库、贯通式立体仓库、自动化柜式立体仓库和条形货架立体仓库。

（1）货格式立体仓库

货格式立体仓库是应用较普遍的立体化仓库。它的特点是每一层货架都由同一尺寸的货格组成，货格开口面向货架之间的通道，堆垛机在货架之间的通道内行驶，以完成货物的存取。

（2）贯通式立体仓库

贯通式立体仓库又称为流动式货架仓库。这种仓库的货架之间没有间隔，不设通道，货架组合成一个整体。货架纵向贯通，贯通的通道存在一定的坡度，在每层货架底部安装滑道、辊道等装置，使货物在自重作用下，沿着滑道或辊道从高处向低处运动。

（3）自动化柜式立体仓库

自动化柜式立体仓库是小型可以移动的封闭立体化仓库，由柜外壳、控制装置、操作盘、储物箱和传动装置组成。其主要特点是封闭性强、小型化、智能化和轻量化，有很强的保密性。

（4）条形货架立体仓库

条形货架立体仓库是专门用于存放条形货物的立体仓库。

3．按照建筑形式

可分为整体式立体仓库和分离式立体仓库。

（1）整体式立体仓库

整体式立体仓库也称一体化立体仓库，是指高层货架与建筑物是一体的，不能单独拆装，是一种永久性的设施，所以层数较高，采用钢筋混凝土结构。货架除了储存货物以外，还可以作为建筑物的支撑结构，即库房与货架形成一体化结构。

（2）分离式立体仓库

分离式立体化仓库的建筑物与货架不是连为一体，而是分别建造的，由于分离式立体化仓库不是永久性的设施，可以根据需要进行重新安装和改造，所以层数较低，采用钢结构。分离式立体仓库的货架独立存在，建在建筑物的内部。它可以将现有的建筑物改造为现代智能仓库，也可以将货架拆除，使建筑物用于其他目的。

4．按照自动化程度

可分为半自动化立体仓库和自动化立体仓库。

（1）半自动化立体仓库

半自动化立体仓库是指货物的存取和搬运过程一部分是由人工操作机械来完成的，一部分是由自动控制完成的。

（2）自动化立体仓库

自动化立体仓库是指货物的存取和搬运过程是自动控制完成的。

5．按照仓库在物流系统中的作用

可分为生产型仓库和流通型仓库。

（1）生产型仓库

生产型仓库是指工厂内部为了协调工序和工序、车间和车间、外购件和自制件间物流的不平稳而建立的仓库，能保证各生产工序间进行有节奏的生产。

（2）流通型仓库

流通型仓库是一种服务性仓库，是企业为了调节生产厂和用户间的供需平衡而建立的仓库。这种仓库进出货物比较频繁，吞吐量较大，一般都和销售部有直接联系。

6. 按照自动化仓库与生产联系的紧密程度

可分为独立型仓库、半紧密型仓库和紧密型仓库。

（1）独立型仓库

独立型仓库也称“离线”仓库，是指从操作流程及经济性等方面来说都相对独立的自动化仓库。这种仓库一般规模都比较大，存储量较大，仓库系统具有自己的计算机管理、监控和调度系统。独立型仓库又可分为存储型和中转型仓库。

（2）半紧密型仓库

半紧密型仓库是指仓库的操作流程、仓库的管理、货物的出入和经济利益与其他部门（或工厂内部，或上级单位）有一定关系，而又未与其他生产系统直接相联。

（3）紧密型仓库

紧密型仓库也称“在线”仓库，是指那些与工厂内其他部门或生产系统直接相连的自动化仓库，两者间的关系比较紧密。

7. 按照仓储的功能

可分为储存式立体仓库和拣选式立体仓库。

（1）储存式立体仓库

储存式立体仓库是以储存功能为主，采用密集型货架。货物的种类较少，数量大，存期长。

（2）拣选式立体仓库

拣选式立体仓库是以拣选为主，货物种类较多，发货的数量小。

8. 按照作业方式

可分为单元货架式立体仓库、移动货架式立体仓库和拣选货架式立体仓库。

（1）单元货架式立体仓库

单元货架式立体仓库是一种最常见的结构。货物先放在托盘或集装箱内，再装入单元货架的货格中。

（2）移动货架式立体仓库

移动货架式立体仓库是由电动货架组成。货架可以在轨道上行走，由控制装置控制货架的合拢和分离。作业时，货架分开，在巷道中可进行作业。平时货架可以合拢，只留一条作业巷道，从而减小仓库面积，提高空间的利用率。

（3）拣选货架式立体仓库

拣选货架式立体仓库的分拣机构是这种仓库的核心组成部分。它有巷道内分拣和巷道外分拣两种方式。两种分拣方式又分人工分拣和自动分拣。

9. 其他分类方式

1）按照控制方法，可分为手动控制立体仓库、自动控制立体仓库和遥控立体仓库。

2）按照库存容量，可分为小型立体仓库、中型立体仓库和大型立体仓库。

3）按照货架的构造形式，可分为单元式货架立体仓库、贯通式货架立体仓库、水平循环货架立体仓库和垂直循环货架立体仓库。

三、自动化立体仓库的构成

1. 土建及公用工程设施

1）库房。库存容量和货架规格是库房设计的主要依据。

2）消防系统。对于自动化立体仓库而言，由于库房规模大，存储的货物和设备较多且密度大，而仓库的管理和操作人员较少，所以仓库内一般都采用自动消防系统。

3）照明系统。

4）动力系统。

5）通风及采暖系统。

6）其他设施。如排水设施、避雷接地设施和环境保护设施等。

2. 机械设备

1）货架。货架的材料一般选用钢材或钢筋混凝土。钢货架的优点是构件尺寸小，制作方便，安装建设周期短，而且可以提高仓库的库容利用率。钢筋混凝土货架的优点在于其防火性能较好，抗腐蚀能力较强，维护保养也相对简单。自动化立体仓库的货架一般都分隔成一个个的单元格，单元格是用于存放托盘或直接存放货物的。

2）货箱与托盘。货箱和托盘的基本功能是装小件的货物，以便于叉车和堆垛机的叉取和存放。采用货箱和托盘存放货物可以提高货物装卸和存取的效率。

3）巷道机。巷道机是自动化立体仓库中最重要的设备，是随自动化立体仓库的出现而发展起来的专用起重机。巷道机可在高层货架间的巷道内来回运动，其升降平台可做上下运动，升降平台上的货物存取装置可将货物存入货格或从货格中取出。

4）周边搬运设备。搬运设备一般是由电力来驱动，由自动或手动控制，把货物从一处移到另一处。这类设备包括输送机、自动导向车等，设备形式可以是单机、双轨、地面的、空中的、一维运行（即沿水平直线或垂直直线运行）、二维运行、三维运行等。其作用是配合巷道机完成货物的输送、转移、分拣等作业。仓库内的主要搬运系统因故停止工作时，周边搬运设备还可以发挥其作用，使作业继续进行。

3. 电气与电子设备

1）检测装置。检测装置是用于检测各种作业设备的物理参数和相应的化学参数，通过对检测数据的判断和处理可为系统决策提供最佳依据，以保证系统安全可靠地运行。

2）信息识别设备。在自动化立体仓库中，这种设备必不可少，它是用于采集货物的品名、类别、货号、数量、等级、目的地、生产厂、货物地址等物流信息。这类设备通常采用条形码、磁条、光学字符和射频等识别技术。

3）控制装置。自动化立体仓库内所配备的各种存取设备和输送设备必须具有控制装置，以实现自动化运转。这类控制装置包括普通开关、继电器、微处理器、单片机和可编程序控制器等。

4）监控及调度设备。监控及调度设备主要负责协调系统中各部分的运行，是自动化立体仓库的信息枢纽，在整个系统中举足轻重。

5）计算机管理系统。计算机管理系统用于进行仓库的账目管理和作业管理，并可与企业的管理系统交换信息。

6）数据通信设备。自动化立体仓库是一个构造复杂的自动化系统，由众多的子系统组成。各系统、各设备之间需要进行大量的信息交换以完成规定的任务，因此需要大量的数据通信设备作为信息传递的媒介，这类设备包括电缆、远红外光、光纤和电磁波等。

7）大屏幕显示器。这是为了仓库内的工作人员操作方便，便于观察设备情况而设置的。

想一想

阅读文档“如何完美验收自动化立体仓库”（见教学资源），并回答下列问题：

1）简述自动化立体仓库的应用。

2）结合案例，简述如何完美验收自动化立体仓库。

任务操作

步骤一：入库作业流程

货物单元入库时，由输送系统运输到入库台，使用条码识别系统进行扫描识读货物，条码标签携带的信息被读取，传递给中央服务器，控制系统根据中央服务器返回的信息来判断货物是否入库以及货位坐标，当货物能够确定入库时发送包含货位坐标的入库指令给执行系统，堆垛机通过自动寻址，将货物存放到指定货格。在完成入库作业后，堆垛机向控制系统返回作业完成信息，并等待接收下一个作业命令。控制系统同时把作业完成信息返回给中央服务器数据库进行入库管理。

步骤二：出库作业流程

管理员在收到生产或客户的货物需求信息后，根据要求将货物信息输入上位管理机的出库单，中央服务器将自动进行库存查询，并按照先进先出、均匀出库、就近出库等原则生成出库作业，传输到终端控制系统中，控制系统根据当前出库作业及堆垛机状态，安排堆垛机的作业序列，将安排好的作业命令逐条发送给相应的堆垛机。堆垛机到指定货位将货物取出放置到巷道出库台上，并向控制系统返回作业完成信息，等待进行下一个作业。监控系统向中央服务器系统反馈该货物出库完成信息，管理系统更新库存数据库中的货物信息和货位占用情况，完成出库管理。如果某一货位上的货物已全部出库，则从货位占用表中清除此货物记录，并清除该货位占用标记。

步骤三：拣选作业流程

货物单元拣选出库时，堆垛机到指定货位将货物取出放置到巷道出库台，自动导引车取货后将货物送至分拣台，在分拣台上由工作人员或自动分拣设备按照出库单进行分拣。分拣完成后再由自动导引车送回巷道入库口，由堆垛机将货物入库或者直接出库。

任务评价

组　别			组　员			
任务名称		自动化立体仓库认知				
考核内容		评价标准	参考分值	考核得分		
				自评得分	互评均分	教师评分
职业素养	1	有较强的沟通能力和团队合作精神	10			
	2	能够按时完成任务	10			
理论素养	1	掌握自动化立体仓库的概念、特点及其效益	15			
	2	掌握自动化立体仓库的分类	15			
职业技能	1	掌握自动化立体仓库的组成	15			
	2	能够掌握自动化立体仓库出入库的作业流程	15			
	3	能够掌握自动化立体仓库拣选的作业流程	20			
小　计			100			
合计=自评得分×20%+互评均分×40%+教师评分×40%					教师签字	

任务拓展

陈述案例：收集10种领域自动化立体仓库的应用案例，了解建设自动化立体仓库的基本情况，以小组为单位，使用PPT进行陈述。

参 考 文 献

[1] 郑彬．现代物流基础[M]．北京：中国财政经济出版社，2007．

[2] 人力资源和社会保障部教材办公室，中国就业培训技术指导中心上海分中心，上海市职业培训研究发展中心．物流师（仓储配送）三级理论基础篇[M]．北京：中国劳动社会保障出版社，2012．

[3] 人力资源和社会保障部教材办公室，中国就业培训技术指导中心上海分中心，上海市职业培训研究发展中心．物流师（仓储配送）三级实务操作篇[M]．北京：中国劳动社会保障出版社，2012．

[4] 钱芝网．仓储管理实务情景实训[M]．北京：电子工业出版社，2008．

[5] 刘渝．物流师基础[M]．北京：中国劳动社会保障出版社，2005．

[6] 程淑丽．物流管理职位工作手册[M]．2版．北京：人民邮电出版社，2009．

[7] 马骏，等．仓储实务[M]．北京：中国财富出版社，2010．

[8] 关杰．物流配送与仓储实务[M]．重庆：重庆大学出版社，2011．

[9] 杜艳红，夏宇阳，王利蓉．仓储实务[M]．成都：西南交通大学出版社，2014．